deutsch.kombi plus 6

Sprach- und Lesebuch für die 10. Klasse

Herausgegeben von:
Sabine Utheß

Erarbeitet von:
Hans-Werner Huneke
Gerd Schemel
Horst Schierhorn
Sabine Utheß
Burkhard Vollmers

Ernst Klett Verlag
Stuttgart · Leipzig

Unter Verwendung von Materialien von Kathrin Bäumler

1. Auflage 1 ⁶ ⁵ ⁴ ³ ² | 16 15 14 13 12

Alle Drucke dieser Auflage sind unverändert und können im Unterricht nebeneinander verwendet werden. Die letzte Zahl bezeichnet das Jahr des Druckes.
Das Werk und seine Teile sind urheberrechtlich geschützt. Jede Nutzung in anderen als den gesetzlich zugelassenen Fällen bedarf der vorherigen schriftlichen Einwilligung des Verlages. Hinweis § 52 a UrhG: Weder das Werk noch seine Teile dürfen ohne eine solche Einwilligung eingescannt und in ein Netzwerk eingestellt werden. Dies gilt auch für Intranets von Schulen und sonstigen Bildungseinrichtungen. Fotomechanische oder andere Wiedergabeverfahren nur mit Genehmigung des Verlages.
Auf verschiedenen Seiten dieses Buches befinden sich Verweise (Links) auf Internet-Adressen. Haftungshinweis: Trotz sorgfältiger inhaltlicher Kontrolle wird die Haftung für die Inhalte der externen Seiten ausgeschlossen. Für den Inhalt dieser externen Seiten sind ausschließlich die Betreiber verantwortlich. Sollten Sie daher auf kostenpflichtige, illegale oder anstößige Inhalte treffen, so bedauern wir dies ausdrücklich und bitten Sie, uns umgehend per E-Mail davon in Kenntnis zu setzen, damit beim Nachdruck der Verweis gelöscht wird.

© Ernst Klett Verlag GmbH, Stuttgart 2011. Alle Rechte vorbehalten. www.klett.de

Herausgeberin: Sabine Utheß
Autorinnen und Autoren: Hans-Werner Huneke, Gerd Schemel, Horst Schierhorn, Sabine Utheß, Burkhard Vollmers

Redaktion: Sabine Liskow
Herstellung: Yvonne Matthes

Gestaltung: normal design, Schwäbisch Gmünd
Umschlaggestaltung: normal design, Schwäbisch Gmünd
Illustrationen: Inge Voets, Berlin; Katja Wehner, Leipzig
Satz: SOFAROBOTNIK, Augsburg & München
Reproduktion: Meyle+Müller GmbH+Co. KG, Pforzheim
Druck: Offizin Andersen Nexö, Leipzig

Printed in Germany
ISBN 978-3-12-313176-9

Inhalt

	Basis		Plus	

1 Von der Berufswahl zur Bewerbung 👄

Berufsorientierung: Bewerbung, Lebenslauf,
Vorstellungsgespräch — 6 — EXTRA 22
Starke Seiten: Selbstbewusstsein aufbauen,
Nervosität ablegen — 20
Wörter und Texte rechtschriftlich korrigieren — R, G, S 24 — TRAINING 26

2 Themen, Thesen, Argumente ✎

Argumentieren und Erörtern — 28 — EXTRA 36
Satzbau und Zeichensetzung — R, G, S 38 — TRAINING 40

3 Keine Angst vorm Referat 👄

Berufsorientierung: Ein Referat vorbereiten und halten — 42 — EXTRA 52
Starke Seiten: Sachlich kritisieren — 50
Zeichensetzung — R, G, S 54 — TRAINING 58

4 „Lehrjahre sind keine Herrenjahre!" ✎

Berufsorientierung: Juristische Texte erschließen;
Beschwerden angemessen formulieren — 60 — EXTRA 68
Starke Seiten: Beschwerden angemessen formulieren — 66
Rechtschreibung; sprachlicher Ausdruck:
Fehlerschwerpunkte — R, G, S 70 — TRAINING 72

5 Wer schreibt heute Protokoll? ✎

Berufsorientierung: Protokolle schreiben — 74 — EXTRA 80
Indirekte Rede; Konjunktiv I und II; Wortfeld „sagen" — R, G, S 82 — TRAINING 84

6 Fantasie und Wirklichkeit ✎

Eine Kurzgeschichte analysieren; Ergebnisse darlegen — 86 — EXTRA 90
Gebrauch des Konjunktivs — R, G, S 92 — TRAINING 94

7 Kuriose Begebenheiten 👁

Erzählende Texte (Novelle und Erzählung) erschließen — 96 — EXTRA 102
Den Zusammenhang von Grammatik und Stil erkennen — R, G, S 106 — TRAINING 110

Inhaltsverzeichnis

	Basis		Plus	

8 Bilder- und Gedankenwelten 👁

Sinn- und Gedankenlyrik erschließen — 112 — EXTRA 116
Textdeutungen mithilfe von Zitaten belegen — R, G, S 118 — TRAINING 120

9 Alles nur Theater? 👁

Dramatische Texte erschließen — 122 — EXTRA 134
Sprachformen/Sprachvarianten — R, G, S 146 — TRAINING 148

10 Teenager sind Fadensuchende 👁

Sachtexte erschließen — 150 — EXTRA 154
Fremdwörter richtig verwenden — R, G, S 156 — TRAINING 158

11 Schon die Zeitung gelesen? 👁

Journalistische Texte erschließen — 160 — EXTRA 166
Metaphern und Ironiesignale erkennen — R, G, S 168 — TRAINING 170

12 Ein Lied von Liebe und Gewalt 👁

Mittelhochdeutsche literarische Texte
kennen lernen — 172 — EXTRA 178
Einblicke in die Entwicklung der deutschen
Sprache gewinnen — R, G, S 182

13 Unsere Schulzeit im Zeitraffer ✎

Projektarbeit: Kreatives Schreiben — 190

Teste dich! ☑

Ein Referat vorbereiten — 200
Eine Kurzgeschichte analysieren und die Ergebnisse darlegen — 202
Einen erzählenden Text erschließen — 204
Sprachliches Wissen anwenden — R, G, S 206

Schlaue Seiten

Grammatik, Rechtschreibung und Sprachbetrachtung	208
Rechtschreibstrategien und Rechtschreibregeln (Methodencurriculum)	220
Arbeitstechniken (Methodencurriculum)	224
– Lernbereich: Sprechen, Zuhören, Spielen	224
– Lernbereich: Schreiben	227
– Lernbereich: Lesen und Literatur – Umgang mit Texten und Medien	231
Unregelmäßige Verben (Übersicht)	234
Konjunktivformen der Verben (Übersicht)	236
Verben mit festen Präpositionen (Übersicht)	238
Autorenverzeichnis	240
Textarten	245
Eine Computerpräsentation anfertigen	251
Register	253
Text- und Bildquellenverzeichnis	255
Grammatische Grundbegriffe (Übersicht)	257

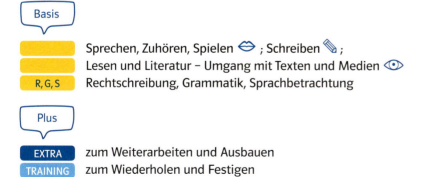

1 Von der Berufswahl zur Bewerbung

→ Seite 232, Arbeitstechnik „Ein Diagramm verstehen und auswerten"

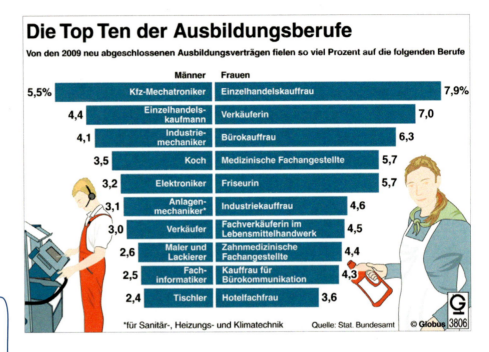

TIPP!
Wenn du mehr zum Thema „Ausbildungsberufe" wissen willst, nutze den Online-Link.

Online-Link
zu Berufsbildern
313176-0006

Hitliste der beliebtesten Ausbildungsberufe

Warenbestände und Werbungskosten, Kundenberatung und Kalkulation: Mit diesen Themen beschäftigen sich viele Jugendliche in ihrer Ausbildung. Denn zu den zehn Berufen mit den meisten neuen Lehrverträgen zählen gleich fünf kaufmännische, so das Institut der deutschen Wirtschaft in Köln. Am häufigsten vertreten ist der Einzelhandelskaufmann – jeder 18. neue Azubi begann im Jahr 2009 eine Ausbildung zwischen Ladenlokal und Lager. Auch zwei klassische Handwerksberufe sind in der Hitliste vertreten: Rund 18.000 Jugendliche lernen den Beruf des Kfz-Mechatronikers. Das bedeutet Platz 4 unter den am stärksten besetzten Ausbildungsberufen. Auf Platz 7 folgen die Friseure mit rund 15.500 Auszubildenden.

1 Stellt fest, welche Berufe in der Grafik und welche in dem Text als die beliebtesten Ausbildungsberufe genannt werden.
- Warum sind bestimmte Berufe so gefragt? Was vermutet ihr?
- Welche Berufswünsche habt ihr? Gehören sie auch zu den genannten Berufen?

Berufsorientierung: Bewerbung, Lebenslauf, Vorstellungsgespräch

Sprechen, Zuhören, Spielen

2 Notiere in Stichworten, welche Anforderungen an Bewerbungsunterlagen in dem folgenden Interview genannt werden.

Interview einer Schülerin mit der Personalchefin der Firma „S-IT Systeme" zum Thema „Bewerbungsschreiben"

Online-Link
Hörverstehen
313176-0007

Schülerin Sind Sie mit den Bewerbungsunterlagen, die Sie erhalten, eigentlich zufrieden?
Personalchefin Nur zum Teil. Wir be-
5 kommen immer wieder Bewerbungsunterlagen, die wir uns gar nicht erst näher anschauen.

Schülerin Wieso?
Personalchefin Nun, da sind z. B. die Bewerbungsschreiben, die zweimal
10 zusammengefaltet sind und in einen zu kleinen Umschlag hineingequetscht wurden. Die kommen schon zerknittert bei uns an. Die sortieren wir aus. Es gibt auch Schreiben mit Fettflecken oder Eselsohren.

Schülerin Sie sehen also schon sehr auf die äußere Form?
Personalchefin Ja! Wir hatten schon Bewerber, die hatten einfach ihr
15 Urlaubsfoto auf den Lebenslauf geklebt, das geht natürlich nicht. Manche Bewerber legen ihren Lebenslauf nur als Kopie bei, ohne Unterschrift und aktuelles Datum. Auch wenn jemand das Bewerbungsschreiben und den Lebenslauf auf unterschiedlichem Papier schreibt, hat er von vornherein kaum Chancen, zu einem Vorstellungsgespräch eingeladen zu werden.

20 **Schülerin** Spielt die Rechtschreibung eigentlich eine Rolle bei Ihrer Bewertung?
Personalchefin Natürlich! Rechtschreibfehler oder mehrere andere Fehler zeigen uns, dass die Unterlagen nicht mit der notwendigen Sorgfalt verfasst wurden. Wenn man nicht so gut in Rechtschreibung ist, sollte man
25 seine Unterlagen eben gegenlesen lassen.

Schülerin Noch eine Frage, was halten Sie von Online-Bewerbungen?
Personalchefin Bei großen Firmen bietet es sich an, sich zunächst online zu bewerben, weil sie oft einheitliche Bewerbungsformulare verlangen. Wir sind zwar eine Firma aus dem IT-Bereich, da wir aber jeden Tag eine
30 große Menge von E-Mails bearbeiten müssen, ist es uns lieber, wenn die Bewerbungsunterlagen in Papierform an uns gesandt werden.

Schülerin Vielen Dank für das Gespräch.

Berufsorientierung: Bewerbung, Lebenslauf, Vorstellungsgespräch

1 Von der Berufswahl zur Bewerbung

Anforderungen erfüllen

Online-Link
zu aktuellen
Ausbildungsangeboten
313176-0008

Willkommen in der Medienwelt

Durch die Ausbildung bei *Medienpower* lernen Sie die ganze Palette faszinierender Medien in einem Unternehmen kennen: führende Zeitungen und Zeitschriften ebenso wie die digitale Welt im Internet. Unser Unternehmen bietet hochinteressante Aufgaben und Herausforderungen.
Wichtigste Voraussetzungen für Ihren Berufseinstieg sind Ideenreichtum, Kundenorientierung, Teamfähigkeit und Mobilität.

Bewerben Sie sich um einen Ausbildungsplatz
bei Medienpower in Neustadt:

- Medienkaufmann/-frau
- Kaufmann/-frau für Bürokommunikation
- Fachangestellte/r für Medien- und Informationsdienste
- Mediengestalter/-in Digital und Print (Fachrichtung Gestaltung und Technik)

Für diese Ausbildung sollten Sie sich bereits mit den wichtigsten Gestaltungsprogrammen auskennen und Ihr künstlerisches Potenzial durch aussagekräftige Arbeitsproben belegen können.

Bei Interesse wenden Sie sich an:
Medienpower *12346 Neustadt, Bahnhofstraße 6, Personalbüro, Frau Sander, Tel.: 4567 333.*

Ausbildung zum Mechatroniker

DAS BIETEN WIR IHNEN
- Sie lernen, …

DAS BIETEN SIE UNS
- Sie haben einen guten Hauptschulabschluss oder die Mittlere Reife.
- Sie besitzen handwerkliches Talent und ein hohes technisches Verständnis.
- Sie verfügen über ein fundiertes Wissen in Mathematik und Physik sowie über gute Deutsch- und Englischkenntnisse.

- Sie haben ein gutes räumliches Vorstellungs- und sicheres Farbsehvermögen.
- Sie haben Ausdauer und sind auch bei schwierigen Problemstellungen konzentriert.
- Sie sind teamfähig und verantwortungsbewusst.

ZUSÄTZLICHE INFORMATIONEN
Interessiert? Dann bewerben Sie sich bei Kattenfahl EBS, Altdorf, Rathausstraße 20, Bewerbungsbüro, Herrn Peter, Tel.: 8910 555

Sprechen, Zuhören, Spielen

1 Zu den Ausbildungsangeboten auf Seite 8 wurden folgende Bewerbungsschreiben verfasst. Besprecht sie in der Klasse: Würdet ihr die Bewerber
zum Vorstellungsgespräch einladen? Begründet eure Entscheidungen.

Betrifft: Ausbildung zum Mediengestalter (Digital und Print) –
Ihre Anzeige in den „Neustädter Nachrichten"

Sehr geehrte Damen und Herren,
hiermit bewerbe ich mich um den von Ihnen ausgeschriebenen Ausbildungsplatz zum Mediengestalter. Derzeit besuche ich die 10. Klasse der Oberschule,
die ich im Sommer 20.. mit dem Erwerb des Mittleren Abschlusses verlassen
werde.
Ihre Anzeige habe ich mit großem Interesse gelesen. In einem mehrtägigen
Praktikum (im Januar 20..) konnte ich bereits erste Einblicke in das Betäti-
gungsfeld des Mediengestalters gewinnen.
Ich bin teamfähig, sozial kompetent und kenne mich gut mit Computern aus.
Bei der Erstellung unserer Schulhomepage habe ich mitgewirkt.
Über eine Einladung zum Vorstellungsgespräch würde ich mich sehr freuen.

Mit freundlichen Grüßen
A. Kahn

Anlagen
2 Zeugnisse
Lebenslauf
Ausbildungsbescheinigung
(Jugendleiterlehrgang, DRK)

Betrifft: Ihre Anzeige in der „FAZ"

Sehr geehrte Damen
hiermit bewerbe ich mich bei Ihnen als Azubi. Ich mache im Sommer
die Mittlere Reife und wollte eigentlich weiter zur Schule gehen. Als
ich Ihre Anzeige sah, dachte ich, dass ich ja auch eine Lehre machen
könnte. In der Anzeige steht, dass man auch Fremdsprachen beherrschen soll. Mein Englisch ist ganz gut und Französisch kann ich auch
ein paar Brocken. Zweimal habe ich ein Praktikum gemacht, einmal
in einem ähnlichen Unternehmen wie Ihrem.

Es wäre toll, wenn das mit der Lehrstelle klappen würde.

Viele Grüße
Luca Schönfeldt

2 Schreibe kurze Bewertungen zu den zwei Bewerbungen: Was ist gut
gelungen? Was sollten die Bewerber ändern?

→ **Seite 12, 227,**
Arbeitstechnik
„Ein Bewerbungs-
schreiben verfassen"

Berufsorientierung: Bewerbung, Lebenslauf, Vorstellungsgespräch

1 Von der Berufswahl zur Bewerbung

Telefonisch anfragen

Ganz gleich, ob du eine Praktikumsstelle oder einen Ausbildungsplatz suchst: Den ersten Kontakt mit einer Firma wirst du oft über das Telefon knüpfen. Wenn in einer Stellenanzeige eine Telefonnummer angegeben ist, wird meist sogar erwartet, dass Bewerber telefonisch Kontakt aufnehmen. Der Eindruck, den du bei so einem Telefonat machst, kann auch über deine weiteren Chancen entscheiden.

1 Stell dir vor, du würdest dich für eine der beiden Stellenanzeigen auf Seite 8 interessieren. Du rufst in der Firma an, um Genaueres zu erfahren. Notiere, was du sagen würdest. Du kannst dazu die folgenden Formulierungshilfen nutzen:

> 1. **Das eigene Anliegen formulieren**
> Guten Tag, mein Name ist … Ich interessiere mich für Ihr Stellenangebot vom … in der … Zeitung.
>
> 2. **Den zuständigen Mitarbeiter erfragen**
> – Können Sie mir sagen, wer bei Ihnen für die Vergabe von Ausbildungsplätzen zuständig ist? …
> – Ihrer Anzeige habe ich entnommen, dass man sich an … wenden soll. Können Sie mich bitte mit … verbinden? …
>
> 3. **Wenn der gewünschte Ansprechpartner gerade nicht zu sprechen ist**
> – Wann ist denn … wieder zu erreichen?
> – Wann darf ich noch mal anrufen?
> – Gibt es jemand anderen, der mir Auskunft über … geben kann?
>
> 4. **Die eigenen Beweggründe erklären**
> – Da ich mich sehr für … interessiere, möchte ich eine Ausbildung zum/zur … absolvieren.
> – In meiner Freizeit beschäftige ich mich mit …, deshalb interessiert mich eine Ausbildung als …
> – Durch mein Praktikum bei … bin ich auf den Beruf des/der … aufmerksam geworden.
> – Ich habe schon einige Erfahrungen auf dem Gebiet …
>
> 5. **Chancen und Bedingungen erkunden**
> – In Ihrer Anzeige ist von … die Rede. Können Sie mir bitte erklären, was Sie damit meinen?
> – Mit welchen Aufgaben wird ein/e Auszubildende/r in Ihrer Firma betraut? …

Sprechen, Zuhören, Spielen

6. **Das weitere Vorgehen vereinbaren**
   - Möchten Sie, dass ich mich schriftlich bei Ihnen bewerbe?
   - Haben Sie besondere Anforderungen an die Bewerbungsunterlagen?
   - Ist es möglich, dass ich mich Ihnen persönlich vorstelle?

7. **Das Gespräch angemessen beenden**
   - Ich danke Ihnen für das Gespräch und freue mich auf unser Treffen am …
   - Danke, dass Sie sich Zeit für mich genommen haben. Meine schriftliche Bewerbung sende ich Ihnen in den nächsten Tagen zu.
   - Herzlichen Dank für das Gespräch. Auf Wiederhören!

2 Arbeitet zu zweit: Probiert in einem Rollenspiel verschiedene Möglichkeiten einer Telefonanfrage aus.

3 Formuliert mithilfe der folgenden Cartoons Tipps für das Verhalten bei Telefonanfragen. Stellt eure Tipps anschließend in der Klasse vor und besprecht, welches Verhalten angebracht ist und welches nicht.

→ **Seite 247,** Textartenverzeichnis: Karikatur, Bildgeschichte, Cartoon

Berufsorientierung: Bewerbung, Lebenslauf, Vorstellungsgespräch

1 Von der Berufswahl zur Bewerbung

Ein Bewerbungsschreiben verfassen

1 Inhalt und Aufbau eines Bewerbungsschreibens sind genau festgelegt. Hier kannst du nachlesen, was du beachten musst.

Inhalt und Aufbau eines Bewerbungsschreibens (Anschreibens)

Das Bewerbungsschreiben sollte realistisch und selbstbewusst formuliert werden. Muster für Bewerbungsschreiben solltest du keinesfalls einfach abschreiben.

In dem Schreiben solltest du unbedingt darauf eingehen, was dir über die Stelle – z.B. aus der Ausbildungsanzeige in der Zeitung – bekannt ist und warum du dich dafür interessierst, wieso du ausgerechnet diesen Beruf erlernen willst, welche beruflichen Ziele du anstrebst, welche Qualifikation du für diese Lehrstelle hast (evtl. vorhandene Nachweise in der Anlage beifügen) und wann du die Stelle antreten könntest.

Im Einzelnen achte auf Folgendes:

1. Auf das Bewerbungsschreiben gehören dein Name, deine Anschrift, die Telefonnummer, das Datum, falls vorhanden auch die Faxnummer und die E-Mail-Adresse.
2. Gib die vollständige Anschrift des Betriebes an und nenne den Namen und die Bezeichnung des Ansprechpartners oder der zuständigen Abteilung.
3. Nenne in der Betreffzeile als Erstes den Grund deines Schreibens: *Bewerbung um einen Ausbildungsplatz als …*
4. Gib die richtige Berufsbezeichnung an.
5. Bewirb dich in einem Schreiben immer nur für eine Berufsausbildung.
6. Schildere nach der Grußformel kurz, um welche Ausbildungsstelle du dich bewirbst und wie oder wo du von der Ausbildungsmöglichkeit erfahren hast.
7. Begründe dann, warum du dich für eine Ausbildung in diesem Beruf und in diesem Betrieb interessierst.
8. Gib an, welche Schule du besuchst und wann du deinen Schulabschluss erreichen wirst.
9. Vorteilhaft sind Angaben über besondere Aktivitäten, z.B. im Sportverein oder in der Jugendarbeit. Ehrenämter zeigen, dass der Bewerber bereit ist, sich zu engagieren.
10. Am Schluss des Bewerbungsschreibens solltest du um eine Gelegenheit bitten, dich persönlich vorzustellen.
11. Verabschiede dich am Ende deines Schreibens mit einem Gruß und deiner Unterschrift in Dunkelblau. Verzichte auf Krakel oder Unterstreichungen!

Online-Link
Arbeitsblatt
„Das Bewerbungs-
schreiben"
313176-0012

Online-Link
zum Bewerbungstraining
313176-0012

→ **Seite 227,**
Arbeitstechnik
„Ein Bewerbungs-
schreiben verfassen"

Sprechen, Zuhören, Spielen

2 Beurteile die folgenden Ausschnitte aus unterschiedlichen Bewerbungsschreiben. Welche Formulierungen würdest du ersetzen? Begründe deine Meinung und schlage Verbesserungen vor, wenn nötig.

1 Ich besuche zurzeit die Nikolaus-Groß-Schule und gehe davon aus, dass ich sie bald mit dem Mittleren Bildungsabschluss verlassen kann.

2 Vielleicht wäre es möglich, dass Sie mich zu einem Vorstellungsgespräch einladen. Ich habe ein bisschen Hoffnung, da man immer wieder hört, dass Ihre Firma besonderen Wert auf Sprachkenntnisse legt, und die glaube ich zu besitzen.

3 Ich habe Ihre Anzeige in den „Badischen Neuesten Nachrichten" gelesen und möchte mich hiermit bei Ihnen als Auszubildende bewerben. Ich glaube, dass mich neben Sprachen ganz besonders die Computertechnik interessiert. Und ich könnte mir vorstellen, dass eine Ausbildung in Ihrem Betrieb eventuell meinen Neigungen entgegenkäme.

4 Ich habe mich schon bei mehreren Firmen um einen Ausbildungsplatz als Industriekaufmann beworben. Das hat aber nie geklappt. Nun hoffe ich, dass es bei Ihnen was wird. Ich würde mich jedenfalls sehr freuen. Teilen Sie mir bitte so schnell wie möglich mit, wann ich zu einem Vorstellungsgespräch erscheinen könnte und wo das stattfinden soll.

5 Ich habe Ihre interessante Anzeige gelesen, in der Sie verschiedene Ausbildungsplätze anbieten. Hiermit bewerbe ich mich um die Ausbildungsstelle als Brauer oder als Chemielaborant oder als Werkstoffprüfer. Alles würde mir gefallen, weil ich vielseitig interessiert bin.

6 Liebe Kollegen,
im letzten „Stellenmarkt" haben Sie meinen Traumjob angeboten: „Assistentin für Tourismus". Da ich über alle Voraussetzungen für diesen Beruf (Sprachen, Reiseerfahrungen usw.) verfüge, möchte ich mich bei Ihnen um eine entsprechende Ausbildungsstelle bewerben.

Berufsorientierung: Bewerbung, Lebenslauf, Vorstellungsgespräch

1 Von der Berufswahl zur Bewerbung

Online-Link
Arbeitsblatt
„Der Lebenslauf"
313176-0014

Online-Link
zum Bewerbungstraining
313176-0014

→ **Seite 228,**
Arbeitstechnik
„Einen tabellarischen
Lebenslauf schreiben"

Einen Lebenslauf verfassen

1 Informiere dich über den Inhalt und Aufbau eines Lebenslaufes.

Inhalt und Aufbau eines Lebenslaufes

Meist ist ein tabellarischer Lebenslauf üblich. Dieser sollte nicht mehr als eine Seite umfassen und mit dem PC geschrieben werden.

Der Lebenslauf sollte folgende Angaben enthalten:

- Vor- und Zuname
- Anschrift mit Telefonnummer (wenn möglich Festnetzanschluss)
- Geburtsdatum
- Geburtsort
- Staatsangehörigkeit
- Schulausbildung (von/bis)
- Praktika/Jobs (von/bis)
- Sprachkenntnisse
- Besondere Kenntnisse und Interessen
- Ort/Datum
- Unterschrift.

Den Lebenslauf kann man durch Überschriften gliedern, z. B.: „Persönliche Daten", „Schulausbildung", „Besondere Kenntnisse und Interessen".

In die rechte obere Ecke kann man sein Bewerbungsfoto kleben. Man kann es aber auch auf einem gesonderten Blatt mit seiner Kontaktadresse befestigen. Das Foto kann auch eingescannt werden.
Man sollte darauf achten, dass man auf dem Bewerbungsfoto nach links schaut.

Wichtig:
Unterschreibe den Lebenslauf mit der Hand und setze das Datum dazu.

2 Fertige deinen Lebenslauf an. Schreibe mit dem Computer.

3 Speichere den Lebenslauf ab, damit du ihn schnell aktualisieren oder auch bei einer Online-Bewerbung als Datei anhängen kannst.

Sprechen, Zuhören, Spielen

Jedes Land in Europa hat ein anderes Schulsystem. Wenn du dich im Ausland bewerben willst, musst du deine Kenntnisse, Fähigkeiten und Erfahrungen so darstellen, dass sie europaweit verständlich sind. Der *europass* hilft dir dabei, einen *Europass-Lebenslauf* zu verfassen und alle Unterlagen zusammenzustellen.

4 Im *Europass-Lebenslauf* werden z. B. die folgenden Angaben gefordert. Besprecht, was ihr hier einsetzen könntet:

> Muttersprache(n) …
> Sonstige Sprache(n) …
> Soziale Fähigkeiten …
> Organisatorische Fähigkeiten …
> Technische Fähigkeiten …
> IKT-Kenntnisse …
>
> Künstlerische Fähigkeiten …
> Sonstige Fähigkeiten …
> Führerschein(e) …
> Zusätzliche Angaben …

5 Beschreibe deine Stärken, deine besonderen Fähigkeiten, deine positiven Eigenschaften. Nenne jeweils Beispiele, die deine Angaben belegen. Du kannst die folgenden Formulierungen nutzen, aber auch selbst Eigenschaften und Beispiele dafür aufzählen, z. B.:
Ich bin hilfsbereit. Fast täglich helfe ich meiner Freundin bei den Hausaufgaben, da sie in der Schule mitunter größere Schwierigkeiten hat.

Online-Link
Arbeitsblatt
„Meine starken Seiten"
313176-0015

Ich
- bin hilfsbereit
- weiß, was ich will und setze das auch durch
- arbeite sehr gut mit anderen zusammen
- kritisiere mich lieber selbst als andere
- bin ausdauernd und habe Durchhaltevermögen
- setze mich gerne für andere ein, wenn etwas ungerecht ist
- bin in den meisten Situationen zuversichtlich
- schlichte oft, wenn es Streit unter Freunden gibt
- bin zuverlässig und verantwortungsbewusst
- empfinde technische Probleme als Herausforderung und finde meist eine Lösung
- helfe seit Langem in der Werkstatt meines Vaters
- hasse Unpünktlichkeit und Unehrlichkeit
- kann mir ein Leben ohne Word, Excel, PowerPoint, iPad und Internet nicht mehr vorstellen
- bewundere es, wenn sich Rollstuhlfahrer im Leben gut zurechtfinden

Berufsorientierung: Bewerbung, Lebenslauf, Vorstellungsgespräch

1 Von der Berufswahl zur Bewerbung

Fragen, mit denen man rechnen sollte

1 Bereite dich auf ein mögliches Vorstellungsgespräch vor: Stelle Fragen zusammen, die dir gestellt werden könnten, z. B.:

TIPP!
Du kannst hierzu auch ein Arbeitsblatt ausdrucken. Nutze den Online-Link.

Online-Link
Arbeitsblatt
„Fragen und Antworten"
313176-0016

Schule
1. Welche Schulen haben Sie besucht?
2. Welche Fächer sind Ihre Lieblingsfächer?
3. Wie erklären Sie sich Ihre schlechte Note in …?
4. Wo liegen Ihre Stärken und wo Ihre Schwächen? …

Freizeit, Hobbys und ehrenamtliche Tätigkeit
1. Welche Hobbys haben Sie?
2. Wie verbringen Sie Ihre Zeit an den Wochenenden?
3. In welchen Jugendgruppen und Vereinen haben Sie schon Erfahrungen gesammelt? …

Ausbildung und Beruf
1. Warum möchten Sie diesen Beruf erlernen?
2. Was denken Sie, was Sie bei uns alles lernen müssen?
3. Welche Eigenschaften bringen Sie für diesen Beruf mit?
4. Was möchten Sie über die Ausbildung bei uns wissen? …

Betrieb/Unternehmen
1. Warum bewerben Sie sich gerade in unserem Betrieb?
2. Was wissen Sie über unsere Firma?
3. Was möchten Sie noch über unser Unternehmen erfahren? …

2 Arbeitet zu zweit. Beantwortet die Fragen aus Aufgabe 1 und notiert eure Antworten.

→ **Seite 226,** Arbeitstechnik „Ein Feedback geben"

3 Übt jetzt in Rollenspielen, wie man in einem Vorstellungsgespräch Fragen sicher und überzeugend beantwortet. Nutzt dazu eure Notizen aus Aufgabe 1 und 2. Nehmt die Gespräche auf.

– Stellt anschließend fest, wie sich der „Bewerber" verhalten hat und bei welchen Fragen er Probleme mit der Beantwortung hatte.
– Gebt ihm Hinweise, wann und wie er sich noch geschickter verhalten könnte.

Berufsorientierung: Bewerbung, Lebenslauf, Vorstellungsgespräch

Sprechen, Zuhören, Spielen

4 Ob man in einem Vorstellungsgespräch Erfolg hat oder nicht, hängt von vielen unterschiedlichen Faktoren ab. Tauscht euch in der Klasse darüber aus, warum die folgenden Tipps für euch wichtig sein könnten und was jeder Einzelne von euch besonders beachten sollte.

Tipps für ein erfolgreiches Vorstellungsgespräch
– Überlege, was du zum Vorstellungsgespräch anziehst. Berücksichtige auch, dass es in manchen Firmen bestimmte Kleidungsgewohnheiten oder eine Kleiderordnung gibt.
– Nimm zu einem Vorstellungsgespräch Kopien von deinen Bewerbungsunterlagen mit.
– Vergiss nicht, einen Notizblock und einen Stift einzustecken.
– Erscheine pünktlich. Überlege vor dem Gespräch, mit welchem Verkehrsmittel du am besten zu der Firma fahren könntest und wie viel Zeit man dafür benötigt.
– Tritt beim Vorstellungsgespräch höflich, freundlich und sicher auf.
– Höre genau zu! Beantworte die Fragen sachlich und ehrlich.
– Habe keine Angst! Ein Bewerbungsgespräch ist kein Verhör. Hier sucht jemand einen passenden Mitarbeiter – mache ihm klar, dass du der passende Mitarbeiter bist!
– Versuche, deine Kenntnisse, Fähigkeiten und Erfahrungen herauszustellen, die dich deiner Meinung nach für den Beruf geeignet machen. Sei so, wie du bist! Sei nicht schüchtern, aber auch nicht angeberisch!

5 Besprecht, wie die folgenden Verhaltensweisen von Bewerbern auf ihre Gesprächspartner vermutlich wirken könnten.
Was würde ein Personalchef eurer Meinung nach daraus ableiten?

übertrieben kräftiger Händedruck

häufiges Wegsehen

Hand wird während des Sprechens vor den Mund gehalten

Trommeln mit den Fingern

lautstarke Stimme

Füße werden um die Stuhlbeine gelegt

leise, flüsternde Stimme

weit nach vorn oder weit zurück gelehnter Oberkörper

sehr schnelles oder sehr langsames Sprechen

Berufsorientierung: Bewerbung, Lebenslauf, Vorstellungsgespräch

1 Von der Berufswahl zur Bewerbung

> **TIPP!**
> Ihr könnt für Aufgabe 1 Arbeitsblätter ausdrucken und an die Gruppen verteilen. Nutzt dazu den Online-Link.

Online-Link
Arbeitsblätter für die Gruppenarbeit
313176-0018

Einladung zum Assessment-Center

Viele Firmen testen ihre Bewerber in Gruppen. Den Bewerbern werden bei diesen Tests Aufgaben gestellt, die sie gemeinsam lösen sollen. Dabei wird beobachtet, wie sich die einzelnen Personen verhalten und wie sie ihre Fähigkeiten und Gedanken in die Gruppe einbringen.

1 Trainiert eine solche Situation im Rollenspiel. Geht dabei so vor:

1. Teilt die Klasse in zwei Abteilungen: „Bewerber" und „Arbeitgeber".
2. Jede Abteilung bildet zwei Gruppen: „Mondexpedition" und „Wohngemeinschaft".
3. Lest nun, worum es bei dem Rollenspiel geht.

Gruppe „Mondexpedition"
Ihr gehört einer Forschungsgruppe an, die im Jahre 2060 auf dem Mond gelandet ist. Bei der Rückkehr zum Mutterschiff gibt es eine technische Panne und ihr müsst notlanden, 200 Kilometer vom Mutterschiff entfernt. Ihr müsst zu Fuß zum Mutterschiff zurückkehren. 15 unzerstört gebliebene Gegenstände können euch dabei helfen:
– mehrere Tuben Astronautennahrung
– 50 qm Fallschirmseide
– ein solarbetriebener Kocher
– ein Feuerzeug
– 20 m Seil
– eine Pistole
– mehrere Sauerstofftanks
– ein magnetischer Kompass
– eine astronomische Karte
– zwei Signalflaggen
– ein solarbetriebenes Radio
– ein Erste-Hilfe-Koffer
– zwei Tanks mit Trinkwasser
– ein Paket Milchpulver
– ein automatisch aufblasbares Rettungsboot.

Gruppe „Wohngemeinschaft"
Stellt euch vor, ihr wohnt in einer Wohngemeinschaft, in der ein freies Zimmer vergeben werden soll.

Folgende Personen möchten einziehen:
– eine Frau ohne Arbeit mit einem Kind
– ein Übersiedler aus Russland
– eine Afrikanerin
– ein reicher Jugendlicher, der das WG-Leben ausprobieren möchte
– ein gerade entlassener Strafgefangener
– eine Musiklehrerin, die zu Hause Klavierunterricht geben will
– eine ältere Dame mit einem kleinen Hund
– ein Varietékünstler, der ein Terrarium mit zwei großen Schlangen mitbringen will
– ein Schauspielstudent, der zu Hause seine Rollen lernen und dabei laut sprechend hin- und hergehen muss.

Sprechen, Zuhören, Spielen

2 Folgende Aufgaben sollen die Gruppen lösen.

Aufgaben für die „Bewerber"

❶

Gruppe „Mondexpedition"
Überlegt, was ihr auf dem Mond am nötigsten braucht. Bringt die Gegenstände in eine entsprechende Rangfolge. Einigt euch in der Gruppe.

❷

Gruppe „Wohngemeinschaft"
Diskutiert in der Gruppe, wer einziehen soll. Wenn ihr euch nicht einigen könnt, wird der Vermieter das Zimmer an seinen Neffen vergeben.

Aufgaben für die „Arbeitgeber"

1. Bereitet Beobachtungsbögen vor, auf denen ihr euch Notizen zum Verhalten der einzelnen Bewerber machen könnt, z. B.:

> **TIPP!**
> Ihr könnt zu Aufgabe 2 Beobachtungsbögen ausdrucken und bearbeiten. Nutzt dazu den Online-Link.
>
> **Online-Link**
> Arbeitsblätter
> „Beobachtungsbögen"
> 313176-0019

Beobachtungsbogen: Gruppe „Wohngemeinschaft"

	Ismet	Andrea	Eduard
Beteiligung am Gespräch	viel	wenig	gar nicht
Gestik/Mimik	wenig	…	…
…	…	…	…

Auf den Beobachtungsbögen können auch mögliche positive Verhaltensweisen vorgegeben werden. Diese braucht ihr dann nur noch anzukreuzen, z. B.:

übt konstruktive Kritik – nimmt Kritik an – behält Überblick – ermuntert andere zum Sprechen – ist freundlich, offen – spielt sich nicht zu sehr in den Vordergrund – bringt andere zum Zuhören – nimmt Gegenargumente auf – bezieht einen eigenen Standpunkt – ist kreativ – bringt eigene Ideen ein – ist sprachlich gewandt – wirkt selbstbewusst

2. Beobachtet „eure" Bewerber während der Diskussion. Notiert, was euch auffällt.
3. Entscheidet euch zum Schluss in einer „Prüfungskommission" für einen Kandidaten und begründet eure Wahl.

3 Wertet das Rollenspiel aus. Beantwortet dazu die folgenden Fragen:

– Was ist euch leichtgefallen?
– Was hat euch Schwierigkeiten bereitet?
– Woran müsst ihr noch arbeiten?

Berufsorientierung: Bewerbung, Lebenslauf, Vorstellungsgespräch

1 Von der Berufswahl zur Bewerbung

Selbstbewusst auftreten

In Vorstellungsgesprächen oder in Prüfungssituationen hat fast jeder mit Lampenfieber zu tun.
Deiner Nervosität kannst du begegnen, wenn du gelernt hast, dich bewusst zu entspannen und positiv zu denken.

Online-Link
zum Thema
„Körpersprache"
313176-0020

1 Beschreibe die dargestellten Personen. Welche wirkt deiner Ansicht nach selbstbewusst und entspannt, welche nicht? Begründe.

2 Tragt zusammen, was man tun kann, um möglichst entspannt, ruhig und selbstbewusst in ein Vorstellungsgespräch zu gehen.

20   Selbstbewusstsein aufbauen, Nervosität ablegen

Sprechen, Zuhören, Spielen — **STARKE SEITEN**

3 Probiere einmal die folgenden Übungen aus:

Setze dich auf einen Stuhl, du fühlst deinen Körper und dich selbst ganz bewusst – selbstbewusst.

1. **Zum Einstimmen**
   Ruhig ein- und ausatmen; während des Ausatmens so lange „strömen" lassen, bis die Lunge vollständig leer ist und du es aber noch gut aushalten kannst.
   Einatmen, ausatmen, wiederholen. Lege deine Hände auf den Bauch unterhalb des Nabels. Atme in deinen Bauch hinein, sodass sich die Bauchdecke wölbt; beim Ausatmen senkt sich die Bauchdecke.
   Wiederhole dies einige Male ohne Anstrengung und Anspannung.

2. **Atemgymnastik**
   – Atme ein und zähle beim Ausatmen so lange, bis deine Lunge leer ist. Nach einigen Wiederholungen wirst du feststellen, dass du beim Zählen immer weiter kommst. Dann hast du mehr Atem und das bedeutet mehr Kraft, Energie und Ausdauer. Man sagt auch, man hat einen „längeren Atem".
   – Atme ein und stoße beim Ausatmen den Atem heraus, als ob du einen Stoß in den Magen erhalten hättest. Dabei hast du das Gefühl, als ob sich dein Bauch nach hinten an die Wirbelsäule pressen würde.

3. **Zuversichtlich sein**
   Deine Gedanken beeinflussen dich mehr, als du denkst.
   Wenn du dich jetzt an eine Situation erinnerst, in der du dich geärgert hast, wirst du schnell feststellen, dass du dich gleich wieder ärgerst; umgekehrt wird eine positive Situation dich fröhlich stimmen und dich so stärken.
   Lass dich deshalb nicht von negativen Gedanken beherrschen und versuche positiv zu denken, versuche zuversichtlich zu sein. Dabei kannst du entweder die bevorstehende Situation in Gedanken durchspielen oder aber an etwas ganz anderes, besonders Schönes denken.

Selbstbewusstsein aufbauen, Nervosität ablegen

1 Von der Berufswahl zur Bewerbung

Was dahintersteckt

1 Lies das folgende Vorstellungsgespräch. Notiere, welche Fragen der Personalsachbearbeiter der Bewerberin gestellt haben könnte.

Online-Link
zum Bewerbungstraining
313176-0022

❶ Personalsachbearbeiter Laut Ihrem Anschreiben haben Sie ja einige Hobbys – erzählen Sie doch mal.
Bewerberin *(Pause)* Ich spiele Volley-
5 ball im Verein. Zusätzlich singe ich im Chor. Chillen mag ich auch. Und Chatten. Mit Computern kann ich gut umgehen, z. B. beherrsche ich Photopaint. *(lange Pause)* Ich bin zusätzlich
10 aktiv beim Roten Kreuz. Das Testat habe ich leider noch nicht bekommen. Ich reiche es aber gerne nach.

❷ Personalsachbearbeiter Sie schreiben in Ihrer Bewerbung, dass Lesen
15 eines Ihrer Hobbys … ?
Bewerberin *(hektisch)* Zum Lesen fehlt mir mittlerweile leider oft die Zeit. Aber ich schaue regelmäßig Nachrichten. Eigentlich jeden Tag!

❸ Personalsachbearbeiter … ?
Bewerberin *(zögerlich – Blick zum Boden)* Die wollten eigentlich, dass ich
20 Beamtin werde. Aber das finde ich superöde. Und man verdient da zu wenig Kohle.

❹ Personalsachbearbeiter … ?
Bewerberin *(lange Pause)* In Mathe war ich in diesem Jahr leider nicht so gut. Das liegt aber an unserem Lehrer, der mich nicht mag. *(überlegt)*
25 Dafür bin ich in Deutsch gut.

❺ Personalsachbearbeiter In Ihrer Bewerbung schreiben Sie, dass Sie die E-Jugend Ihres Handballvereins … ?
Bewerberin *(spielt hektisch mit einem Kugelschreiber)* Ja. Ja. Na ja. Eigentlich trainiere ich die E-Jugend nicht mehr. Nicht mehr so richtig. *(Pause)*
30 Habe einfach keine Zeit mehr dazu. Leider.

❻ Personalsachbearbeiter … ?
Bewerberin *(Pause – Blick zum Boden)* Ihre Agentur hat ja viele Geschäftsbereiche und die Geschäftszahlen waren im letzten Jahr sehr gut. Ein Gewinn von fast 10 Prozent, glaube ich. Außerdem soll bei Ihnen die
35 Ausbildung besonders gut sein, habe ich gehört.

Sprechen, Zuhören, Spielen

EXTRA

7 **Personalsachbearbeiter** ... ?

Bewerberin *(lange Pause)* Die Betreuung der Schülerbücherei habe ich aufgegeben, weil meine Freundin auch nicht mehr mitmacht. *(Pause)* Außerdem ist jetzt ein neuer Lehrer für die Bücherei zuständig. Den mag ich nicht so.

8 **Personalsachbearbeiter** ... ?

Bewerberin *(nimmt die Hände unter dem Tisch hervor)* Ich interessiere mich nicht besonders für Politik. *(Schweigen)* Aber ich glaube, dass gerade eine andere Partei an der Macht ist.

9 **Personalsachbearbeiter** ... ?

Bewerberin *(wickelt ihre Haare um den Zeigefinger)* Ich denke, man sitzt viel am PC und entwirft tolle Sachen. Für Kunden. *(Pause)* Programme schreiben ... *(Pause)* Denke ich. Und Prospekte machen Sie ja auch. Vielleicht mache ich ja einen für ein großes Kaufhaus! Und sonst ... na ja. Weiß auch nicht so genau. Aber es macht bestimmt Spaß ...

10 **Personalsachbearbeiter** Gut. Dann zum Schluss noch ein paar Informationen von mir: Sie würden im ersten Jahr in drei bis vier unterschiedlichen Abteilungen arbeiten, um einen Einblick in alle unsere Geschäftsfelder gewinnen zu können.

Bewerberin *(schreibt einiges von dem auf, was der Gesprächspartner ihr erzählt)*

2 Der Personalsachbearbeiter will im Gespräch herausfinden, ob die Bewerberin geeignet ist. Schreibe auf, was hinter seinen Fragen im Einzelnen steckt. Schreibe dazu, welche Notizen sich der Personalsachbearbeiter bei den Antworten gemacht haben könnte, z. B.:

Was hinter Frage 1 steckt: Hat die Bewerberin überhaupt Zeit für eine Ausbildung? Was für Hobbys hat sie? Wie bewerten wir als Unternehmen diese Hobbys? Wird sie sich bei uns engagieren? Setzt sie sich für andere ein, z. B. in Form eines Ehrenamts? Stimmen die Angaben in der schriftlichen Bewerbung mit der Wirklichkeit überein?

Notiz zur Antwort: In Bewerbungsschreiben andere Hobbys genannt

3 Werte die Notizen aus Aufgabe 2 aus und überlege: Würdest du die Bewerberin einstellen? Begründe deinen Standpunkt schriftlich.

4 Schreibe der Bewerberin einen Brief, in dem du ihr Ratschläge für ein überzeugendes Verhalten in einem Vorstellungsgespräch gibst.

Berufsorientierung: Bewerbung, Lebenslauf und Vorstellungsgespräch

1 Von der Berufswahl zur Bewerbung

Richtig schreiben – Eignungstest

→ **Seite 222,** Rechtschreibstrategie „Das Schreiben von Fremdwörtern üben"

1 Welches Wort in der Zeile ist richtig geschrieben? Schreibe es auf.

1. Assesment-Center – Assessment-Center – Asessment-Center
2. Enthaltestelle – Endhaldestelle – Endhaltestelle
3. Annonce – Anonce – Annonse
4. Diskusion – Disskussion – Diskussion
5. Kariere – Karriere – Karrere
6. Akkusativ – Akusativ – Akkussativ
7. Endgeld – Entgeld – Entgelt
8. Ortografie – Orthografie – Ortographie

→ **Seite 221,** Rechtschreibstrategie „Im Wörterbuch nachschlagen"

2 Welche Wörter in der Zeile sind falsch geschrieben? Schreibe sie richtig auf.

1. lesen – ich laß – ich habe gelesen
2. sitzen – ich sas – ich habe geseßen
3. schließen – ich schloss – ich habe geschlosen
4. schießen – ich schoß – ich habe geschossen
5. winken – ich winkte – ich habe gewinnkt
6. erfahren – ich erfur – ich habe erfahren
7. stehen – ich stant – ich habe gestanden
8. empfehlen – ich empfal – ich habe empfolen

3 Jedes der folgenden Wörter enthält einen Fehler (ein Buchstabe). Dadurch ist ein anderes Wort entstanden. Schreibe die Wörter korrigiert auf und verwende sie jeweils in einem Satz, z. B.:

1. haute → h<u>eu</u>te:
Er will <u>heute</u> zu uns nach Hause kommen.

1. haute	4. wahr	7. hast
2. Urzeit	5. fiel	8. seit
3. lassen	6. Rat	9. fasst

4 Welche Wörter gehören jeweils in die Lücken? Schreibe die Sätze vollständig auf.

1. Mann – man? Jetzt weiß ✎ nicht, warum der ✎ weggelaufen ist.
2. Meer – mehr? Ich weiß nichts ✎ von diesem ✎ .
3. das – dass? Ich weiß, ✎ ✎ schwierig ist.
4. sieh – sie? Da ✎, wie gut ✎ schon laufen kann!

Rechtschreibung, Grammatik, Sprachbetrachtung

5 Das folgende Schreiben ist laut Rechtschreibprüfung des Computers fehlerfrei. Trotzdem enthält es noch zehn Fehler. Schreibe den Text richtig auf.

→ **Seite 222,** Rechtschreibstrategie „Korrekturlesen"

Sehr geehrte Frau Schneider,
ich habe mich sehr über ihr Interesse an meiner Bewerbung um den Ausbildungsplatz als Kraftfahrzeugmechaniker in Ihrem unternehmen gefreut. Ich bin Schüler der Realschule in Wolfsburg. Im Juni … werde ich diese Schuhe mit dem Abschluss der Mittleren Reife verlassen. Schnelles arbeiten liegt mir.
Beim besuchen des Berufsinformationszentrums erhielt ich durch ausführliche Gespräche und filme einen guten Einblick in dass Berufsbild des Kraftfahrzeugmechanikers. Darüber hinaus habe ich Werkstädten besucht und mich Vorort über meinen Wunschberuf informiert. Die Eindrücke, die ich auch während meines Praktikums sammeln konnte, bestärkten mich in meinem Wunsch, mich zum Kraftfahrzeugmechaniker ausbilden zulassen.
Über die Einladung zu einem persönlichen Vorstellungsgespräch freue ich mich.

Mit freundlichen Grüßen …

6 Auch dieses Schreiben enthält zehn Fehler. Schreibe den Text richtig auf.

Sehr geehrter Herr Töpfer,
mit großem Interesse habe ich ihre Anonce gelesen. Ich bewerbe mich bei ihnen um eine Ausbildungsstelle als Stahlbetonbauer. Im Sommer … werde ich die Konrad-Kalau-Gesamtschule in Frankfurt am Main mit der Mittleren Reife verlasen. In Gesprächen mit dem Berufberater der Arbeitsagentur habe ich Einselheiten über die Aufgaben eines Stahlbetonbauers erfahren. Ich möchte diesen Beruf gern erlernen, weil mich das arbeiten am bau intressiert und weil ich einen Aufgabenbereich suche, indem ich mit Maschienen und Werkzeug zu tun habe. Für weitere Auskünfte stehe ich Ihnen in einem persönlichen Gespräch – vorab auch gerne telefonisch – zur Verfügung.

Mit freundlichen Grüßen …

1 Von der Berufswahl zur Bewerbung

→ **Seite 221,**
Rechtschreibstrate-
gie „Großschreibung
von Wörtern"

Richtig schreiben – das zählt!

1 Schreibe den folgenden Text in richtiger Groß- und Kleinschreibung auf.

sehr geehrte damen und herren,
hiermit bewerbe ich mich um den von ihnen angebotenen ausbildungsplatz als sozialversicherungsfachangestellter.
ich werde voraussichtlich im juni … die werkrealschule mit dem
mittleren abschluss beenden.
zum sammeln von erfahrungen habe ich zu beginn des jahres ein
dreiwöchiges praktikum in ihrem unternehmen absolviert. dabei
konnte ich feststellen, dass der beruf des sozialversicherungs-
angestellten meinen vorstellungen entspricht.
bitte geben sie mir gelegenheit zum persönlichen vorstellen.

mit freundlichen grüßen …

2 Schreibe die Sätze zu Ende. Verwende Nebensätze mit der Konjunktion
„dass", z. B.: 1. Ich habe gelesen, <u>dass</u> Sie eine Ausbildungsstelle anbieten.

1. Ich habe ich gelesen, . . .
2. Ich denke, . . .
3. Ich freue mich, . . .
4. Ich vermute, . . .
5. Ich teile Ihnen mit, . . .
6. Ich weiß, . . .
7. Ich hoffe, . . .
8. Ich verstehe, . . .

3 Welches Wort in der Zeile ist jeweils richtig geschrieben?
Schreibe es auf.

1. allmählich – allmälich – allmählig
2. ziehmlich – zimlich – ziemlich
3. schlißlich – schließlich – schlieslich
4. nämlich – nähmlich – nehmlich
5. ungefär – ungefähr – ungefehr
6. während – wehrend – währent
7. vorraussichtlich – vorausichtlich – voraussichtlich

4 Und welches Wort in der Zeile ist hier jeweils falsch geschrieben?
Schreibe es richtig auf.

1. atraktiv – akkurat – effektiv
2. kompliziert – diferenziert – flexibel
3. raffiniert – kompetent – korekt

26   Wörter und Texte rechtschriftlich korrigieren

Rechtschreibung, Grammatik, Sprachbetrachtung — TRAINING

5 Wo musst du in den folgenden Sätzen Kommas setzen? Schreibe die Stellen auf, z. B.: 1. haben, denken

1. Obwohl die Schulabgänger viele Möglichkeiten haben denken sie nur an wenige Ausbildungsberufe.
2. Viele Jungen finden keinen Ausbildungsplatz weil sie nicht über andere Berufe nachdenken.
3. Nachdem sie sich für einen Beruf entschieden haben nehmen sie die Chancen nicht wahr.
4. Bei einer Bewerbung verschickt man ein Bewerbungsschreiben damit der Ausbildungsbetrieb einen ersten Eindruck vom Bewerber bekommt.
5. Die Firmen führen da sie die geeignetsten Bewerber suchen Eignungstests durch.
6. Die Jugendlichen beginnen mit dem Test wenn der Prüfer das Startzeichen gibt.
7. Oft bekommt der Bewerber mehr Aufgaben als er in der vorgegebenen Zeit lösen kann.
8. Der Betrieb möchte testen wie er unter Stress arbeitet.
9. Weil die Jugendlichen unter Zeitdruck ganz unterschiedliche Aufgaben bearbeiten müssen haben sie Angst vor dem Eignungstest.

→ **Seite 217 f.,** Nebensätze; Kommasetzung in Konjunktionalsätzen

6 Im folgenden Text fehlen 20 Kommas. Teste dich selbst. Schreibe den Text ab und setze die Kommas.

Mechatroniker ein Beruf der 1998 mit 1185 Ausbildungsverhältnissen in ganz Deutschland neu startete erscheint vielen Schulabgängern attraktiv. Nur eineinhalb Jahre später schon war die Zahl derjenigen die sich für diesen Beruf ausbilden ließen auf 4828 angestiegen. In der Ausbildung zum „Mechatroniker" wurden verschiedene Elemente wie Mechanik Hydraulik und Pneumatik Elektrotechnik und Elektronik Steuerungs- und Regelungstechnik sowie Informationstechnik zu einem neuen Berufsbild zusammengeführt. Mechatroniker können nach dreieinhalbjähriger Lehre komplexe Maschinen Anlagen und Systeme montieren und demontieren transportieren und aufstellen programmieren prüfen und in Betrieb nehmen warten und instand setzen. Sie arbeiten hauptsächlich auf Montagebaustellen aber auch in Werkstätten und Serviceeinrichtungen. Der neue Beruf entstand aus der Tatsache dass immer kompliziertere Systeme in den meisten Industriesparten wie beispielsweise den Bereichen Elektro Stahl Nahrungsmittel oder Chemie Einzug hielten die Spezialwissen erfordern.

Wörter und Texte rechtschriftlich korrigieren

2 Themen, Thesen, Argumente

→ Seite 29, 37, Argumente

Babyklappen verstoßen gegen die Menschenrechte

Babyleiche im Glascontainer   **Grässlicher Fund in Recyclinganlage**

Der letzte Ausweg für verzweifelte Mütter   *Lieber in den Babykorb als in die Mülltonne*

Babyklappen verhindern keinen einzigen Todesfall   **Das ungewisse Schicksal der Babyklappen-Kinder**

1 Was meint ihr zu diesen Überschriften? Tauscht euch darüber aus, worum es in den einzelnen Zeitungsartikeln vermutlich gehen könnte.

2 Bildet euch im Gespräch eine erste Meinung zu dem Thema „Babyklappen". Begründet eure Meinung.

3 Im Internet wird veröffentlicht, in welchen Städten Deutschlands Babyklappen eingerichtet wurden. Findet heraus, ob es in der Nähe eures Wohnorts eine solche Einrichtung gibt.

Online-Link
zum Thema
„Babyklappe"
313176-0028

Schreiben

Informationen beschaffen

1 Stelle zum Thema „Babyklappen" Fragen. Notiere sie jeweils auf einem Kärtchen, z. B.:

| Wer richtet Babyklappen ein? | Wieso können Babyklappen nützen? |

| Wer nutzt sie? | Wieso können Babyklappen missbraucht werden? |

2 Überlege, ob du für die Einrichtung von Babyklappen bist oder dagegen. Formuliere deinen Standpunkt zum Thema „Babyklappen" als These, z. B.:
– pro: *Babyklappen retten das Leben von ungewollten Kindern.*
– kontra: *Babyklappen können keine Kindestötungen verhindern.*

> **Merke**
>
> Eine **These** ist eine zu beweisende Aussage. Sie kann in Form einer Behauptung oder einer Forderung erscheinen. Eine These muss durch Argumente bewiesen werden. Ein **Argument** ist eine Aussage zur Begründung einer aufgestellten These, die z. B. auf Tatsachen, Daten, Meinungen oder Erfahrungen beruhen kann.

3 Die Texte auf den Seiten 29 bis 32 enthalten Informationen, die du für die Argumentation zum Thema „Babyklappen" nutzen kannst. Lies sie und notiere dabei Pro- und Kontra-Argumente zu deiner These, z. B.:

Pro Baby-klappe	→	Babyklappen retten das Leben von ungewollten Kindern.	→	Frau sagte, sie hätte ihr Kind nicht getötet, wenn es eine Babyklappe gegeben hätte.
		These		**Argument**
Kontra Baby-klappe	→	Babyklappen können keine Kindestötungen verhindern.	→	Trotz der Babyklappe wurden mehrere ausgesetzte Babys gefunden …

❶ Lieber in den Babykorb als in die Mülltonne

MARION GOTTLOB • *Frauen in Notsituationen können ihr Neugeborenes anonym in der St. Hedwig-Klinik abgeben. Auch anonyme Geburten sind möglich.*

Eine junge Frau ist nach der Geburt ihres Kindes verzweifelt. Sie will das Kind nicht und kann nicht dafür sorgen. In einer Kurzschlussreaktion bringt sie es um. Später sagt sie: „Hätte es eine Babyklappe gegeben, hätte

Wiederholung und Vertiefung: Argumentieren und Erörtern

2 Themen, Thesen, Argumente

[1] Babykorb, der: auch Babyklappe oder Babyfenster

ich mein Kind nicht getötet." Das wollten die Mannheimer so nicht lassen.

5 Seit gestern gibt es an der St. Hedwig-Klinik einen „Babykorb"[1], in dem Frauen in einer Notsituation ihr neugeborenes Kind anonym abgeben können. „Wenn nur ein Baby vor dem Tod bewahrt wird", unterstrich Sozialbürgermeisterin Mechthild Fürst-Diery vor Journalisten, „dann hat sich der Babykorb gelohnt." [...]

10 Durchschnittlich werden ein bis zwei Babys pro Jahr in einer Babyklappe abgeben. Der Mannheimer Babykorb [...] ist nicht am Haupteingang der St. Hedwig-Klinik, sondern an der Seitenfront installiert, ein großes Schild „Babykorb" zeigt den Ort an. [...]
Außen hat der Babykorb eine Stahlklappe, die sich leicht öffnen lässt.

15 In dem Babykorb leuchtet eine Lampe auf, und die Mutter kann das Kind auf ein Wärmekissen legen. Wird die Tür wieder geschlossen, lässt sie sich nicht mehr öffnen, sodass das Kind vor dem Zugriff fremder Menschen geschützt ist. Ein elektrischer Impuls löst im Säuglingszimmer der Klinik eine Klingel aus: Ein Kind wurde abgegeben. Sofort holt eine Kranken-

20 schwester den neugeborenen Gast. [...]
Das Kind wird routinemäßig auf Infektionskrankheiten [...] untersucht. [...] Das Jugendamt wird informiert und das Familiengericht bestellt einen Vormund. Anschließend kommt das Baby in die Obhut von Pflegeeltern. Zwölf Wochen lang kann sich die Mutter entscheiden, ob sie es

25 zurückholen möchte. Ein Gentest dient zur Überprüfung der Identität. Meldet sich die leibliche Mutter nicht, wird das normale Adoptionsverfahren eingeleitet. Allein für Mannheim führt das Jugendamt eine Liste von 50 Paaren, die gerne ein Kind adoptieren möchten. Daneben bietet die St. Hedwig-Klinik seit Kurzem die Möglichkeit zur „anonymen Geburt".

30 Normalerweise ist jede werdende Mutter gesetzlich verpflichtet, bei der Geburt eines Kindes ihre Daten anzugeben. „Wir wünschen uns, dass die Mutter auch in einer Notsituation ihr Kind in einem geschützten Raum zur Welt bringen kann", erklärte Chefarzt Dr. Horst Job. Eine Frau hat von der Möglichkeit der anonymen Geburt schon Gebrauch gemacht.

35 Die etwa 35-Jährige hatte drei Kinder und lebte in Scheidung. Mitten im Scheidungsgefecht wurde sie erneut schwanger. Aber sie wollte und konnte nicht für dieses Kind sorgen. [...]
So entschloss sich die Frau zur anonymen Geburt. Nach einem langen Gespräch mit dem Klinik-Seelsorger, der ihre Entscheidung akzeptierte,

40 hinterließ sie unter dem Siegel des Beichtgeheimnisses dem Pfarrer in einem geschlossenen Umschlag ihre Daten und einen Brief an ihr Kind. Bis zu dessen 18. Geburtstag wird dieser Umschlag in einem Tresor verwahrt. Dann darf das Kind nach dem Willen seiner Mutter die Daten einsehen. So wird es erfahren, wer seine leiblichen Eltern sind und warum seine bio-

45 logische Mutter nicht für es sorgen konnte. Aber bis dahin ist noch eine lange Zeit. [...]

Schreiben

❷ „Babyklappen verhinderten keinen einzigen Todesfall"

VON IRA SCHAIBLE • *Auch unter den Befürwortern der anonymen Ablegemöglichkeit werden Zweifel laut – Entwicklung geht hin zur „vertraulichen Geburt"*

Frankfurt/Main (dpa) Acht ausgesetzte Säuglinge sind in den ersten Monaten des neuen Jahres in Deutschland gefunden worden. Sechs von ihnen waren tot. Diese traurigen Funde haben die Diskussion über Babyklappen wieder angeheizt. „Die haben nicht einen einzigen Fall verhindert", sagt der
5 Präsident des Deutschen Kinderschutzbundes, Heinz Hilgers. Aber auch unter den Befürwortern wächst die Skepsis: „Die Entwicklung geht weg von Babyklappen hin zur vertraulichen Geburt", berichtet Regula Bott von der Gemeinsamen Zentralen Adoptionsstelle in Hamburg.
Schätzungen zufolge werden jedes Jahr etwa 40 bis 50 Kinder in Deutsch-
10 land ausgesetzt – etwas mehr als die Hälfte von ihnen ist zu diesem Zeitpunkt bereits tot oder stirbt kurz darauf. An diesen Zahlen habe sich trotz der Babyklappen anscheinend nichts Wesentliches verändert, bedauert Regine Hölscher-Mulzer vom Sozialdienst katholischer Frauen (SkF), der an mehr als 20 Babyfenstern in Deutschland beteiligt ist. Offizielle Statistiken
15 gibt es nicht. „Die Dunkelziffer[1] ist enorm. Vielleicht gucken die Leute nur genauer hin", sagt die Frankfurter SkF-Geschäftsführerin Margit Grohmann. Sie arbeitet an einem der ersten Moses-Projekte in Deutschland. Die anonyme Übergabe „eines Säuglings, von Arm zu Arm – nicht ins Wärmebettchen wie bei einer Babyklappe – gilt dabei nur als Ultima Ratio[2]." [...]
20 Rund 70 Moses-Projekte und Babyklappen gibt es Schätzungen zufolge in Deutschland. „Wir rücken immer mehr von den Babyklappen ab, obwohl wir sie für notwendig halten", sagt Franziska Klotz vom Hamburger Verein SterniPark. Die Geburten, bei denen die Frauen oft allein seien und ihre Babys unfachmännisch abnabelten – etwa mit Schnürsenkeln – seien für
25 Mutter und Kind unwürdig und riskant. Der Verein versuche zunehmend, Schwangeren in Krisensituationen anonyme Geburten in Krankenhäusern zu ermöglichen. „Der große Vorteil einer anonymen Geburt ist, dass der Mutter geholfen wird und sie eine bewusstere Entscheidung trifft", sagt Kinderschutzbund-Präsident Hilgers. Allerdings verstoße die anonyme Ge-
30 burt wie die Babyklappen gegen das Recht des Kindes auf Kenntnis seiner Abstammung. Deutlich besser sei dagegen eine vertrauliche Geburt, bei der die Daten der Mutter gesichert und dem Kind, wenn es das achtzehnte Lebensjahr erreicht hat, übergeben werden. Babyklappen retteten kein Leben, schafften aber jede Menge Findelkinder, sagt die Hamburger Psychologin
35 Bott. „Das ist eine völlige Fehlsteuerung." Die Langzeitfolgen für die Kinder – „die Erfahrung, einfach weggeschmissen worden zu sein" – würden völlig unterschätzt. „Keiner weiß außerdem, wer die Kinder abgibt." In Nordrhein-Westfalen etwa habe ein Vater – ohne das Wissen der Mutter – das gemeinsame, bereits 20 Monate alte Kind in eine Klappe gelegt.

[1] Dunkelziffer, die: Differenz zwischen der statistisch ausgewiesenen und der wirklichen Zahl

[2] Ultima Ratio: das äußerste Mittel, die letzte Möglichkeit

2 Themen, Thesen, Argumente

→ Seite 232, Arbeitstechnik „Ein Diagramm verstehen und auswerten"

3 Tot bzw. ausgesetzt-lebend aufgefundene Neugeborene im Vergleich 2001 bis 2009

	2001	2002	2003	2004	2005	2006	2007	2008	2009
tot aufgefundene	17	20	31	19	20	32	26	29	24 (25)
lebend aufgefundene	14	14	12	14	9	6	10	8	12
unklar	–	–	–	–	–	–	–	1	–
Gesamtzahl	31	34	43	33	29	38	36	38	36 (37)

Die hier veröffentlichten Zahlen beruhen auf Recherchen der Wissenschaftlerinnen Regula Bott und Christine Swientek sowie des terre-des-hommes-Experten Bernd Wacker. Da in der Bundesrepublik Deutschland leider keine amtlichen Statistiken zu diesem Problem geführt werden, stützen sich die Zahlen auf Auswertungen von Medienberichten und Angaben einiger Landeskriminalämter.

4 Sammle weitere Informationen. Prüfe, welche Pro- und Kontra-Argumente sie enthalten, und schreibe diese auf.

5 Verknüpfe die gesammelten Argumente jeweils zu einer Argumentationskette, z. B. Kontra-Argumente:

6 Ihr habt inzwischen sicher viele Argumente gesammelt. Tauscht euch nun über die folgenden Fragen aus:

- Was spricht für die Einrichtung von Babyklappen, was dagegen?
- Welche Argumente überwiegen – pro oder kontra?
- Hat sich euer Standpunkt aus Aufgabe 2, Seite 29, geändert? Welche These vertretet ihr jetzt?

Schreiben

Erörterungsformen

1 Je nach Anordnung der Argumente unterscheidet man verschiedene Erörterungsformen. Sieh dir die folgende Übersicht an. Entscheide dich für eine Erörterungsform:

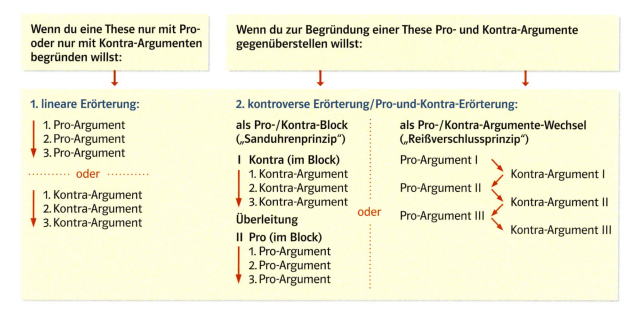

2 Suche eine passende Überschrift für deine Erörterung, z. B.:
„Junge Mütter in Not"; „Vertrauliche Geburt – ein Kompromiss"

3 Entwirf nun eine vorläufige Gliederung für deine Erörterung, z. B.:

Babyklappen können keine Kindestötungen verhindern **Einleitung** Was ist eine Babyklappe? **Hauptteil** These: Die Babyklappe ist nur scheinbar eine Lösung. Kontra-Argumente: – Trotz der Babyklappen … – Gefahren bei der Geburt – Verstoß gegen Informationsrecht … **Schluss** Was wirklich getan werden müsste, um Kindestötungen zu verhindern	**Babyklappe – Fluch oder Segen?** **Einleitung** Was ist eine Babyklappe? **Hauptteil** These: Die Babyklappe ist nur scheinbar eine Lösung. Pro-Argumente: – Kindstötung wird verhindert – Versorgung ist gesichert – Adoption wird ermöglicht Kontra-Argumente: – Tötung wird nicht verhindert – Gefahren bei der Geburt – Verstoß gegen Informationsrecht **Schluss** Was wirklich getan werden müsste, um Kindestötungen zu verhindern	**Babyklappe – Fluch oder Segen?** **Einleitung** Was ist eine Babyklappe? **Hauptteil** These: Die Babyklappe ist nur scheinbar eine Lösung. – Pro: Kindstötung wird verhindert – Kontra: Tötung wird nicht verhindert – Pro: Versorgung ist gesichert – Kontra: Gefahren bei Geburt – Pro: Adoption wird ermöglicht – Kontra: Verstoß gegen Informationsrecht **Schluss** Was wirklich getan werden müsste, um Kindestötungen zu verhindern

Wiederholung und Vertiefung: Argumentieren und Erörtern

2 Themen, Thesen, Argumente

Eine Erörterung verfassen

1 Vorübung Lies die zwei folgenden Texte und erkläre dann schriftlich, worin die Unterschiede zwischen der Nutzung einer Babyklappe und einer „geschützten Geburt" bestehen.

Die Babyklappe

Eine Babyklappe ist eine Vorrichtung, mit der Neugeborene anonym bei einer Institution abgegeben werden können, die das Kind anschließend versorgt.

Die Mutter kann ihr Baby durch eine Klappe in ein Wärmebett legen.
5 Durch das Verschließen der Klappe wird ein Alarm ausgelöst und Hilfe im Inneren des Gebäudes aktiviert, während sich die Mutter in der Zwischenzeit unerkannt von der Babyklappe entfernen kann.

Babyklappen sollen es Müttern oder anderen Personen in Not ermöglichen, ein Neugeborenes anonym in die Obhut anderer zu geben. Dies soll
10 das Neugeborene vor Aussetzung oder Tötung schützen.

→ **Seite 29 ff.,** Informationen zum Thema „Babyklappen"

Die „geschützte Geburt"

Unter einer „geschützten Geburt" versteht man die Geburt eines Kindes in einer Einrichtung, in der die Mutter bei der Geburt unterstützt wird, ihr Name jedoch vor den Behörden geheim bleibt. Mütter in einer Krisensituation, die ihr Kind nicht behalten können, erhalten hier die Zusiche-
5 rung, dass die Geburt zunächst unerkannt bleibt und keiner Behörde gemeldet wird. Sie müssen jedoch ihre Daten für das Kind hinterlegen. Das ist deshalb wichtig, weil das Wissen um die eigene Abstammung ein Menschenrecht ist, das auf diese Weise gewahrt wird. Das Kind kann dann später erfahren, wer seine Eltern sind. Wie wichtig die Abstammung für
10 jeden Menschen ist, erleben Adoptionsstellen täglich, wenn sie von vielen verzweifelten Menschen bedrängt werden, die den Wunsch haben, ihre Herkunft zu klären. Und das ist in den meisten Fällen nicht möglich, weil es keine Hinweise auf die Abstammung gibt.

2 EXTRA Lies den folgenden Text genau und notiere dann, was bei dieser Argumentation nicht stimmt.

Das Jugendamt möchte geschützte Geburten an zwei Kliniken einführen. Nach Aussage des Leiters hat sich die Zahl der Kindestötungen in vielen Regionen Deutschlands nach Einführung der Babyklappen erheblich verringert. Die Frauen könnten zunächst unerkannt unter menschlichen und
5 behüteten Bedingungen gebären, so der Leiter, und gäben den Kindern dann die Möglichkeit, später Fragen nach ihrer Herkunft zu beantworten.

Schreiben

3 Einleitung Schreibe auf der Grundlage deiner Gliederung, Aufgabe 3, Seite 33, eine Einleitung für eine Erörterung zum Thema „Babyklappen" Das kann Inhalt der Einleitung sein:

→ **Seite 229,** Arbeitstechnik „Eine Erörterung schreiben"

ein aktuelles, eindrucksvolles Beispiel (eine Zeitungsmeldung); statistische Angaben; die sachliche Beschreibung der Babyklappe; der Hinweis darauf, dass es die Babyklappe schon seit dem Mittelalter gibt, z. B.:

Babyklappen gibt es schon seit vielen Jahrhunderten. Schon im 12. Jahrhundert verfügte Papst Innozenz III., dass an Findelhäusern[1] Drehläden angebracht wurden, in denen Kinder abgelegt werden konnten. Auf diese Weise sollten Kindestötungen verhindert werden. Auch heute haben unterschiedliche Institutionen in zahlreichen Gemeinden unseres Landes …

[1] Findelhaus, das: Häuser, in denen Findelkinder aufwachsen konnten. Später wurden diese Häuser durch Waisenhäuser abgelöst. „Findelkind" ist die Bezeichnung für ein aufgefundenes Kind, das zuvor von den Eltern oder der Mutter ausgesetzt wurde

4 Hauptteil Schreibe nun den Hauptteil deiner Erörterung. Das kann der Inhalt sein:

1. Darlegen der These, die man vertritt, z. B.:
- *pro:* Ich bin der Auffassung, dass Babyklappen unter bestimmten Bedingungen eine sehr nützliche Sache sind, denn …
- *kontra:* Prinzipiell kann ich keinen Vorteil von Babyklappen erkennen, weil …

2. Mehrere Sätze zur Begründung der Auffassung, die in der These zum Ausdruck kommt, nähere Erklärungen, Argumente mit Belegen/Beispielen oder Gegenargumente, z. B.:
- *Zum besseren Verständnis ist es nötig, diesen Sachverhalt näher zu erklären …*
- *Für diese These sprechen folgende Gründe / Argumente: …*
- *Um zu verdeutlichen, was ich meine, möchte ich Beispiele anführen …*
- *Auf den ersten Blick erscheint dieses Argument einleuchtend. Wenn man jedoch bedenkt, dass …*

5 Schluss Schreibe nun einen Schluss für deine Erörterung. Das kann der Inhalt sein:

1. eine abschließende Stellungnahme (eigener Standpunkt), Lösungsmöglichkeiten, ein Ausblick auf zukünftige Entwicklungen

2. eine Verknüpfung mit der Einleitung oder Schlussfolgerungen, z. B.:
Nach Abwägen aller Argumente ist deutlich geworden, dass durch die Einrichtung von Babyklappen in Deutschland …

6 Stellt eure Erörterungen in der Klasse vor. Prüft, ob ihr den Gedankengang versteht und ob überzeugend argumentiert wurde. Gebt euch gegenseitig ein Feedback.

→ **Seite 226,** Arbeitstechnik „Ein Feedback geben"

Wiederholung und Vertiefung: Argumentieren und Erörtern

2 Themen, Thesen, Argumente

Killerspiele verbieten?

Medien berichten immer wieder von Gewalttätern, die sich vor einer Gewalttat lange Zeit intensiv mit gewalthaltigen Computerspielen beschäftigt hatten. Deshalb werden Computerspiele häufig als Ursache für das aggressive Verhalten angesehen. In diesem Zusammenhang wird die Frage, ob gewalthaltige Computerspiele verboten werden sollten, kontrovers diskutiert.

1 Vergleiche die folgenden Stellungnahmen miteinander. Ordne sie den unterschiedlichen Arten von Argumenten im Merkkasten auf Seite 37 zu.

[1] Index, der:
hier: Liste verbotener Computerspiele

[2] indiziert:
hier: in die Liste aufgenommen (auf den Index gesetzt)

Nach meiner Ansicht gehören Actionspiele zwar nicht in die Hände von Kindern, aber Jugendliche können zwischen Realität und virtuellem Geschehen unterscheiden. Die 500 000 Jugendlichen, die das Computerspiel „Counter Strike" spielen, sind ganz sicher nicht alle potenzielle Mörder …

Janus Meyer, Klasse 10a, Berlin

Killerspiele konsequent auf den Index[1] zu setzen, halte ich für eine sinnvolle Maßnahme. Wie der Kriminologe Christian Pfeiffer sagt, gaben in einer Befragung von 14- bis 15-jährigen Jungen nur knapp 5 Prozent an, Spiele zu spielen, die indiziert[2] sind.

Dr. F. Hoffmann (Diplompädagoge), Münster

Es ist moralisch verwerflich, Spiele zu spielen, in denen Menschen auf brutalste Weise ermordet werden.

D. Goldstein, Mainz

Man könnte auch sagen, 3 Prozent aller Amokläufer spielen Killerspiele, 99 Prozent aller Amokläufer essen Brot. Verbietet Brot, das Werkzeug des Bösen!

Christian, Greifswald

Eine Untersuchung hat gezeigt, dass fast 23 Prozent der Grundschüler, die ein erst ab 16 bzw. 18 Jahre freigegebenes Spiel gespielt haben, in den darauffolgenden vier Wochen andere Kinder schlugen. Daran wird deutlich, dass Killerspiele durchaus die Gewaltbereitschaft erhöhen.

Tatjana Wischnewskaja, Schwelm

Es läuft niemand Amok wegen eines Killerspiels … Nein! … Sie laufen Amok, weil sie psychische Probleme haben … Mein Freund und ich spielen auch diese Spiele, aber wir haben noch nie eine Gewalttat begangen und werden das auch nicht tun!!!

Leon, Stuttgart

36   Wiederholung und Vertiefung: Argumentieren und Erörtern

Schreiben

EXTRA

So ein Unsinn! Es geht doch in diesen Spielen lediglich um virtuelle Gewalt! Es ist ein Spiel! Ein Wettbewerb! Sonst müsste Schach ja auch verboten werden!

Yasmin, Berlin

Ein Verbot von Computer- bzw. Gewaltspielen ist wirkungslos, weil jeder es durch Internetdownloads unterlaufen kann.

Ismet Akyüz, Hamburg

Aus Untersuchungen ist bekannt, dass Menschen sehr leicht auf Illusionen hereinfallen; es gibt Erkenntnisse, dass eine realistisch bewegte Darstellung von menschenähnlichen Computerspielfiguren – insbesondere bei einer realistischen Darstellung ihrer Bewegungsabläufe – dazu führt, dass diese im Moment der Wahrnehmung automatisch als tatsächliche Lebewesen missverstanden werden. [...]
Man mag daher die Erklärung von gewalthaltigen Computerspielen dahingehend präzisieren, dass man nicht jegliche Art von Spielcharakteren einbezieht, sondern nur jene, die menschenähnliche Züge tragen und in ihrem Verhalten realistisch dargestellt werden [...]

Tilo Hartmann, Sozialwissenschaftler

Merke

Faktenargumente (nachweisbare Tatsachen): *Laut Jugendschutzgesetz können Kinder legal nur Spiele erwerben, die freigegeben sind.*
Autoritätsargumente (Berufung auf Experten): *Der Sozialwissenschaftler Tilo Hartmann warnt vor gewalthaltigen Computerspielen, die aggressive Gedanken des Users abrufen können.*
Normative Argumente (Wertmaßstäbe): *Freiheit ist ein sehr hoher Wert, der nicht zugunsten leichtfertiger Verbote aufgegeben werden sollte.*
Analogisierende Argumente (Parallelen aus anderen Bereichen): *Keiner denkt daran, alle Sportarten zu verbieten, bei denen Menschen gegeneinander kämpfen.*

Belege sichern Argumente ab, **Beispiele** veranschaulichen sie.

→ **Seite 33,** Erörterungsformen

2 „Sollte man in Deutschland Killerspiele verbieten?" Beziehe in dieser Frage einen Standpunkt. Trage Argumente, die deine Ausgangsthese stützen, in einer Mind-Map zusammen.

→ **Seite 229,** Arbeitstechnik „Eine Erörterung schreiben"

3 Schreibe zu dieser Frage eine kontroverse Erörterung.

2 Themen, Thesen, Argumente

Rund um den Satzbau

→ **Seite 217 f.,** Nebensätze

1 Dieser Text stammt aus einem Erörterungsaufsatz zum Thema „Wählen mit 16?". Diskutiert den Gedanken, der hier formuliert wird.

> Wenn junge Menschen schon mit 16 wählen könnten, würden sie sich politisch viel verantwortungsbewusster und intensiver engagieren. Denn nur wer etwas mitentscheiden kann, trägt auch Verantwortung dafür. Und echte Verantwortung ist eine entscheidende Voraussetzung dafür, dass man Verantwortungsbewusstsein entwickelt.

2 So sah der erste Entwurf des Textes von Aufgabe 1 aus:

> Wenn Menschen mit 16 wählen könnten, würden sie politisch viel mehr machen. Denn nur ~~Mitmacher~~ Mitentscheider haben auch Verantwortung für was. Und Verantwortung ist was Wichtiges, ~~das wichtig ist~~, wenn man Verantwortungsbewusstsein kriegen will.

TIPP!
Diese Stichworte können euch dabei helfen:
ersetzen – einfügen – Attribut – Nebensatz – Adverbialsatz – Hauptsatz – umstellen – Satzglied – weglassen.

Vergleicht diesen Entwurf mit der Überarbeitung in Aufgabe 1 und beschreibt, wie die Sätze sprachlich verändert wurden, z. B.:

Hier wurde das Adjektiv „junge" als Attribut zum Substantiv/Nomen „Menschen" eingefügt …

3 Überarbeite die folgenden Sätze und schreibe deinen Vorschlag auf.

> Es gäbe dann neue Leute, die wählen können und es vorher nicht konnten. Die Politiker wollten ihre Stimmen kriegen. Sie beschäftigen sich dann mit dem, was sie brauchen und was für sie wichtig ist und was sie interessiert und so. Dann hoffen sie, dass sie von ihnen gewählt werden auch und gewinnen. Und ihre Probleme wären besser gelöst.

4 Vergleicht eure Vorschläge. Beschreibt, welche sprachlichen Veränderungen ihr vorgenommen habt.

Rechtschreibung, Grammatik, Sprachbetrachtung

5 Schreibe auf, welchen der folgenden Pro- oder Kontra-Argumente du dich anschließt und welchen nicht, z. B.:
Ich denke auch, … Ich bin nicht der Meinung, …

1. Ein spielerischer Umgang mit dem Computer macht für die Berufswelt fit.
2. Durch das Spielen am Computer wird schon früh der Umgang mit einem Arbeitsgerät trainiert, ohne das kaum noch ein Beruf denkbar ist.
3. Wer Kinder und Jugendliche verantwortungsvoll erziehen will, sollte ihren Umgang mit dem Computer zugunsten der Bewegung an frischer Luft eng begrenzen.
4. Das übermäßige Spielen am Computer führt nachweislich zu schlechteren Schulleistungen, da die betreffenden Jugendlichen viel weniger Zeit in ihre Hausaufgaben investieren.
5. Computerspiele, z. B. Strategiespiele, sind sehr nützlich, weil sie Kreativität, Taktik und logisches Denken fördern.
6. Wenn die Schüler erschöpft aus der Schule gekommen sind, ist das Computerspielen die erholsamste Beschäftigung.
7. Computerspiele stellen keine sinnvolle Freizeitbeschäftigung von Schülerinnen und Schülern dar, denn sie liefern ihnen keine nützlichen Informationen.
8. Wer nur mit virtuellen Freunden im Internet chattet, wird auf Dauer im wirklichen Leben einsam.

6 Stelle fest, bei welchen Sätzen es sich um einen einfachen erweiterten Satz, eine Satzreihe oder um ein Satzgefüge handelt.

→ **Seite 38, 217 f.,** Zusammengesetzte Sätze

7 EXTRA Schreibe die Satzgefüge ab, die einen Adverbialsatz enthalten. Unterstreiche jeweils den Adverbialsatz und bestimme seine Funktion, z. B.:
Das übermäßige Spielen am Computer führt nachweislich zu schlechteren Schulleistungen, da die betreffenden Jugendlichen viel weniger Zeit in ihre Hausaufgaben investieren. → *Adverbialsatz des Grundes/Kausalbestimmung.*

→ **Seite 216 ff.,** Adverbialsätze, Attributsätze

8 EXTRA Ermittle die Satzgefüge mit einem Subjektsatz (2). Schreibe sie ab.

9 EXTRA Schreibe das Satzgefüge ab, das einen Attributsatz enthält. Unterstreiche den Attributsatz. Kennzeichne das Substantiv/Nomen, auf das sich der Attributsatz bezieht.

Wiederholung und Vertiefung: Satzbau und Zeichensetzung

2 Themen, Thesen, Argumente

Sätze – Sätze – Sätze!

→ **Seite 214,** Satzarten

1 Ordne die Fachausdrücke den entsprechenden Erklärungen zu. Schreibe jeweils das passende Beispiel dazu. Setze in den Beispielen die richtigen Satzschlusszeichen.

Fachausdrücke
1. Aussagesatz
2. Fragesatz
3. Aufforderungssatz
4. Ausrufesatz (z.B. Wunschsatz)

Erklärungen
A Satz, der zu einer Auskunft auffordert
B Satz, der zu einer Handlung auffordert
C Satz, der einen unerfüllbaren Wunsch ausdrückt
D Hauptsatz, der einen Sachverhalt wiedergibt

Beispielsätze
a Besprecht das Thema „Einheitliche Schulkleidung" doch mal beim Elternabend
b Hätten wir das nur früher gewusst
c Die Schulkleidung der Schillerschule besteht aus Poloshirt, Kapuzensweater und Cap
d Was ziehst du an

2 Formuliere den folgenden Satz mehrfach um. Gehe so vor:

1. Beginne den Satz mit dem Subjekt.
2. Beginne den Satz mit dem Objekt.
3. Lass die Adverbialbestimmung des Ortes/Lokalbestimmung weg.

> Gegen 22:00 Uhr deponierten die Schüler ihre Personalausweise am Einlass der Discothek.

3 Im ersten Entwurf für einen Erörterungsaufsatz zum Thema „Einheitliche Schulkleidung" hat ein Schüler die folgenden Sätze notiert. Verbessere sie.

> Es kann ja sein, dass eine Schule eine Schulkleidung, die einheitlich ist, einführen will, also dass alle an der Schule das wollen. Da müssen dann alle mitbestimmen können, wie die aussehen soll und welche Kollektion man nimmt. Damit es auch praktisch ist und spitze aussieht. Sonst wird es nämlich nicht akzeptiert und man zieht trotzdem lieber was anderes an.

→ **Seite 217f.,** Nebensätze

4 Verfasse selbst eine Argumentation zum Thema „Einheitliche Schulkleidung". Verwende dabei einen **Konjunktionalsatz**, einen **Relativsatz** und einen **indirekten Fragesatz**.

Wiederholung und Vertiefung: Satzbau und Zeichensetzung

Rechtschreibung, Grammatik, Sprachbetrachtung

TRAINING

5 Erschließe den Inhalt des Textes. Formuliere dazu eine strittige Frage, die z. B. in einem Aufsatz erörtert werden könnte.

(1) Über zehn Jahre ist es her, seit die Bundeswehr alle Bereiche der Streitkräfte auch für Frauen öffnen musste. (2) Die Elektronikerin Tanja Kreil aus Hannover hatte vor dem Europäischen Gerichtshof geklagt, weil es im Grundgesetz hieß, Frauen dürften „auf keinen Fall Dienst an
5 der Waffe leisten". (3) Die Richter des EuGH sahen darin einen Verstoß gegen den Gleichheitsgrundsatz. (4) Der Bundestag änderte daraufhin am 27. Oktober 2000 die Verfassung und am 2. Januar 2001 traten die ersten 244 Frauen in der Bundeswehr ihren Dienst an der Waffe an. (5) Diese Entscheidung provozierte vor allem außerhalb der Bundeswehr heftige
10 Reaktionen. (6) Konservative Politiker sorgten sich um die Kampfkraft der deutschen Streitkräfte und den letzten Rückzugsraum für Männer. (7) Viele Menschen betrachteten den Beschluss, die Bundeswehr komplett für Frauen zu öffnen, als großen Rückschritt in ihren Bemühungen, die Truppe möglichst rasch ganz abzuschaffen.

6 Untersuche die Sätze 1 bis 6. Stelle fest, bei welchen Sätzen es sich um

– einen einfachen erweiterten Satz,
– ein Satzgefüge,
– eine Satzreihe

handelt.

→ **Seite 38, 217,** Zusammengesetzte Sätze

7 Übernimm die folgende Tabelle in dein Heft. Trage aus den Sätzen (3), (5) und (6) alle Attribute mit den Substantiven/Nomen ein, auf die sie sich beziehen.

→ **Seite 216,** Attribute

vorangestelltes Attribut	Substantiv/Nomen	nachgestelltes Attribut
–	Richter	des EuGH
…	…	…

8 Schreibe Satz 7 aus Aufgabe 5 ab. Unterstreiche darin die Infinitivgruppen. Kennzeichne das Substantiv/Nomen, auf das sich die Infinitivgruppe jeweils bezieht.

→ **Seite 223,** Infinitivgruppen

Wiederholung und Vertiefung: Satzbau und Zeichensetzung

41

3 Keine Angst vorm Referat

Im Unterricht und im Rahmen der mündlichen Prüfungen wird oftmals ein Referat verlangt. Auch im späteren Berufsleben wird erwartet, dass man Informationen zu einem Thema in einem Referat weitergeben bzw. Arbeitsergebnisse präsentieren kann.

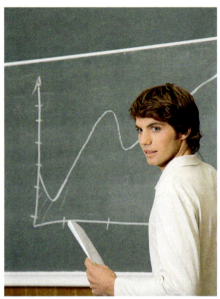

Sprechen, Zuhören, Spielen

Ein Referat vorbereiten

Informationen für Teilnehmer an der Abschlussprüfung an der Gerhart-Hauptmann-Schule

Die Abschlussprüfung besteht im Fach Deutsch aus einer schriftlichen und einer mündlichen Prüfung (Referat). Die Arbeitszeit beträgt für die schriftliche Prüfung 200 Minuten und für die mündliche Prüfung (Referat) 15 Minuten. Die schriftliche Leistung wird im Verhältnis zur mündlichen Prüfung im Fach Deutsch wie 3 : 1 gewichtet.

1 Besprecht, wie man sich auf das Halten eines Referats vorbereiten kann und welche Erfahrungen ihr dabei bisher sammeln konntet.

→ **Seite 225**, Arbeitstechnik „Ein Referat vorbereiten und halten"

2 In diesem Kapitel könnt ihr an einem Beispiel das Verfassen und das Halten eines Referats üben. Arbeitet in drei Schritten:

1. Material beschaffen und Thema eingrenzen (Seite 44 ff.)
2. Das ausgewählte Material zusammenstellen (Seite 47 f.)
3. Das Referat halten (Präsentation, Seite 49)

Das allgemeine Thema lautet: „Australien – Welt voller Wunder".
Wie du am besten Material dazu sammeln und wie du daraus ein Thema für dein Referat ableiten kannst, erfährst du auf den nächsten Seiten.

Ayers Rock (mächtiger Monolith im Herzen Australiens)

Wiederholung und Vertiefung: Ein Referat vorbereiten und halten

3 Keine Angst vorm Referat

Material beschaffen und Thema eingrenzen

1 Tauscht euch zunächst darüber aus, wo und wie man an Material für ein Referat herankommt. Lest euch dazu auch die folgende Zusammenstellung von Informationsquellen durch.

Informationsquellen	Hinweise
Bibliothek Lexika, Fachbücher, Bildbände, …	Unter welchen Fachbereichen würdet ihr in der Bibliothek nachschauen? Wie könnten euch die Kataloge (Stichwortkatalog, Verfasserkatalog, Titelkatalog) helfen? Nachschlagewerke kann man oft nicht ausleihen. Schreibt daher entsprechende Informationen ab oder kopiert sie euch. Notiert dazu die genauen Quellenangaben!
Internet Suchmaschinen, Homepages, Links, …	Stellt eine Liste von geeigneten Suchmaschinen zusammen. Nutzt diese für die Suche nach Informationen zu eurem Thema. Druckt die Artikel aus, die zu eurem Thema passen könnten. Schreibt die genaue Quelle dazu!
Zeitschriften Fachzeitschriften, Wochenzeitschriften (Reportagen, Berichte)	Informiert euch über das Zeitschriftenangebot. In welchen Zeitschriften könnten Artikel zu eurem Thema stehen? Sucht auch in den Archiven der Zeitschriften entsprechende Artikel.
Behörden/ Vereinigungen Regierungen, Ministerien, Botschaften, Vereine, …	Je nach Thema könnt ihr die entsprechenden Behörden und Vereinigungen ansprechen und um Informationsmaterial bitten.
Firmen/Geschäfte	Besorgt euch Prospekte und Unterlagen zu eurem Thema. Sucht dazu die entsprechenden Adressen von Firmen/Geschäften (Telefonbücher, Internet …).
Fachlehrer/ Fachleute	Besorgt euch Informationen zu eurem Thema aus Schulbüchern, von Fachlehrern oder von Fachleuten.

2 Das Material, das du findest, kann sehr umfangreich sein. Besonders im Internet wird eine Fülle von Informationen angeboten. Besprecht, wie ihr prüfen könnt, ob diese geeignet sind. Nutzt dazu die Checkliste auf Seite 45.

Sprechen, Zuhören, Spielen

Checkliste zum Prüfen und Bewerten von Internetquellen

1. Wie ist der erste Eindruck?
- Passt die gefundene Information zu meiner Frage?
- Welche Gesichtspunkte des Themas werden angesprochen?
- Sind die Darstellungen zum Thema sachlich und übersichtlich?

2. Wie ist die Website gestaltet?
- Sind Layout und Navigation übersichtlich und klar?
- Sind die Grafiken und die Animationen sachbezogen? Lenken sie nicht vom Thema ab?
- Sind Werbung und Information klar voneinander getrennt?

3. Wer ist der Betreiber der Website und welche Absicht verfolgt er?
- Wer ist im Impressum als Betreiber der Website genannt?
- Welche Absicht der Website ist erkennbar (z.B. Information, Selbstdarstellung, Werbung, Unterhaltung, offenes Forum, Satire, …)?
- Für wen ist die Website hauptsächlich gedacht (z.B. für alle Nutzer, für Jugendliche, für Wissenschaftler, für fachlich Interessierte)?
- Wird der Autor/die Autorin der Texte, Bilder oder Grafiken auf der Website genannt?
- Gibt es Informationen zu weiteren Arbeiten und Veröffentlichungen?

4. Wie aktuell ist die Seite?
- Wann wurde die Website erstellt und wann wurde sie das letzte Mal aktualisiert?
- Funktionieren die angegebenen Links?
- Sind die Informationen aktuell genug für mein Thema?

5. Wie sind die Inhalte dargestellt?
- Wie ist die inhaltliche und sprachliche Aufbereitung des Themas (z.B. gut verständlich geschrieben, klar gegliedert, wissenschaftlich)?
- Ist die Darstellungsweise sachlich und umfassend oder ist sie eher von Meinungen und persönlichen Urteilen bestimmt?
- Sind Zitate und Übernahmen von anderen Texten gekennzeichnet?
- Gibt es Anmerkungen und ein Quellenverzeichnis?

3 Bevor du die Texte und Materialien einer Website im Einzelnen auswertest und bearbeitest, solltest du über sie ein Gesamturteil fällen:
Das Material/der Text ist für mein Referat
- unverzichtbar,
- sehr hilfreich,
- brauchbar,
- unbrauchbar.

Nun kannst du in den ausgewählten Materialien/Texten zielgerichtet Informationen bzw. Argumente zu deinem Thema suchen.

→ **Seite 29,** Informationen für eine Erörterung beschaffen

3 Keine Angst vorm Referat

4 Verschaffe dir nun einen Überblick über das gesammelte Material.
So kannst du dabei vorgehen:
1. Lege zu jedem Text eine Karteikarte an.
2. Notiere darauf, was in dem Text steht (Stichwort genügt). Notiere auch woher und von wem der Text stammt (die genaue Quelle).

Australien – Kontinent voller Gegensätze

Australien – Land der Kängurus, der Koalas und einer grenzenlosen Weite. 3200 Kilometer Land erstrecken sich von Nord nach Süd, 4000 Kilometer sind es von West nach Ost. Weite Teile davon, besonders im Landesinneren, sind flaches Buschland, trocken und karg.
5 Daneben jedoch existiert eine einzigartige Tier- und Pflanzenwelt aus üppigen Regenwäldern, exotischen Korallenriffs, roten Wüsten und Bergen, die wie aus dem Nichts plötzlich in der Landschaft emporragen. Der kleinste Kontinent der Welt – als letzter Flecken Erde von den Europäern entdeckt – zählt heute zu unseren Traumzielen.
10 Australien ist ein Land der Gegensätze: Auf einer Fläche, die doppelt so groß ist wie Westeuropa leben gerade einmal 20 Millionen Einwohner. Andererseits gibt es an der Küste und im Südosten des Landes pulsierende Großstädte mit vielfältigen Kulturangeboten. 80 Prozent der Australier ziehen ein Leben in den Großstädten einem
15 Leben auf dem abgeschiedenen Land vor.

→ **Seite 47, 54 ff.,**
Weitere Texte zum Thema „Australien – Welt voller Wunder"

Weites Land, dünn besiedelt
Das sechstgrößte Land der Erde ist mit 7.682.300 Quadratkilometern etwa 21,5 Mal so groß wie Deutschland. Mit seiner vergleichsweise niedrigen Einwohnerzahl von etwas über 20 Millionen ist das weite Land sehr dünn besiedelt.

5 Australien ist ein Kontinent voller Gegensätze. Besprecht, was an dem Thema für eure Zuhörer wichtig und interessant sein könnte.

6 Grenze dein Thema möglichst eng ein, damit du nicht zu viele Informationen verarbeiten musst und auf Besonderheiten und „Kleinigkeiten" eingehen kannst, z. B.:
Australien – Welt voller Wunder → Das Land → Die Einwohner → Die Aborigines → Die Mythen der Aborigines

7 Entscheide dich für ein Thema.

Sprechen, Zuhören, Spielen

Das ausgewählte Material zusammenstellen

1 Lies die Texte, die zu deinem Thema passen, genau durch. Oft sind die Texte, die du findest, unstrukturiert, lang und unübersichtlich. Dann musst du selbst Ordnung schaffen. So kannst du vorgehen:
1. Stellen kopieren/abschreiben/markieren
2. Grundgedanken und wichtige Informationen zusammenfassen
3. Zitate mit Quellenangaben herausschreiben.

2 Kopiere die Texte so, dass du daneben noch genügend Platz für Notizen hast. Markiere aussagekräftige Wörter oder Textstellen, z.B.:

Das Leben der australischen Ureinwohner

Man sagt, die australischen Ureinwohner – die Aborigines – würden heute noch genauso leben wie vor 50 000 Jahren und hätten die älteste kontinu-ierlich[1] bestehende Kultur der Welt.

Für uns ist es ungeheuer schwer, die Gedankenwelt der Aborigines zu ver-

5 stehen. Ihr Verständnis der Welt wurde von den ersten Forschern als „Träu-men" bezeichnet, weil sie keinen anderen Begriff dafür fanden. Die äußerst fantasievollen Traumgeschichten der Aborigines beschreiben die Schöpfung der Erde – die „Traumzeit". Sie erklären, warum der Mond da ist, warum die Sonne, wie der Orion an den Himmel kommt, wie das Känguru auf die

10 Erde. Die von den Aborigines abgehaltenen Zeremonien dienen dazu, ih-nen die Energie ihrer Ahnen zu verleihen, um die „Traumzeit" fortzuführen. Mithilfe von Tänzen geben sie ihre Geschichten an ihre Kinder weiter. Alle Tänze erzählen eine mehr oder weniger lange Geschichte (von 15 Minuten bis zu etlichen Stunden). Die Figuren dieser Geschichten sind Charaktere

15 aus der „Traumzeit". Jede Geschichte beinhaltet eine kleine Lehre – und alle Geschichten zusammen bilden die „Inma", eine Art Gesetzbuch oder besser: eine Sammlung von Lebensregeln. Da kann man dann z.B. lernen, warum man nicht zu viele leckere Wurzeln an der gleichen Stelle ausgraben soll, warum eine Gruppe, ein Stamm, nicht beliebig groß werden darf und warum

20 man Wasser immer mit anderen teilen soll. Aber auch, wer wen heiraten darf und wann usw. Als Kapitän Cook 1770 an der Ostküste Australiens lan-dete, zählte das Volk der Aborigines etwa eine halbe Million Menschen. Sie hatten keine Technik entwickelt und kannten auch kein Metall. Wozu auch? Sie hatten keine Feinde außer sich selbst, denn in Australien gibt es keine

25 einheimischen Raubtiere. Die Ankunft der Europäer entwickelte sich für die Aborigines jedoch zu einer Katastrophe. Sie wurden von den fruchtbaren Küstenlandschaften vertrieben und ins Landesinnere abgedrängt; viele wurden getötet. Noch mehr starben infolge von Krankheiten, die die Siedler ins Land eingeschleppt hatten. 1920 belief sich die Zahl der Aborigines auf

30 nur noch 60 000.

[1] kontinuierlich: fortdauernd, ohne Unterbrechung

Wiederholung und Vertiefung: Ein Referat vorbereiten und halten

3 Keine Angst vorm Referat

→ **Seite 226,**
Arbeitstechnik
„Ein Feedback
geben"

3 Vorübung Arbeite mit einem Partner. Gib die Informationen aus dem Text auf Seite 47 in einem Kurzreferat weiter. Dein Partner hört zu und gibt dir ein Feedback:

– Was ist gelungen? Was könnte man noch verbessern?
– Welche Informationen erscheinen besonders wichtig, welche nicht?

4 Ein Schüler hat zu dem folgenden Thema eine Gliederung erarbeitet:

[1] Mythos, der:
sagenhafte
Geschichte, Mär

> **Thema: Der Mythos[1] des Uluru**
>
> **Einleitung**
> Der Ayers Rock, der mächtige Monolith im Herzen Australiens –
> Geografisches und Geologisches (Foto)
>
> **Hauptteil**
> 1   Ayers Rock oder Uluru
> 1.1 Die „Traumgeschichte" von der Entstehung des Uluru
> 1.2 Der Uluru – eine heilige Stätte der Aborigines
> 2   Die Touristenattraktion Ayers Rock – Vermarktung eines Mythos
>
> **Schluss**
> Weitere Mythen der Aborigines

→ **Seite 225,**
Arbeitstechnik
„Ein Referat
vorbereiten und
halten"

Stelle nun eine Gliederung für ein Referat zu deinem Thema zusammen.

5 Oft fällt es schwer, einen Anfang zu finden. Hier findest du Möglichkeiten, wie du dein Referat beginnen kannst:

– ein allgemeiner Gedanke, z. B.: Blick auf die Karte Australiens (Folie)
– eine Begriffsbestimmung, z. B.: Der Uluru (übersetzt: „schattiger Platz") liegt inmitten Australiens.
– ein Einzelfall, z. B.: Bei meiner Suche nach Informationen für dieses Referat konnte ich auch mit einem Menschen sprechen, der schon zweimal diesen Kontinent besucht hat …
– mit einem Zitat beginnen: In der Nationalhymne Australiens heißt es: „Australia's sons let us rejoice … Our land abounds in nature's gifts of beauty rich and rare", und eine dieser Schönheiten und Seltenheiten stellt meines Erachtens das Gebiet um den Ayers Rock dar.

6 Verbinde die einzelnen Teile deines Referats durch Überleitungssätze, z. B.:

– Ein weiterer Gesichtspunkt ist …
– Nun komme ich zu der Frage …
– Darauf möchte ich im Folgenden etwas näher eingehen.

Sprechen, Zuhören, Spielen

Das Referat halten

1 Damit du frei sprechen kannst, solltest du einen Stichwortzettel oder Stichwortkärtchen vorbereiten. Halte darauf Formulierungen fest, mit denen du deinen Vortrag, neue Gliederungspunkte und den Schluss einleiten willst, z. B.:

→ **Seite 225,** Arbeitstechnik „Ein Referat vorbereiten und halten"

1. Einleiten, Thema nennen und begründen
   Aus der Fülle von Informationen über diesen Kontinent habe ich folgendes Thema ausgewählt : „Naturkatastrophen in Australien". Dieses Thema ist hochaktuell …

2. Einen Überblick geben
   Ich habe mein Referat in vier große Abschnitte gegliedert: Brände, Überschwemmungen, Stürme und Dürre …

3. Informationen zur Abfolge und Überleitung
   Nachdem ich einige Hintergründe der letzten Brandkatastrophen dargelegt habe, komme ich nun zu …

4. Informationen zu Grafiken und Bildern (Veranschaulichung)
   Damit ihr einen Eindruck vom Ausmaß dieser Katastrophe gewinnen könnt, zeige ich euch jetzt einige Bilder von der letzten Überschwemmung. Zuerst ein Foto …

5. Zusammenfassung und Ergebnis
   Auf dieser Folie gebe ich euch einen zusammenfassenden Überblick über … Zum Schluss möchte ich noch meinen ganz persönlichen Eindruck schildern, den ich bei der Beschäftigung mit diesem Thema gewonnen habe …

2 Übe deinen Vortrag. So kannst du vorgehen:

– Gib den Zuhörern zunächst eine Gesamtübersicht über den Inhalt deines Referats. Stelle die Gliederung vor.
– Informiere die Zuhörer auch darüber, ob Zwischenfragen gestellt werden können.
– Verwende Hilfsmittel zur Veranschaulichung (Tafelbild, Flip-Chart, Präsentationsprogramm, Fotos, Grafiken, Modelle, Gegenstände …).
– Sprich klar und deutlich und mache öfter eine Pause.
– Sprich in kurzen, einfachen Sätzen.
– Erkläre schwierige Fremd- bzw. Fachwörter.
– Halte Blickkontakt mit den Zuhörern, damit du merkst, ob du verstanden wirst.
– Sieh die Zuhörer an, nicht die Tafel! Lies den Zuhörern nicht vor, was sie selber lesen können.
– Schlage selbst noch einige Fragen vor, über die man im Anschluss an dein Referat diskutieren könnte.

TIPP!
Übe den Vortrag vor dem Spiegel oder bitte Freunde oder andere Personen, sich deinen Vortrag anzuhören und dir Tipps zur Verbesserung zu geben.

→ **Seite 251 f.,** Eine Computerpräsentation anfertigen

Wiederholung und Vertiefung: Ein Referat vorbereiten und halten   49

3 Keine Angst vorm Referat

Sachlich kritisieren – Kritik ertragen

Will man den Vortrag einer Mitschülerin oder eines Mitschülers sachlich und gerecht einschätzen, braucht man klare Richtlinien.

1 Vervollständige den folgenden Text. Die Wörter unter dem Text können dir dabei helfen.

„Das Auge hört mit" – erfolgreich referieren und präsentieren

Wenn du wichtige Informationen weitergeben willst oder die Ergebnisse deiner Arbeit präsentieren sollst, ist es gut, mehrere Sinne der Zuhörer anzusprechen (Hören, Sehen, Fühlen).
Neben einer mündlichen Darstellung der Inhalte können ✎, ✎ oder ✎
5 helfen, deine Präsentation anschaulich zu gestalten, sodass die Zuhörer die wesentlichen Informationen gut erfassen und sich merken können.
Es gibt viele Formen der ✎: Lernplakate, Bilder, Folien …
Achte bei den Folien darauf, dass sie übersichtlich und gut lesbar sind. Sie sollten nur wichtige ✎ zum Thema enthalten und durch ✎
10 gegliedert sein.
Beim Vortragen deines Referates solltest du dir noch einmal bewusst machen, wie man sein Publikum zum interessierten Zuhören motiviert.
Eine lockere ✎ mit Bildimpuls kann das Interesse der Zuhörer wecken.
Du als Redner solltest ✎ und ✎ sprechen. Verwende nicht zu viele ✎
15 oder ✎.
Betone die wichtigsten ✎ deutlich. Sprich nicht immer im gleichen Tempo, sondern variiere dein ✎. Vergiss auch nicht, ✎ einzulegen.
Klebe nicht mit deinen Blicken an deinen Notizen oder deinem Text, sondern halte ✎ mit deinen Zuhörern.
20 Sage nichts, was du nicht selbst gut verstanden hast.
Bitte die Zuhörer am Ende deines Referates um ein ✎ und sei bereit, ✎ entgegenzunehmen.

Einführung	klar	deutlich	Bilder	Skizzen
Veranschaulichung	Überschriften	Aussagen		Sprechtempo
Kritik	Informationen	Fremdwörter		abstrakte Begriffe
Diagramme	Pausen	Feedback		Blickkontakt

50   Sachlich kritisieren

Sprechen, Zuhören, Spielen

STARKE SEITEN

2 Diskutiert über die folgenden Merkmale eines gelungenen Referats.

Merkmale für ein gelungenes Referat

1. Inhalt
– Es wurde ein interessantes Thema aufgegriffen.
– Das Thema wurde inhaltlich überzeugend bearbeitet.
– Die Inhalte waren der Themenstellung angemessen und wurden in logischer Abfolge dargeboten.
– Fachliche Begriffe wurden sinnvoll und inhaltlich richtig eingesetzt.
– Die Informationen kamen aus unterschiedlichen Quellen und waren passend zum Thema ausgewählt.
– Die Visualisierungen hatten unterstützende Funktion, waren sinnvoll ausgewählt und ansprechend gestaltet.
– Der Vortrag zeichnete sich durch gute (eigene) Ideen aus.

2. Referat/Präsentation (Darbietung)
– Der/Die Vortragende sprach frei, deutlich, mit Pausen, variierte die Sprache, hielt Blickkontakt mit den Zuhörern, hielt die vorgesehene Zeit ein.
– Der/Die Vortragende strahlte Sicherheit aus.
– Die Präsentation war anschaulich und überzeugend.
– Die eingesetzten Geräte wurden technisch beherrscht und für den Zweck gut ausgewählt.

---

3 Notiere zu einem Referat einer Mitschülerin/eines Mitschülers mindestens fünf Merkmale, die dir positiv aufgefallen sind und zwei Punkte, die bei künftigen Referaten verbessert werden könnten.
Vergleicht eure Einschätzungen.

→ **Seite 226,** Arbeitstechnik „Ein Feedback geben"

4 Diskutiert, wie man eine Kritik, z. B. an einem Referat, selbst am besten verkraften kann. Lest euch dazu die folgende Arbeitstechnik durch.

Arbeitstechnik

Ein Feedback entgegennehmen
1. Höre dir das Feedback an. Es ist die persönliche Meinung deines Gegenübers. Deshalb musst du dich nicht verteidigen.
2. Frage nach, wenn du etwas nicht verstanden hast.
3. Wähle das für dich Bedeutsame aus und gehe nur darauf ein.

Sachlich kritisieren

Wann hört man einem Redner gern zu?

→ **Seite 244,**
Autorenverzeichnis:
Kurt Tucholsky

1 Setze dich mit den Ratschlägen, die Kurt Tucholsky einem schlechten Redner erteilt, auseinander. Was rät er? Wie sind diese Ratschläge gemeint?

Kurt Tucholsky

Ratschläge für einen schlechten Redner

Fang nie mit dem Anfang an, sondern immer drei Meilen vor dem Anfang! Etwa so: „Meine Damen und Herren! Bevor ich zum Thema des heutigen Abends komme, lassen Sie mich Ihnen kurz …"
Hier hast du schon ziemlich alles, was einen schönen Anfang ausmacht:
5 eine steife Anrede; der Anfang vor dem Anfang; die Ankündigung, dass und was du zu sprechen beabsichtigst, und das Wörtchen kurz.
So gewinnst du im Nu die Herzen und die Ohren der Zuhörer.
Denn das hat der Zuhörer gern: dass er deine Rede wie ein schweres Schulpensum aufbekommt; dass du mit dem drohst, was du sagen wirst,
10 sagst und schon gesagt hast. Immer schön umständlich!
Sprich nicht frei – das macht einen unruhigen Eindruck. Am besten ist es: du liest deine Rede ab. Das ist sicher, zuverlässig, auch freut es jedermann, wenn der lesende Redner nach jedem viertel Satz misstrauisch hochblickt, ob auch noch alle da sind. Wenn du gar nicht hören kannst, was man dir
15 so freundlich rät, und du willst durchaus und durchum frei sprechen …
du Laie! Du lächerlicher Cicero[1]! Nimm dir doch ein Beispiel an unsern professionellen Rednern, an den Reichstagsabgeordneten – hast du die schon einmal frei sprechen hören? Die schreiben sich sicherlich zu Hause auf, wann sie „Hört! Hört!" rufen … ja, also wenn du denn frei sprechen
20 musst: Sprich, wie du schreibst. Und ich weiß, wie du schreibst.
Sprich mit langen, langen Sätzen – solchen, bei denen du, der du dich zu Hause, wo du ja die Ruhe, deren du so sehr benötigst, deiner Kinder ungeachtet, hast, vorbereitest, genau weißt, wie das Ende ist, die Nebensätze schön ineinandergeschachtelt, sodass der Hörer, ungeduldig auf seinem
25 Sitz hin und her träumend, sich in einem Kolleg[2] wähnend, in dem er früher so gern geschlummert hat, auf das Ende solcher Periode wartet …
nun, ich habe dir eben ein Beispiel gegeben. So musst du sprechen.
Fang immer bei den alten Römern an und gib stets, wovon du auch sprichst, die geschichtlichen Hintergründe der Sache. Das ist nicht nur deutsch – das
30 tun alle Brillenmenschen. Ich habe einmal in der Sorbonne[3] einen chinesischen Studenten sprechen hören, der sprach glatt und gut französisch, aber er begann zu allgemeiner Freude so: „Lassen Sie mich in aller Kürze die Entwicklungsgeschichte meiner chinesischen Heimat seit dem Jahre 2000 vor Christi Geburt …" Er blickte ganz erstaunt auf, weil die Leute so lachten.

[1] Cicero: Marcus Tullius, 106 bis 43 vor Christus, römischer Politiker, Schriftsteller, Redner

[2] Kolleg, das: Vorlesungsstunde an einer Hochschule

[3] Sorbonne, die: Name der ältesten Universität in Paris

| Sprechen, Zuhören, Spielen | EXTRA |

35 So musst du das auch machen. Du hast ganz recht: Man versteht es ja
sonst nicht, wer kann denn das alles verstehen ohne die geschichtlichen
Hintergründe … sehr richtig! Die Leute sind doch nicht in deinen Vortrag
gekommen, um lebendiges Leben zu hören, sondern das, was sie auch in
Büchern nachschlagen können … sehr richtig! Immer gib ihm Historie,
40 immer gib ihm.
Kümmere dich nicht darum, ob die Wellen, die von dir ins Publikum laufen, auch zurückkommen – das sind Kinkerlitzchen. Sprich unbekümmert
um die Wirkung, um die Leute, um die Luft im Saale; immer sprich, mein
Guter. Gott wird es dir lohnen.
45 Du musst alles in die Nebensätze legen. Sag nie: „Die Steuern sind zu hoch."
Das ist zu einfach. Sag: „Ich möchte zu dem, was ich soeben gesagt habe,
noch kurz bemerken, dass mir die Steuern bei Weitem …" So heißt das.
Trink den Leuten ab und zu ein Glas Wasser vor – man sieht das gern.
Wenn du einen Witz machst, lach vorher, damit man weiß, wo die Pointe
50 ist.
Eine Rede ist, wie könnte es anders sein, ein Monolog. Weil doch nur einer
spricht. Du brauchst auch nach vierzehn Jahren öffentlicher Rednerei noch
nicht zu wissen, dass eine Rede nicht nur ein Dialog, sondern ein Orchester-
stück ist: Eine stumme Masse spricht nämlich ununterbrochen mit. Und das
55 musst du hören. Nein, das brauchst du nicht zu hören. Sprich nur, lies nur,
donnere nur, geschichtele nur. Zu dem, was ich soeben über die Technik der
Rede gesagt habe, möchte ich noch kurz bemerken, dass viel Statistik eine
Rede immer sehr hebt. Das beruhigt ungemein, und da ja jeder imstande ist,
zehn verschiedene Zahlen mühelos zu behalten, so macht das viel Spaß.
60 Kündige den Schluss deiner Rede lange vorher an, damit die Hörer vor
Freude nicht einen Schlaganfall bekommen. (Paul Lindau[4] hat einmal
einen dieser gefürchteten Hochzeitstoaste[5] so angefangen: „Ich komme
zum Schluss.") Kündige den Schluss an, und damit beginne deine Rede
von vorn und rede noch eine halbe Stunde. Dies kann man mehrere Male
65 wiederholen.
Du musst dir nicht nur eine Disposition[6] machen, du musst sie den Leuten
auch vortragen – das würzt die Rede.
Sprich nie unter anderthalb Stunden, sonst lohnt es gar nicht erst anzufangen. Wenn einer spricht, müssen die andern zuhören – das ist deine Gele-
70 genheit. Missbrauche sie.

[4] Paul Lindau: Schrift-
steller und Theaterleiter
(1839–1919)

[5] Toast, der: hier:
Tischrede, Trinkspruch

[6] Disposition, die:
Gliederung

2 Stelle fest, woran man erkennt, dass die Ratschläge ironisch gemeint
sind. Schreibe Beispiele dafür aus dem Text heraus.

3 Formuliere Ratschläge für einen guten Redner: Was sollte er beachten,
damit man ihm gerne zuhört?

→ **Seite 169,**
Ironie

Wiederholung und Vertiefung: Ein Referat vorbereiten und halten

3 Keine Angst vorm Referat

Zeichen setzen

Australien: Grüne Koralle, Great Barrier Reef

→ Seite 44 ff., Material zum Thema „Australien – Welt voller Wunder" auswerten

1 Hier findest du weitere Informationen über Australien. Stelle fest, worum es in diesem Text geht.

Das Great Barrier Reef

1. Die geografische Lage
Vor der Nordostküste Australiens liegt das legendäre und größte Riff der Welt das Great Barrier Reef es ist über 2 000 Kilometer lang und setzt sich aus unzähligen ungefähr 3 000 Riffen zusammen als Vergleich in Europa
5 würde es von Oslo bis Rom reichen während es im Norden recht nahe an der Küste verläuft liegt das südliche Ende ungefähr 300 Kilometer vom Festland entfernt im Jahre 1770 erreicht der bekannte Entdecker James Cook als erster Europäer diese Region.

2. Ökologie
10 Das größte Riff der Erde ist auch die Heimat unzähliger Meeresbewohner gezählt wurden 1500 Fisch- 400 Korallen- 4 000 Weichtier- und 10 000 Schwammarten.
Wissenschaftler gehen sogar von insgesamt 400 000 Arten aus Gründe für die Vielfalt sind das sauerstoffreiche und stark bewegte Wasser die zahlrei-
15 chen Sonnentage und die konstante Wassertemperatur von über 20 Grad Celsius seit 1981 steht das Great Barrier Reef unter Schutz ein Verdienst der UNESCO […]

2 Tauscht euch darüber aus, welche Probleme sich beim ersten Lesen dieses Textes ergeben haben.

Rechtschreibung, Grammatik, Sprachbetrachtung

3 Abschnitt 3 enthält Beispiele für die am Rand aufgezählten Satzzeichen:

3. Besondere Tierarten

1. Die Grüne Schildkröte

„Lady Elliot Island" ist ein einsamer Außenposten am südlichen Ende des Great Barrier Reef.
5 Die heute wieder bewaldete Insel (wilde Ziegen, die als Notproviant für Schiffbrüchige zurückgelassen worden waren, hatten die Vegetation fast zerstört) wird seit ewigen Zeiten z. B. von der Grünen Schildkröte zur Eiablage benutzt. Tiefe
10 Spuren durchziehen den Sand und man fragt sich: Wie schafft es die schwere Schildkröte überhaupt, an Land hochzukriechen? Oberhalb der Flutgrenze gräbt sie dann ein tiefes Loch, legt ihre Eier ab und kriecht erschöpft ins Meer zurück.

15 *2. Der Manta*

Neben den Leopardenhaien – eigentlich ungefährliche Tiere – gibt's hier auch den Manta/Riesenrochen. Er trägt seinen Namen zu Recht, denn er kann einen Durchmesser von sechs Metern er-
20 reichen! Dabei sind diese Tiere keineswegs scheu und Taucher können ihre eleganten Schwimmbewegungen aus nächster Nähe betrachten; gemächlich gleiten die Tiere mit ihrem weißen Bauch vorbei [...]

ADAC Spezial „Das Reisemagazin" Nr. 35 / Oktober 1996, München: ADAC-Verlag 1996, S. 96.

1. **Schluss von Ganzsätzen:**
   - Punkt
   - Ausrufezeichen
   - Fragezeichen

2. **Gliederung innerhalb von Ganzsätzen**
   - Komma
   - Semikolon
   - Doppelpunkt
   - Gedankenstrich
   - Klammer

3. **Zitate und wörtliche Rede**
   - Anführungszeichen

4. **Markierungen von Auslassungen**
   - Apostroph
   - Auslassungspunkte

5. **Kennzeichnungen der Wörter bestimmter Gruppen**
   - Punkt
   - Schrägstrich

Stelle die Regeln für die Zeichensetzung in einer Tabelle zusammen.
Schreibe Beispiele aus dem Text dazu:

TIPP!
Schlage in einem Wörterbuch nach, wenn du unsicher bist.

Zeichen	Erklärung	Beispiel
Punkt (.)	Einen Punkt setzt man am Ende eines Aussagesatzes.	Lady Elliot Island ist ein einsamer Außenposten am Ende des Great Barrier Reef.
Fragezeichen (**?**)	Das Fragezeichen kennzeichnet ...	...
Ausrufezeichen (**!**)	...	...

Wiederholung und Vertiefung: Zeichensetzung

3 Keine Angst vorm Referat

Das verflixte Komma!

→ **Seite 223,** Komma bei Aufzählungen, nachgestellten Zusätzen und Nachträgen

1 Übe die Kommasetzung bei **Aufzählungen** zwischen gleichrangigen Teilsätzen, Wortgruppen oder Wörtern. Schreibe den Text ab, setze die Kommas.

Das Great Barrier Reef: Im Süden beginnt es bei Port Elliot im Norden reicht es bis zur Torresstraße. Es ist das größte Riffsystem das größte von lebenden Organismen geschaffene Bauwerk ja das größte Lebewesen der Erde. Das Riff beheimatet unzählige Lebewesen: etwa
5 400 verschiedene Korallenarten ungefähr 1500 verschiedene Arten von Fischen ungefähr 4000 Mollusken-Typen (Weichtiere). Die größten Lebewesen im Reef sind Seekühe und Buckelwale. An den Küsten tummeln sich zahllose Seevögel sowie sechs von sieben Meeresschildkrötenarten. Das gesamte Gebiet umfasst nicht nur 350 Kontinental-
10 inseln, sondern 350 Koralleninseln.

2 Übe die Kommasetzung bei nachgestellten **Zusätzen**. Schreibe die folgenden Sätze ab und füge die Zusätze entsprechend ein.

| dieses einzigartige Ökosystem | den 12.06.11 | die „Bausteine" des Riffs |

Freitag ✎

Lieber Lucas,
in meinen Nachforschungen für das Referat über Australien habe ich eine Vielzahl interessanter Fakten in Erfahrung bringen können: Wusstest du, dass das Great Barrier Reef ✎ bereits im Jahre 1981 zum Weltnaturerbe ernannt worden ist? Neu war mir auch, dass Korallen ✎ bis zu 18 Millionen Jahre alt sein sollen. ...

Merke

Durch Komma abgegrenzt werden
– **nachgestellte Zusätze** (*Mein Onkel, ein großer Australienfreund, war schon viele Male im Outback. Es geschah am Freitag, dem 13.*)
– **Nachträge** (*Ich möchte auch nach Australien, und zwar bald.*).
Sind nachgestellte Zusätze oder Nachträge eingeschoben, so schließt man sie mit paarigem Komma ein. Solche Nachträge werden häufig durch **und zwar**, **zum Beispiel** oder **insbesondere** eingeleitet.

56   Wiederholung und Vertiefung: Zeichensetzung

Rechtschreibung, Grammatik, Sprachbetrachtung

3 Übe die Kommasetzung bei **Nebensätzen**. Tausche dich mit deinen Mitschülern darüber aus, an welchen Stellen in diesen Sätzen ein Komma gesetzt werden muss. Begründe deine Entscheidung.

→ **Seite 217 f.,** Nebensätze (Konjunktionalsätze und Relativsätze)

1. Korallen die man in harte und weiche Korallen einteilt werden durch Polypen gebildet.

2. Die harten Korallen entstehen durch Kalkausscheidungen der Polypen die dann nach deren Absterben zurückbleiben.

3. Weil sich stetig neue Polypen auf den Kalkrückständen ihrer Vorgänger ansiedeln entstehen nach und nach die bekannten Skelettformen der Korallen.

4. Da die Polypen sehr empfindliche Lebewesen sind entscheiden die Wassertemperatur und der Salzgehalt darüber ob sie sich überhaupt ansiedeln können.

5. Die bunten Farben werden nur von lebenden Polypen erzeugt während die tote Koralle eine weiße Färbung aufweist.

4 Übe die Kommasetzung bei **Infinitivgruppen**. Schreibe die folgenden Sätze ab und setze die fehlenden Kommas.

→ **Seite 223,** Komma bei Infinitivgruppen

1. Sie freute sich darauf selbst ein Korallenriff zu entdecken.

2. Um zur Ansiedlung von Polypen beitragen zu können muss die Wassertemperatur mindestens 17,5° Celsius betragen.

3. Prächtige Korallenriffe zu fotografieren das lieben Hobby- und auch Profitaucher.

5 Besprecht, welche Missverständnisse es bei diesen Sätzen geben und wo man Kommas setzen könnte.

1. Bei der Abreise versprach sie ihm Bilder von ihrem Tauchurlaub mitzubringen.

2. Er bemühte sich nicht alles zu wiederholen.

3. Sie wünschte sich jeden Tag ein anderes Gesicht von Australien zu entdecken.

4. Sie berichtete ihm oft geschrieben zu haben.

3 Keine Angst vorm Referat

Die Tierwelt Australiens

→ **Seite 223,**
Komma bei Auf-
zählungen

1 Übe die Kommasetzung bei **Aufzählungen**. Schreibe die Sätze ab, in denen Kommas fehlen. Setze darin die notwendigen Kommas.

1. Die Tierwelt Australiens umfasst eine große Anzahl unterschiedlicher Tierarten. 83 Prozent der Säugetiere 89 Prozent der Reptilien 90 Prozent der Süßwasserfische und Insekten sowie 93 Prozent der Amphibien kommen nur in Australien vor.

2. Dieser hohe Anteil ist auf Australiens lange geografische Isolation die geologische Stabilität des Kontinents sowie ungewöhnliche Klimaveränderungen und deren Auswirkung auf Bodenstruktur und Pflanzenwelt zurückzuführen.

3. Sowohl die erste Besiedlung Australiens durch Menschen vor etwa 50 000 Jahren als auch die Besiedlung durch Europäer seit 1788 haben einen tiefgreifenden Einfluss auf die Zusammensetzung der australischen Tierwelt gehabt.

4. Die Bejagung die Einführung nichtheimischer Tier- und Pflanzenarten und die Landbewirtschaftung haben die Lebensbedingungen vieler Tiere beeinträchtigt teilweise sogar deren Lebensräume zerstört und zum Aussterben zahlreicher Tierarten geführt.

5. Zu den ausgestorbenen Tierarten zählen beispielsweise der Paradiessittich der Schweinsfuß-Nasenbeutler und eine Art der Rattenkängurus.

6. Viele Tierarten sind in ihrem Fortbestehen nach wie vor gefährdet; Australien hat deshalb eine umfangreiche Gesetzgebung zum Schutz einheimischer Tierarten erlassen und zahlreiche Naturreservate eingerichtet.

→ **Seite 56, 223,**
Komma bei nach-
gestellten Zusätzen
und Nachträgen

2 Übe die Kommasetzung bei **nachgestellten Zusätzen**. Schreibe die Sätze ab und füge dabei die passenden Angaben ein.

einem sehr interessanten Thema	z. B. Bilder, Fotos, Videofilme

ein Referat über Australien	den 10.05.11	deine Lieblinge also

Stuttgart ✎

Liebe Lena,
bei der Vorbereitung auf meine Präsentation ✎ ist mir eingefallen,
dass du im letzten Jahr in Australien gewesen bist.
Ich wollte dich nun fragen, ob du interessantes Anschauungsmaterial ✎ besitzt, das du mir geben könntest.
Ich werde mich im Referat mit der Tierwelt Australiens ✎ befassen.
Darin werden auch Koalas und Kängurus ✎ eine große Rolle spielen. ...

Rechtschreibung, Grammatik, Sprachbetrachtung — TRAINING

3 Übe die Kommasetzung bei **Relativsätzen/Attributsätzen**. Schreibe die folgenden Sätze ab. Unterstreiche die Relativsätze und setze die notwendigen Kommas.

→ **Seite 218,** Relativsätze/Attributsätze

TIPP! Du kannst den Text auch kopieren und auf der Kopie die Kommas setzen.

1. Australien ist die Heimat der weltgrößten Beutelsäuger die ihre Jungtiere in einem Beutel großziehen.
2. Hierzu zählen die bodenbewohnenden Wombats die überwiegend von Gräsern und Wurzeln leben.
3. Wombats nutzen ihre Vorderzähne und ihre kräftigen Krallen mit denen sie ausgedehnte Tunnelsysteme graben.
4. Der Beutel in dem die Jungen aufgezogen werden ist bei den Wombats im Gegensatz zu dem anderer Beuteltiere nach hinten geöffnet.
5. Der Koala der zu den bekanntesten Beutelsäugern Australiens gehört ist eine baumbewohnende Art die ausschließlich von Eukalyptusblättern lebt.
6. Kängurus zählen für viele Menschen zu den Tierarten die am meisten mit der Tierwelt Australiens in Verbindung gebracht werden.

4 Übe die Kommasetzung bei **Konjunktionalsätzen**. Schreibe die folgenden Sätze ab. Unterstreiche die Konjunktionalsätze. Markiere darin die einleitenden Konjunktionen und setze die notwendigen Kommas.

→ **Seite 217 f.,** Konjunktionalsätze

TIPP! Beachte, dass Nebensätze auch Aufzählungen enthalten können. Diese werden durch Komma abgetrennt.

1. Seit der Mensch den australischen Kontinent besiedelt hat er eine Reihe von Höheren Säugetieren in Australien eingeführt.
2. Fossilienfunde weisen darauf hin dass als erste Art der Dingo vom Menschen vor etwa 5 000 Jahren eingeführt wurde.
3. Als die Europäer Australien besiedelten nahm die Anzahl eingeführter Arten sprungartig zu.
4. Weil man die Tierwelt Australiens bereichern wollte führte man unter anderem den Rotfuchs den Feldhasen den Rothirsch und das Wildkaninchen ein.
5. Es ist bekannt dass Arten wie Hauskatze Hausziege Hausschwein Wasserbüffel Hauspferd Hausesel und Dromedar aus Haushalten und Farmen entkamen und verwilderten.
6. Die Wildkaninchen wurden bald zu einer Plage für den ganzen Kontinent weil sie heimischen Tieren die Nahrungsgrundlage entzogen und landwirtschaftliche Nutzflächen schädigten.

Wiederholung und Vertiefung: Zeichensetzung

4 „Lehrjahre sind keine Herrenjahre!"

Endlich ist es so weit, die Schule liegt hinter dir und deine Berufsausbildung beginnt! Manchmal steht man dann aber vor Situationen, die nicht immer leicht zu meistern sind.

1 Diskutiert darüber, wie ihr das Sprichwort „Lehrjahre sind keine Herrenjahre!" versteht.

2 Was meint ihr zu den folgenden Situationen? Sprecht darüber, wie ihr euch verhalten würdet.

❶ Die 16-jährige Manuela hat eine Lehrstelle in einem Verlag gefunden. Sie muss an zwei Tagen in der Woche die Berufsschule besuchen. An einem Tag beginnt die Berufsschule um 8:45 Uhr. Ihr Chef möchte, dass sie an diesem Tag noch vor der Schule um 7:00 Uhr in den Verlag kommt und Briefe sortiert.

❷ Paul, 17 Jahre alt, wird in einem Kaufhaus zum Bürokaufmann ausgebildet. An Samstagen soll Paul von 9.00 bis 20.00 Uhr beim Verkauf helfen. Nur an einem Samstag im Monat hat er frei.

❸ Der 17-jährige Tim arbeitet im letzten Lehrjahr als Dachdecker in einem kleinen Betrieb. Die Arbeit macht ihm Spaß, ist aber teilweise sehr hart. Immer wieder fällt der überholungsbedürftige Aufzug aus und Tim muss Dachziegel für die zwei Gesellen und den Meister aufs Dach schleppen. Die Freizeit am Wochenende benötigt er zur körperlichen Erholung.

3 Suche in dem Gesetzestext auf den Seiten 61/62 die Textstellen, die für die Fälle, die hier beschrieben wurden, von Bedeutung sind.

Schreiben

Gesetz zum Schutze der arbeitenden Jugend

(Jugendarbeitsschutzgesetz) JArbSchG • Dritter Abschnitt • Beschäftigung Jugendlicher

Arbeitszeit und Freizeit

§ 8 Dauer der Arbeitszeit

(1) Jugendliche dürfen nicht mehr als acht Stunden täglich und nicht mehr
5 als 40 Stunden wöchentlich beschäftigt werden.

(2) Wenn in Verbindung mit Feiertagen an Werktagen nicht gearbeitet wird, damit die Beschäftigten eine längere
10 zusammenhängende Freizeit haben, so darf die ausfallende Arbeitszeit auf die Werktage von fünf zusammenhängenden, die Ausfalltage einschließenden Wochen nur dergestalt verteilt werden,
15 dass die Wochenarbeitszeit im Durchschnitt dieser fünf Wochen 40 Stunden nicht überschreitet. Die tägliche Arbeitszeit darf hierbei achteinhalb Stunden nicht überschreiten.

20 (2a) Wenn an einzelnen Werktagen die Arbeitszeit auf weniger als acht Stunden verkürzt ist, können Jugendliche an den übrigen Werktagen derselben Woche achteinhalb Stunden beschäftigt werden.

25 (3) In der Landwirtschaft dürfen Jugendliche über 16 Jahre während der Erntezeit nicht mehr als neun Stunden täglich und nicht mehr als 85 Stunden in der Doppelwoche beschäftigt wer-
30 den. […]

§ 9 Berufsschule

(1) Der Arbeitgeber hat den Jugendlichen für die Teilnahme am Berufsschulunterricht freizustellen. Er darf
35 den Jugendlichen nicht beschäftigen

1. vor einem vor 9 Uhr beginnenden Unterricht; dies gilt auch für Personen, die über 18 Jahre alt und noch berufsschulpflichtig sind,

40 2. an einem Berufsschultag mit mehr als fünf Unterrichtsstunden von mindestens je 45 Minuten, einmal in der Woche,

3. in Berufsschulwochen mit einem
45 planmäßigen Blockunterricht von mindestens 25 Stunden an mindestens fünf Tagen; zusätzliche betriebliche Ausbildungsveranstaltungen bis zu zwei Stunden wöchentlich sind zulässig.

50 (2) Auf die Arbeitszeit werden angerechnet

1. Berufsschultage nach Absatz 1 Nr. 2 mit acht Stunden,

2. Berufsschulwochen nach Absatz 1
55 Nr. 3 mit 40 Stunden,

3. im Übrigen die Unterrichtszeit einschließlich der Pausen.

(3) Ein Entgeltausfall darf durch den Besuch der Berufsschule nicht ein-
60 treten. […]

§ 16 Samstagsruhe

(1) An Samstagen dürfen Jugendliche nicht beschäftigt werden.

(2) Zulässig ist die Beschäftigung
65 Jugendlicher an Samstagen nur

1. in Krankenanstalten sowie in Alten-, Pflege- und Kinderheimen,

2. in offenen Verkaufsstellen (u. a. alle Geschäfte im Einzelhandel), in Betrie-
70 ben mit offenen Verkaufsstellen, in Bäckereien und Konditoreien, im Friseurhandwerk und im Marktverkehr,

3. im Verkehrswesen,

4. in der Landwirtschaft und Tier-
75 haltung,

5. im Familienhaushalt,

6. im Gaststätten- und Schaustellergewerbe,

7. bei Musikaufführungen, Theatervor-
80 stellungen und anderen Aufführungen, bei Aufnahmen im Rundfunk (Hörfunk und Fernsehen), auf Ton- und Bildträger sowie bei Film- und Fotoaufnahmen,

85 8. bei außerbetrieblichen Ausbildungsmaßnahmen,

9. beim Sport,

10. im ärztlichen Notdienst,

11. in Reparaturwerkstätten für Kraft-
90 fahrzeuge.

Mindestens zwei Samstage im Monat sollen beschäftigungsfrei bleiben.

Online-Link
zum Jugendarbeitsschutzgesetz
313176-0061

4 „Lehrjahre sind keine Herrenjahre!"

(3) Werden Jugendliche am Samstag beschäftigt, ist ihnen die Fünf-Tage-
95 Woche (§ 15) durch Freistellung an einem anderen berufsschulfreien Arbeitstag derselben Woche sicher- zustellen. In Betrieben mit einem Betriebsruhetag in der Woche kann
100 die Freistellung auch an diesem Tag erfolgen, wenn die Jugendlichen an diesem Tag keinen Berufsschulunter- richt haben.

(4) Können Jugendliche in den Fällen
105 des Absatzes 2 Nr. 2 am Samstag nicht acht Stunden beschäftigt werden, kann der Unterschied zwischen der tatsäch- lichen und der nach § 8 Abs. 1 höchst- zulässigen Arbeitszeit an dem Tag bis
110 13 Uhr ausgeglichen werden, an dem die Jugendlichen nach Absatz 3 Satz 1 freizustellen sind. [...]

Beschäftigungsverbote und -beschränkungen
115 **§ 22 Gefährliche Arbeiten**

(1) Jugendliche dürfen nicht beschäf- tigt werden

1. mit Arbeiten, die ihre physische oder psychische Leistungsfähigkeit
120 übersteigen,

2. mit Arbeiten, bei denen sie sittlichen Gefahren ausgesetzt sind,

3. mit Arbeiten, die mit Unfallgefahren verbunden sind, von denen anzuneh-
125 men ist, dass Jugendliche sie wegen mangelnden Sicherheitsbewusstseins oder mangelnder Erfahrung nicht er- kennen oder nicht abwenden können,

4. mit Arbeiten, bei denen ihre
130 Gesundheit durch außergewöhnliche Hitze oder Kälte oder starke Nässe gefährdet wird,

5. mit Arbeiten, bei denen sie schädli- chen Einwirkungen von Lärm, Erschüt-
135 terungen oder Strahlen ausgesetzt sind,

6. mit Arbeiten, bei denen sie schädli- chen Einwirkungen von Gefahrstoffen im Sinne des Chemikaliengesetzes ausgesetzt sind,
140 7. mit Arbeiten, bei denen sie schädli- chen Einwirkungen von biologischen Arbeitsstoffen im Sinne der Richtlinie 90/679/EWG des Rates vom 26. November 1990 zum Schutze der
145 Arbeitnehmer gegen Gefährdung durch biologische Arbeitsstoffe bei der Arbeit ausgesetzt sind.

(2) Absatz 1 Nr. 3 bis 7 gilt nicht für die Beschäftigung Jugendlicher, soweit
150 1. dies zur Erreichung ihres Ausbil- dungszieles erforderlich ist,

2. ihr Schutz durch die Aufsicht eines Fachkundigen gewährleistet ist und

3. der Luftgrenzwert bei gefährlichen
155 Stoffen (Absatz 1 Nr. 6) unterschrit- ten wird. Satz 1 findet keine Anwen- dung auf den absichtlichen Umgang mit biologischen Arbeitsstoffen der Gruppen 3 und 4 im Sinne der
160 Richtlinie 90/679/EWG des Rates vom 26. November 1990 zum Schutze der Arbeitnehmer gegen Gefährdung durch biologische Arbeitsstoffe bei der Arbeit.

(3) Werden Jugendliche in einem
165 Betrieb beschäftigt, für den ein Betriebs- arzt oder eine Fachkraft für Arbeits- sicherheit verpflichtet ist, muss ihre betriebsärztliche oder sicherheitstechni- sche Betreuung sichergestellt sein.

4 Beurteile die drei Ausbildungssituationen, die auf Seite 60 in Aufgabe 2, beschrieben werden. Liegen hier Verstöße gegen das Jugendarbeits- schutzgesetz vor?

5 Besprecht, was man als Auszubildender eurer Meinung nach tun kann, wenn man in Situationen gerät, die Manuela, Paul und Tim erlebt haben.

Schreiben

Mit Nachdruck, aber höflich

In manchen Situationen kann es hilfreich sein, wenn man sich schriftlich zu einem Sachverhalt äußert und um eine Klärung bittet.

1 Untersuche die beiden Entwürfe für einen Beschwerdebrief, die Anna Lena verfasst hat (Seite 63/64).
Stelle fest, welche sprachlichen Unterschiede sie aufweisen und wie sie aufgebaut sind, z. B.: *Einleitung – Beschreibung des Sachverhalts ...*

Anna Lena Kolb
Tannenstr. 17
01234 Neuerburg

Neuerburg, 18. Mai 2011

Hotel „Die Jahreszeiten"
Geschäftsleitung
Im Hause
Panoramaweg 4
54634 Bitburg

Sehr geehrte Damen und Herren,

seit dem 1. September 2010 bin ich bei Ihnen als Hotelkauffrau in der Ausbildung und fühle mich bei dieser Arbeit in Ihrem Hause sehr wohl.

In einem Punkt allerdings bin ich nicht der gleichen Meinung wie meine Ausbilderin, Frau Wolf. Deshalb wende ich mich nun an Sie, nachdem meine Bitten und die Gespräche mit ihr leider keine Änderung herbeigeführt haben. Frau Wolf ist nämlich nicht bereit, mir in diesem Punkt entgegenzukommen. Es geht darum, dass Frau Wolf mich sehr oft nach angefangener Pause, in der Regel nach 5 Minuten, in das Foyer zurückbittet. Mehrfach schon ist es deshalb vorgekommen, dass ich keine größere zusammenhängende Pause machen konnte. Der Hinweis, eine Stunde früher aufhören zu dürfen, nützt mir nicht so sehr, da ich während der langen stressigen Arbeitszeit schon früher eine Pause bräuchte.

Ich weiß nicht, ob sich Frau Wolf in diesem Punkt im Recht befindet.
Ich bitte daher um Ihr Verständnis und um Ihre Hilfe.

Hochachtungsvoll

Anna Lena Kolb
Anna Lena Kolb, Auszubildende

Berufsorientierung: Beschwerden angemessen formulieren

4 „Lehrjahre sind keine Herrenjahre!"

Anna Lena Kolb
Tannenstr. 17
01234 Neuerburg

Neuerburg, 18. Mai 2011

Hotel „Die Jahreszeiten"
Geschäftsleitung
Im Hause
Panoramaweg 4
54634 Bitburg

Beschwerde gegen Frau Wolf

Sehr geehrte Damen und Herren,

ich werde in Ihrem Haus seit dem 1. September 2010 zur Hotelkauffrau ausgebildet.
Nach § 11 des JArbSchG (vgl. Anlage) stehen mir bei meiner Arbeitszeit insgesamt 60 Minuten Ruhepausen zu.
Frau Wolf, meine Ausbilderin, macht es zur Regel, mich sehr oft nach angefangener Pause, meist nach 5 Minuten, in das Foyer zurückzubeordern. Es ist deshalb schon mehrfach vorgekommen, dass ich keine größere zusammenhängende Pause von mindestens 15 Minuten machen konnte. Ich fordere Sie auf, darauf hinzuwirken, dass Frau Wolf ihr Verhalten ändert und die Vorschriften des JArbSchG einhält.

Mit freundlichen Grüßen

Anna Lena Kolb
Anna Lena Kolb, Auszubildende

Anlage: JArbSchG § 11 ff.

2 Diskutiert darüber, welche Reaktionen der Beteiligten zu erwarten sind.

3 Verfasse selbst einen Brief zu der beschriebenen oder einer ähnlichen Situation. Gehe so vor:

1. Entscheide, an wen du den Brief richten würdest: an die Geschäftsleitung, den Betriebsrat oder an einen anderen möglichen Adressaten.
2. Prüfe, ob du Teile aus den Briefen von Seite 63/64 übernehmen könntest oder ob du deinen Brief ganz anders formulieren würdest.
3. Achte auf die äußere Form.

Berufsorientierung: Beschwerden angemessen formulieren

Schreiben

Euer ergebenster Diener ...

1 Früher wurden Bitten und Beschwerden anders formuliert. Seht euch den Brief aus dem Jahr 1827 an:
Worüber beschwert sich der Verfasser? Was will er erreichen?

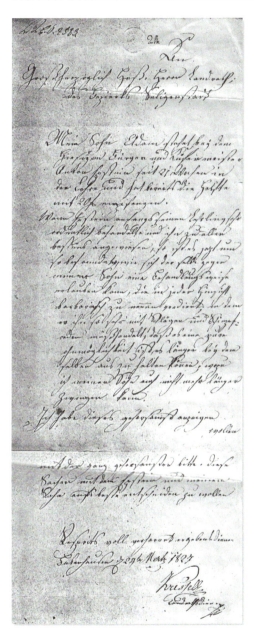

An den
Großherzoglich Heß. Herrn Landrath;
des Bezirks Seligenstadt

Mein Sohn Adam stehet bei dem hiesigen Bürger und Küfnermeister Anton Beckstein seit 21 Wochen in der Lehre und hat bereits die Helfte mit 20 Stunden angefangen.
Wenn Beckstein anfangs seinen Lehrling sehr ordentlich behandelt und ihn zu allem bestens angewiesen, so ist es jezt um so befremdlicher, wie sich der selbe gegen meinen Sohn eine Behandlungsweise erlauben kann, die in jeder Hinsicht barbarisch zu nennen verdient, in dieser er ihn so sehr mit Schlägen und Schimpforder müßhandelt, daß es eine pure ohnmöglichkeit ist, es länger bey dem selben aus zu halten können, wozu ich meinen Sohn auch nicht mehr länger zwingen kann.

Ich habe dieses gehorsamst anzeigen wollen mit der ganz gehorsamsten bitte, diese Sachen mit dem Beckstein und meinem Sohn aufs beste entscheiden zu wollen.

Hoheits voll verharret ergebenster Diener
Babenhausen d. 24ten Mertz 1827

Kressel
Landrathsdiener

2 Lest die Anrede, die Beschwerde und die Grußformel noch einmal.
Tauscht euch dann darüber aus, wie man heute formulieren würde.

Berufsorientierung: Beschwerden angemessen formulieren

4 „Lehrjahre sind keine Herrenjahre!"

Was tun?

Auch wenn eine Beschwerde oder Beanstandung berechtigt ist, sollte sie so formuliert sein, dass der Empfänger nicht beleidigt wird.

1 Diskutiert, wie ihr euch in folgenden Situationen verhalten würdet.

1 **Marcus** Ich mache in einem ziemlich großen Hotel eine Ausbildung zum Koch. Ich habe bereits vier Monate meiner Ausbildung hinter mir. Bisher wurde ich fast nur zum Säubern von Töpfen und Pfannen eingesetzt. Auch muss ich oft Herde, Backöfen und den Fußboden in der Küche reinigen, obwohl ich eigentlich schon Feierabend hätte. Gelernt habe ich bis jetzt noch so gut wie nichts. An meinen Ausbilder kann ich mich nicht wenden, der meint, ich müsste ja nicht Koch werden, es warteten genug andere auf diese Stelle.

2 **Dilara** Ich will Kauffrau für Bürokommunikation werden. Ich werde in einer Werbeagentur ausgebildet. Man hatte mir versprochen, dass ich in diesem Betrieb, in dieser Abteilung und bei dieser Lehrstelle megaabwechslungsreiche Tätigkeiten und Aufgaben erhalte. Aber so ist es wirklich: morgens Werbung eintüten, mittags Briefe zur Post bringen, nachmittags Werbung eintüten, abends Briefe zur Post bringen – und das nun schon seit zwei Wochen! Hunderte von Briefen! Ich glaube, noch zwei Wochen halte ich das nicht aus, sicher nicht mal zwei Tage …

3 **Viktor** Ich bin in einem kleinen Installationsbetrieb der einzige Azubi. Ich will gleich sagen, was mich nervt: Jeden Tag muss ich mit Joseph „Gassi" gehen. Joseph ist ein riesiger Köter (Dogge). Ich hab das wirklich satt! Dabei gefällt mir meine Ausbildung eigentlich sehr gut. Der Meister ist in Ordnung, er hat mir schon eine Menge beigebracht. Wenn ich etwas gut mache, lobt er mich. Er nimmt mich auch zu Reparaturen mit, wo ich richtige Handwerkeraufgaben kriege. Wenn nur die Sache mit dem Riesenvieh nicht wäre! Ich glaub, der Hund sieht mich auch nicht als seinen Freund an …

4 **Ilka** Ich bin seit einem Jahr in einem Fitnessstudio als Auszubildende. Ich bin der Meinung, dass ich, um Erfahrungen zu sammeln und fit zu sein, selbst möglichst viel an den Geräten arbeiten und an Kursen teilnehmen muss. Mein Chef meint, das dürfe ich tun, nur nicht in meiner Arbeitszeit. Da solle ich andere Arbeiten verrichten, z.B. die Kunden ein- und auschecken, sie mit Getränken versorgen, die Geräte reinigen, lauter solche nutzlosen Sachen …

Schreiben

STARKE SEITEN

2 Arbeitet in Gruppen und führt ein Rollenspiel durch. Einigt euch auf eine Situation von Seite 66, die geklärt werden soll. Überlegt zunächst, ob jeweils ein Recht zu einer Beschwerde besteht. Wenn das der Fall ist, besprecht, an wen man sich wenden könnte und wie man seine Beschwerde vorbringen sollte. Legt fest, wer welche Rolle spielt:

1. **Beschwerdeführer/in**: kann z. B. losschimpfen, bitten, die unzumutbaren Bedingungen beschreiben, die Gesetze zitieren, …
2. **Mit der Klärung beauftragte Person** (z. B. ein Mitglied des Betriebsrates): kann ausweichen und verharmlosen, kann vermitteln und Lösungen vorschlagen, kann sich auf das Gesetz beziehen, …
3. **Die Person, gegen die Beschwerde erhoben wird** (z. B. Ausbilder oder Geschäftsführer): kann abstreiten, kann auf den Unterschied von Alltag und Gesetz verweisen, kann Verständnis zeigen, …

3 Vergleicht nach dem Rollenspiel eure Ergebnisse. Besprecht, welche Vorgehensweise eurer Meinung nach jeweils die beste ist.

4 Azubis haben sich mit Beschwerden an ihre Vorgesetzten gewandt. Dabei haben sie sich nicht sehr geschickt ausgedrückt:

1. „Bin ich denn Ihr Putzi, dass ich hier jeden Tag nur den Dreck wegmachen muss!"
2. „Ihre Forderung, dass ich jeden Tag mit Ihrem Köter auf die Straße gehen soll, ist unverschämt!"
3. „Wenn ich immer nur so primitive Arbeiten ausführe, lerne ich ja nichts!"
4. „Sie könnten ruhig mal auf meine Ausbilderin einwirken, damit sie mir nicht dauernd so gleichförmige Aufgaben gibt."

Schlage geeignetere Formulierungen vor. Dabei kannst du die folgenden Sätze nutzen:

Ich verstehe ja, dass auch solche Arbeiten erledigt werden müssen …	Ich habe mir schon überlegt, ob es vielleicht eine andere Lösung gibt …

Sicherlich haben Sie aufgrund Ihrer Arbeitsbelastung keine Zeit, …

Ich wäre z. B. sofort bereit, hin und wieder auch Aufgaben zu übernehmen, die nicht …	Mit der Ausbildung bin ich sehr zufrieden, nur …

5 EXTRA Wähle eine Situation von Seite 66 aus. Schreibe aus der Perspektive der betreffenden Person einen Brief an den Vorgesetzten.

Berufsorientierung: Beschwerden angemessen formulieren

4 „Lehrjahre sind keine Herrenjahre!"

Online-Link
Hörverstehen
313176-0068

→ **Seite 242**,
Autorenverzeichnis:
Heike Kammer

Dabei gebe ich mir so viel Mühe

Heike Kammer
Lehrjahre

Endlich ist die Schulzeit vorbei. Endlich kann ich hier weg, kann arbeiten.
Es war nicht leicht, eine Lehrstelle zu finden, besonders mit meinen aus-
gefallenen Berufsvorstellungen. Ich komme aus Berlin und möchte aufs
Land. Ich will Bäuerin werden. Ein Bauer in Norddeutschland will es mal
5 mit mir versuchen. Aber auch er glaubt nicht, dass ich dafür geeignet
bin. Ein Mädchen aus der Stadt … Darum nimmt er mich erst mal vier
Wochen auf Probe. Das Land ist schön. Jahrelang habe ich nur in Städten
gelebt und von dieser Welt geträumt. Überall Felder, Heide, Moor,
Karnickel, Wald, Weiden, Vieh … Ich kann es kaum glauben, aber das
10 ist jetzt meine Heimat. Ich bin glücklich. Alles wird schön und besser
als früher. Mit Chef Alfons Grün und seiner Frau Brigitte fahre ich in
die Feldmark. Sie zeigen mir die Felder und die Tiere, und ich merke,
dass ich wirklich überhaupt keine Ahnung habe. Ich muss noch sehr viel
lernen. Mein erster Arbeitstag: Heu packen, Beregnungsanlage auf- und
15 umbauen, Ställe ausmisten … Nach wenigen Tagen bin ich kaputt. Nicht
körperlich, die Arbeit macht mir nichts aus. Aber ich mache zu viel falsch,
verstehe die Leute oft nicht und werde jeden Tag von Alfons angeschrien.
Dabei gebe ich mir so viel Mühe. Ich versuche immer, alles so gut wie
möglich zu machen. Aber es ist nie gut genug, nie schnell genug … Wo
20 hätte ich es denn lernen sollen? Ich bin eben noch nie Trecker gefahren,
habe noch nie Kühe gemolken. Außerdem habe ich Schwierigkeiten, die
Sprache zu verstehen. Die Bauern sprechen Plattdeutsch. Oft weiß ich gar
nicht, was sie überhaupt von mir wollen. Das fängt schon morgens bei der
Stallarbeit an. Jeder hat seine feste Aufgabe, nur ich nicht. Ich soll mal hier
25 helfen, mal dort. Mal will keiner was von mir, mal soll ich alles gleichzeitig
tun. Viel lieber würde ich eine feste Aufgabe übernehmen, Melken oder
Füttern. Nach dem Frühstück geht es dann richtig los: Beregnungsanlage
aufbauen – die Regner nicht gerade genug, die Rohre sind nicht zur
richtigen Zeit an der richtigen Stelle, die Schläuche … nichts ist ihm recht
30 zu machen.
Dann Heuernte: Heu aus den Ecken zusammenharken – zu langsam;
Heuballen packen – nicht gerade genug …; Trecker fahren – zu schnell,
zu langsam …; Nägel krummhauen, fegen, Ställe ausmisten – zu langsam.
Jeden Tag geht etwas schief. Alles nur Kleinigkeiten. Den ganzen Tag kein
35 freundliches Wort. Nur immer das Geschrei und Geschimpfe. Ich glaube
schon beinahe, ich bin ein Versager, ein Vollidiot.
Dabei bin ich nur ein Lehrling. Warum verlangen sie, dass ich alles schon
kann? Woher sollte ich denn alles wissen, wo sollte ich es gelernt haben? […]

Schreiben

EXTRA

Ich arbeite gern. Ich kann Heuballen und Säcke schleppen. Ich will
40 arbeiten. Aber ich halte den Stress nicht aus. Ich kann nicht Sklave sein.
Langsam wird mir bewusst, was ich alles aufgegeben habe. Nicht nur die
Schule und Betonlandschaften, nicht nur den Ärger in der Familie. Mir
fehlen die Menschen, die schwach sind, schwach sein dürfen. […]
Es beginnt die Getreideernte, Wintergerste, dann Kartoffelernte. Die Kar-
45 toffeln müssen wir in Tüten verpacken. Das ist reine Fabrikarbeit, aber sie
macht mir am meisten Spaß. Denn hier gibt es nicht so viel zu kapieren,
nicht so viele Fehler zu machen. Fabrikarbeit als Erholung vom täglichen
Stress – so ein Widerspruch! Endlich sind die vier Wochen Probearbeit
vorbei. Alfons meint, ich solle lieber einen anderen Beruf lernen. Ein Mäd-
50 chen aus der Stadt tauge eben nicht für die Bauernarbeit. Ich glaube, er
will mich loswerden, denn es haben sich schon Bauernjungs gemeldet, die
auch gerne die Lehrstelle hätten. Die würden wahrscheinlich mehr Leistung bringen, fürs selbe Geld. Trotzdem werde ich nicht aufgeben. Ich gebe
nicht auf, bevor ich angefangen habe. Dann müsste er mich schon entlas-
55 sen. Also freundlich lächeln, fröhlich sein, gut gelaunt und innerlich hart
bleiben. […] Alfons fragt mich noch einmal, ob ich mich nun wirklich fest
entschlossen habe, bei ihm zu bleiben und Landwirtschaft zu lernen. Ich
will zwar nicht bei ihm bleiben, aber Landwirtschaft lernen will ich, und
da bleibt mir keine andere Wahl. Also tue ich so, als ob alles in bester
60 Ordnung wäre, und sage, dass ich bleiben möchte.
Ich fange nur ungern wieder an zu arbeiten. Aber ich freue mich auf
die Berufsschule. Hoffentlich wird es dort besser. Alfons sagt immer, die
Berufsschule wäre ganz schwer für mich, denn die Bauernjungen dort
wüssten alle schon viel mehr als ich. […] Ich finde es in der Schule aber
65 überhaupt nicht schwer. Für mich ist der Schultag Erholung. […] Die
Arbeit geht weiter, wie gehabt. Was mich fertig macht, ist der Leistungsdruck, die Erniedrigung – aber das liegt auch irgendwie an mir. Ich stell
mich vielleicht zu blöd an. Außerdem sollte ich nicht so empfindlich sein.
Mit der Zeit lerne ich auch, meinen Chef zu verstehen. […]

1 Was erfährt man über die Ich-Erzählerin? Beschreibe sie.

2 Gib mit eigenen Worten wieder, mit welchen Problemen die junge Frau
fertig werden muss.

3 Schreibe aus der Sicht der Ich-Erzählerin einen Brief an Chef Alfons
Grün, um ihn zu einer Änderung seines Verhaltens zu bewegen.

4 „Mir fehlen die Menschen, die schwach sind, schwach sein dürfen." –
Wie verstehst du diesen Satz (Zeile 42/43)? Notiere deine Gedanken.

Berufsorientierung: Beschwerden angemessen formulieren

4 „Lehrjahre sind keine Herrenjahre!"

Fehlerfallen

→ **Seite 217,**
Objektsätze

1 *das* oder *dass*? Füge die Sätze in der linken Spalte sinnvoll mit denen aus der rechten Spalte zusammen, sodass Objektsätze mit der Konjunktion „dass" als Einleitewort entstehen, z. B.:

1.b) Es stört mich, **dass ich oft ohne Pause arbeiten muss.**

1. Ich muss oft ohne Pause arbeiten.
2. Ich muss jeden Tag für alle Kaffee kochen.
3. Immer muss ich das Lager aufräumen.
4. Ich muss oft länger arbeiten.
5. Ich erhalte nur sinnlose Aufgaben.
6. Ich lerne zu wenig für meinen Beruf.
7. Ich darf keine eigenen Ideen einbringen.

a) Das missfällt mir.
b) Das stört mich.
c) Das beanstande ich.
d) Das bemängele ich.
e) Das gefällt mir nicht.
f) Das kränkt mich.
g) Das belastet mich.

Untersuche die Objektsätze. Formuliere eine Regel.

→ **Seite 218,**
Attributsätze

2 Setze die Aussagen aus den folgenden Sätzen so zusammen, dass Attributsätze mit dem Relativpronomen „das" als Einleitewort entstehen, z. B.:
Das Jugendarbeitsschutzgesetz, **das ein Gesetz zum Schutz von arbeitenden Kindern und Jugendlichen ist,** begrenzt die Wochenarbeitszeit …

Das **Jugendarbeitsschutzgesetz** begrenzt die Wochenarbeitszeit auf 40 Std. bei einer Fünf-Tage-Woche.	Es ist ein Gesetz zum Schutz von arbeitenden Kindern und Jugendlichen.
Das **Mindestalter** ist 15 Jahre.	Es wird im Jugendarbeitsschutzgesetz vorgeschrieben.
Das **Beschäftigungsverbot** für Sonn- und Feiertage gilt nicht in Krankenanstalten sowie in Alten-, Pflege- und Kinderheimen.	Es ist im Jugendarbeitsschutzgesetz ausgeführt.
Das preußische **Regulativ**[1] über die Beschäftigung jugendlicher Arbeiter in Fabriken begrenzte die Arbeitszeit der Jugendlichen unter 16 Jahren auf 10 Stunden.	Es verbot 1839 die Fabrikarbeit der Kinder unter 9 Jahren.

[1] Regulativ, das: eine regelnde Vorschrift

70   Wiederholung und Vertiefung: Rechtschreibung; sprachlicher Ausdruck

Rechtschreibung, Grammatik, Sprachbetrachtung

3 **Groß oder klein?** Erklärt, woran man Substantive/Nomen erkennt. Stellt gemeinsam die Regeln für die Groß- und Kleinschreibung zusammen.

→ **Seite 221,** Rechtschreibstrategie „Großschreibung von Wörtern"

TIPP! Du kannst die Regeln in einem Wörterbuch nachschlagen.

4 Erkläre die Großschreibung der markierten Wörter:

ihr Auftreten im Betrieb – das In-Kraft-Treten des Gesetzes – alles Kleingedruckte – die innenpolitische Entwicklung – nach langem Hin und Her

5 Ergänze die Redewendungen. Achte auf die richtige Schreibung.

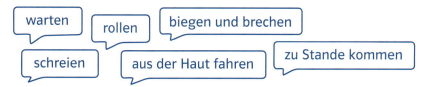

1. Viele waren am ▢ des Vertrages beteiligt.
2. Die Sache ist ins ▢ gekommen.
3. Das ist zum ▢.
4. Uns half nur noch lautes ▢.
5. Sie wollte auf ▢ gewinnen.
6. Sein ▢ hat sich gelohnt.

6 EXTRA Die folgenden Sätze stammen aus Reklamationsbriefen. Stelle fest, was die Verfasser jeweils erreichen wollen. Schreibe geeignetere Formulierungen auf, z. B.:

1. Ich bitte Sie, das defekte Gerät auszutauschen.

1. … Ich schreibe Ihnen nun wegen meiner Bitte um Überprüfung der Funktion des nicht funktionierenden Gerätes sowie um Auswechslung und Rücksendung eines einwandfrei funktionierenden Gerätes.
2. … Dieses kleine Drehding da links oben dran geht nicht.
3. … Das Paket mit der Lieferung, das Sie uns geschickt hatten und das neulich noch nicht angekommen war, ist jetzt zwischenzeitmäßig hier eingetroffen.
4. … Das ist eine völlig blödsinnige Entscheidung, die Sie bitte schön schnellstens zurücknehmen.
5. … Das kommt nicht in Frage, dass ich das hässliche Stück, das im Katalog ganz anders aussah, bezahle, Sie können es wiederhaben.
6. Ich bin mal gespannt, wie Sie erklären, dass das Ding schon wieder kaputt ist.
7. Trödeln Sie bitte nicht wieder so lange wie das letzte Mal mit Ihrer Antwort.
8. Wenn Sie das nicht sofort umtauschen, passiert was!

Wiederholung und Vertiefung: Rechtschreibung; sprachlicher Ausdruck

4 „Lehrjahre sind keine Herrenjahre!"

Übung macht den Meister

1 *das* oder *dass*? Schreibe den folgenden Brieftext ab und setze jeweils das richtige Wort in die Lücken.

> Sehr geehrte Frau Hornbach,
> wir haben in der sechsten Stunde erfahren, ✎ wir heute Nachmittag dringend in die Bibliothek müssen. Es geht um ✎ Projekt, ✎ wir in Deutsch bearbeiten. Das Problem, ✎ wir zu lösen haben, ist für alle zehnten Klassen wichtig.
> Nun ist abzusehen, ✎ ✎ dazu führen kann, ✎ viele Schüler die Mathe-Hausaufgaben bis morgen nicht sorgfältig erledigen können. Wir bitten, ✎ zu entschuldigen und uns ausnahmsweise noch ✎ Wochenende dazuzugeben.
> Wir danken Ihnen, ✎ Sie so viel Verständnis haben. …

TIPP!
Denke auch an die abgeleiteten Substantive/Nomen von den Verben *erleben, kennen, erkennen, ereignen, verhalten, geschehen*.

2 Ergänze möglichst viele Beispiele.

-in/-innen: Lehrerin – Lehrerinnen …
-nis/-nisse: Zeugnis – Zeugnisse …
-us/-usse: Globus – Globusse …

3 *s, ss* oder *ß*? Schreibe den folgenden Text ab und setze dabei die richtigen Buchstaben ein.

[1] Text (bearbeitet) aus „Lehrjahre" von Heike Kammer, siehe Seite 68

Die Arbeit geht weiter[1]

[…] Die Arbeit geht weiter, wie gehabt. Was mich fertig macht, ist der Leistungsdruck – aber da✎ liegt auch irgendwie an mir. Ich stell mich vielleicht zu blöd an. Au✎erdem sollte ich nicht so empfindlich sein. Mit der Zeit lerne ich auch, meinen Chef zu verstehen. Ich
5 glaube nicht mehr, da✎ er ein schlechter Mensch ist. Er mu✎ einen Lehrling so sehen. Da✎ liegt irgendwie an diesem ganzen Sy✎tem. Es geht mal auf und mal ab mit meiner Stimmung. Nach einem Lehrgang (ich war zusammen mit einem anderen Kla✎enbeste) geht die Arbeit we✎entlich be✎er. Ich kann öfter mal melken, wei✎ mehr
10 über die Fütterungen usw. Alfons ist immer zufriedener mit mir. Hab ich nun endlich bewie✎en, da✎ auch ein Mädchen aus der Stadt in der Landwirtschaft arbeiten kann? […]

72 Wiederholung und Vertiefung: Rechtschreibung; sprachlicher Ausdruck

Rechtschreibung, Grammatik, Sprachbetrachtung — TRAINING

4 Schreibe den folgenden Brieftext ab und setze die fehlenden Pronomen in der richtigen Form ein.

Versandfirma XYZ
Bergheimerstr. 17
60000 Frankfurt
München, 07.09.20..

✎ Lieferung vom 05.09.20..

Sehr geehrte Damen und Herren,
am 01.09.20.. bestellte ich bei ✎ per Fax drei DVDs. Leider haben ✎ mir nun drei falsche DVDs geschickt. Offensichtlich haben ✎ ✎ vertauscht.
Zu ✎ Kontrolle lege ich ✎ die Kopie meines Bestellscheins bei. Beiliegend schicke ich ✎ auch die drei falsch gelieferten DVDs zurück.
Ich bitte ✎, mir die korrekten Bestellungen zuzuschicken.
Vielen Dank im Voraus für ✎ Bemühungen!
Mit freundlichen Grüßen …

SIE | SIE | IHNEN | SIE | IHRE | IHRER | IHRE | SIE | IHNEN | IHNEN

5 Setze die passenden Wörter in der richtigen Form ein.

unbekannt | gut | allgemein | rot | groß
angenehm | bedeutend | ganz | süß | englisch

1. Wir wünschen alles ✎. 2. Zum Aperitif[1] gab es ✎ und Salziges. 3. Geh nicht mit ✎! 4. Er hat wenig ✎ geschrieben. 5. Sie hatte nur ✎ erlebt. 6. Wir sind uns im ✎ und ✎ einig. 7. Die Arbeiten sind im ✎ nicht schlecht geraten. 8. Die Ampel schaltete auf ✎. 9. Mit ✎ kommt man fast überall in der Welt zurecht.

[1] Aperitif, der: hier: Vorspeise

6 EXTRA Korrigiere die fehlerhaften Formulierungen. Stelle den richtigen Bezug her, z. B.: *1. die Korrektur der Kommafehler durch den Lehrer.*

1. die Korrektur der Kommafehler des Lehrers
2. die Beanstandung der Mängel des Meisters
3. gut erhaltene Knochenfunde von Urmenschen
4. ein allradgetriebener Autobesitzer
5. die Fehlerberichtigung der Lehrerin
6. die terminliche Verlängerung des Chefs
7. die Abstimmung über Windräder im Bundestag
8. alle vierstöckigen Hausbesitzer
9. die Verkäuferin des Fischladens

Wiederholung und Vertiefung: Rechtschreibung; sprachlicher Ausdruck

5 Wer schreibt heute Protokoll?

Ein Protokoll soll Personen über ein Ereignis informieren, bei dem sie nicht anwesend waren. Aber auch die Teilnehmer können später noch einmal nachlesen, worum es ging und was festgelegt wurde.

→ **Seite 228,** Arbeitstechnik „Ein Protokoll schreiben"

1 Besprecht, welche der folgenden Protokollformen ihr kennt und was ihr euch unter den anderen vorstellt. Besprecht auch, zu welchem Zweck solche Protokolle verfasst werden:

Verlaufsprotokoll, Ergebnisprotokoll, Unfallprotokoll, Unterrichtsprotokoll, Stichwortprotokoll, Fahrtenschreiber, Gerichtsprotokoll, Protokolldatei (Logfile), Sitzungsprotokoll, Versuchsprotokoll, Gesprächsprotokoll, Flugschreiber, Abnahmeprotokoll (z. B. auf dem Bau).

Schreiben

2 Vergleicht die folgenden zwei Protokolle miteinander. Besprecht, worin die Unterschiede bestehen.

Verlaufsprotokoll
der Schulsprecherwahl an der Goethe-Schule am 20.09. ...

Ort	SMV-Zimmer der Goethe-Schule
Zeit	12.00 Uhr bis 12.45 Uhr
Anwesende	Alle Klassensprecher der Klassen 5–10

Zu Beginn der Sitzung stellen sich die beiden Kandidaten Anne Becker (Klasse 8c) und Christian Riehl (Klasse 10a) kurz vor. Anne Becker kündigt an, dass sie sich im Falle ihrer Wahl für eine verbesserte Betreuung der Fünftklässler einsetzen wolle und die Absicht habe, einen guten Kontakt zur Schulleitung aufzubauen. Christian Riehl gibt an, noch keine genauen Ziele zu haben.
Die SMV stellt den Kandidaten Fragen. Elisa Böhm (Klasse 9b) hebt hervor, dass die Gestaltung der Weihnachtsfeier unbedingt geändert werden müsse. Anne Becker versprach, sich darum zu kümmern.
Die Anwesenden wählen in geheimer Wahl; Elisa Böhm und Lena Meyer werten die Ergebnisse aus und geben sie bekannt.
Mit zehn Ja-Stimmen wird Anne zur neuen Schulsprecherin gewählt. Christian erhält vier Ja-Stimmen. Anne bedankt sich für das Vertrauen und verspricht den Anwesenden einen engagierten Einsatz während ihrer Wahlperiode.

Tanja Schröder
(Vorsitzende)

Kemal Pamuk
(Protokollführung)

→ **Seite 213, 236,** Konjunktiv I und II

Ergebnisprotokoll
der Schulsprecherwahl an der Goethe-Schule am 20.09. ...

Ort	SMV-Zimmer der Goethe-Schule
Zeit	12.00 Uhr bis 12.45 Uhr
Anwesende	Alle Klassensprecher der Klassen 5–10

Ergebnis
Die Schülerin Anne Becker wird zur neuen Schulsprecherin gewählt. Auf sie entfallen zehn Ja-Stimmen und vier Nein-Stimmen. Eine Stimmabgabe ist ungültig. Der einzige Gegenkandidat, Christian Riehl, ist damit 2. Schulsprecher.
Anne Becker verspricht den Anwesenden engagierten Einsatz während ihrer Wahlperiode.

Tanja Schröder
(Vorsitzende)

Kemal Pamuk
(Protokollführung)

Berufsorientierung: Protokolle schreiben

5 Wer schreibt heute Protokoll?

Alles Wichtige erfasst?

Eine gute Mitschrift ist die Grundlage für ein aussagekräftiges Protokoll.

1 Hier ist ein Ausschnitt aus einer Unterrichtsstunde wörtlich wiedergegeben worden. Stelle fest, worum es darin im Einzelnen geht.

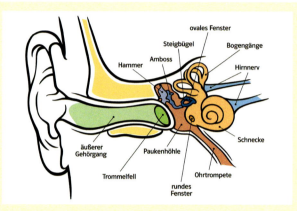

Online-Link
Hörverstehen
313176-0076

„ … So, Jana und Manuela, passt dann bitte auch auf. Ich komme jetzt nochmal zum Aufbau und zur Funktionsweise des menschlichen Ohres und fasse zusammen:
Die Ohrmuschel ist ja für jeden zu sehen. Sie fängt den Schall gewis-
5 sermaßen ein. Über den äußeren Gehörgang wird er dann bis zum *Trommelfell* geleitet.
Das ist ein feines Häutchen, das das *Außenohr* vom *Mittelohr* trennt. So nennt man den Raum, der sich anschließt. Er ist wie das äußere Ohr mit Luft gefüllt und enthält drei sehr kleine und feine Knochen:
10 Der erste, der *Hammer*, ist am Trommelfell angewachsen. Er nimmt das Schallsignal vom Trommelfell auf und überträgt es auf den nächsten Knochen, den *Amboss*. Von dort wird es auf den dritten Knochen weitergeleitet. Man nennt ihn wegen seiner charakteristischen Form *Steigbügel*. Er überträgt das Signal dann über das *ovale Fenster* an
15 das Innenohr. Es ist mit einer Flüssigkeit gefüllt. Hier findet man die *Schnecke*. Sie ist das eigentliche Hörsinnesorgan.
Wir haben in der letzten Stunde drüber gesprochen.
Das Schallsignal wird hier von der Flüssigkeit an sehr feine Sinneshärchen geleitet, die sich dann bewegen. Diese Bewegung wird von
20 den anliegenden Nerven registriert. So wird das Schallsignal in ein Nervensignal verwandelt. Dieses Signal wird dann ans Gehirn weitergeleitet und wir nehmen den Schall wahr.
Was wisst ihr denn noch darüber, wie sich sehr laute Schallsignale, z. B. extrem laute Discomusik, auf das Gehör auswirken? …"

Schreiben

2 Vergleicht die folgende Mitschrift mit dem Text auf Seite 76. Besprecht:

– Was wurde hier weggelassen?
– Wie wurden die Informationen in der Mitschrift geordnet?

Mitschrift Biostunde am 15. Juli 2011
Ohr
Schall
1. Außenohr ➡ Ohrmuschel ➡ Gehörgang
2. ➡ Trommelfell ➡ Mittelohr (Luft)
   a) Hammer
   b) Amboss
   c) Steigbügel
3. ➡ ovales Fenster
   ➡ Innenohr (Flüssigkeit)
   ➡ Schnecke
   ➡ Sinneshärchen
   ➡ Nerven („Schallsignal in ein Nervensignal verwandelt")
4. ➡ Gehirn (Schall hören)

3 Bittet euren Lehrer/eure Lehrerin, etwa zehn Minuten lang über ein Thema zu sprechen. Schreibt mit und vergleicht eure Mitschriften.

> **TIPP!**
> Ihr könnt euch auch den Text auf Seite 76 anhören. Nutzt dazu den Online-Link.

Arbeitstechnik

Etwas mitschreiben

Wörtliche Mitschriften sind meist nicht möglich – wähle aus und fasse die Hauptgedanken zusammen.

– Lass auf deinem Blatt einen breiten Rand, damit du später noch etwas ergänzen kannst.
– Schreibe bei Gesprächen erst dann etwas auf, wenn ein Gesprächsabschnitt beendet ist. Schreibe in Stichworten oder in verkürzten Sätzen.
– Unterstreiche in deinen Notizen das Wichtigste.
– Verwende Abkürzungen, Pfeile und andere Zeichen.
– Notiere besondere Begriffe, Namen, Termine, Titel usw. möglichst genau.
– Ordne nach Sachzusammenhängen.
– Wenn du etwas wörtlich wiedergeben willst, kennzeichne es durch Anführungszeichen (als Zitat).

➔ **Seite 223,** Rechtschreibregeln „Zeichensetzung beim Zitieren"

Berufsorientierung: Protokolle schreiben

5 Wer schreibt heute Protokoll?

Von der Mitschrift zum Protokoll

Mitschrift

Sitzung des Gemeinderats von Neudorf

Wo?   Rathaus (Bürgersaal)
Wann?   8. Juli …, 20:00 – 22:00 Uhr
Wer?   17 Gemeinderäte (vollzählig)
Leitung: Bürgermeister Martin Neuhoff
Art der Sitzung: öffentlich
Thema: Schulsport im Schwimmbad (Eintrittspreise)

1. Eröffnung der Sitzung (Bürgerm.)
2. Protokoll der letzten Sitzung angenommen
3. Tagesordnung beschlossen (vgl. Einladung!)
4. Hauptthema: Schwimmbad-Eintrittspreise

Frau Reinig (SPD) erklärt Problem:
– Schwimmbad ist seit Januar Eigenbetrieb, muss sich selbst finanzieren.
– Schulsport: Schüler sollen Eintritt bezahlen, wenn sie Sportunterr. haben.
– Unterr. soll aber in allen Fächern möglichst kostenlos sein.
– Schwimmunter. wichtig, soll nicht ausfallen.

Herr Neuhoff:
– Bad muss sich finanzieren und kann keine Ausnahmen machen.

Frau Sander (CDU):
– sieht Problem genauso wie Fr. Reinig ➡ Vorschlag: Stadt = Schulträger, soll
   Eintritt für Schüler übernehmen.

Herr Bandler (Freie Wähler):
– Borgdorfer Schule wird auch von Sch. aus Nachbarorten besucht, für die soll
   Borgdorf zahlen. ➡ wäre ungerecht

Frau Masholt (Bündnis 90/Die Grünen):
– auch ungerecht, ➡ manche Schüler zahlen, andere nicht

Herr Neuhoff:
– Antrag: Problem vertagen, bei nächster Sitzung Schulleiter
   (Herrn Rast) und Leiterin des Schwimmbads (Fr. Kashans) als Sachver-
   ständige einladen

Abstimmung: 15 Stimmen für Antrag, 2 Enthaltungen […]

Berufsorientierung: Protokolle schreiben

Schreiben

1 Arbeite die Mitschrift von Seite 78 in ein Verlaufsprotokoll um. Beachte dazu die folgende Übersicht:

→ **Seite 75,** Beispiel für Verlaufsprotokoll und Ergebnisprotokoll

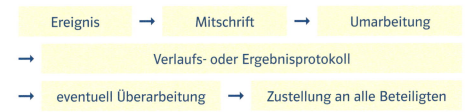

→ **Seite 228,** Arbeitstechnik „Ein Protokoll schreiben"

Folgende Formulierungen kannst du dabei nutzen:

- Frau X informierte die Versammlung darüber, wie …
- Herr Y bat die Anwesenden, …
- Es wurde hervorgehoben/betont/erklärt/dargelegt/darüber informiert, dass …
- Die Rednerin erwähnte/wies darauf hin, wie …
- Ein Teilnehmer erkundigte sich, ob …
- Auf Nachfrage wurde erläutert, wie künftig …
- Der zweite Tagesordnungspunkt wurde aufgerufen/abgeschlossen.
- Herr N. stellte folgenden Antrag: „…"
- Bei der Aussprache zu diesem TOP[1] wurde kontrovers diskutiert. Herr B. vertrat den Standpunkt, … Dem wurde mit dem Argument widersprochen, …

[1] TOP: Tagesordnungspunkt

2 Vergleicht eure Verlaufsprotokolle in der Klasse. Stellt fest, ob sie verständlich sind und ob die einzelnen Abschnitte durch passende Überleitungen verbunden wurden.

3 EXTRA Wählt ein Ereignis aus, das alle protokollieren sollen, z. B. eine Gemeinderatssitzung, eine Gerichtsverhandlung oder eine geeignete Fernsehsendung (z. B. eine Bundestagssitzung).

- Organisiert die Teilnahme an der gewünschten Veranstaltung oder das gemeinsame Anschauen der gewählten Fernsehsendung.
- Fertigt zunächst Mitschriften an. Verfasst dann auf der Grundlage eurer Mitschriften entsprechende Protokolle.

4 EXTRA Vergleicht eure Protokolle. Stellt fest, ob alle dieselben Sachverhalte festgehalten haben oder ob es Unterschiede gibt. Klärt auch, warum es zu unterschiedlichen Aussagen kommen kann.

Berufsorientierung: Protokolle schreiben

Eine lebhafte Diskussion

Auf der letzten Klassenfahrt der Klasse 10 b gab es Verstöße gegen das Rauch- und Alkoholverbot, das fester Bestandteil der Schulordnung ist. Deshalb wurde in der Klasse über dieses Thema diskutiert.

1 Hier findest du einen Ausschnitt aus einer Schulordnung. Lies die einzelnen Punkte durch. Stelle fest, für wen und wo das Rauch- und Alkoholverbot gilt.

[…]

9. Das Rauchen und der Konsum alkoholischer Getränke sind im Schulgebäude und auf dem Schulgelände während schulischer Veranstaltungen sowie bei Schulveranstaltungen außerhalb der Schule verboten.

10. Die Schule entwickelt unter Einbeziehung der Schülerschaft und der Erziehungsberechtigten ein Präventionskonzept mit dem Ziel, die heutige und zukünftige Generation vor den gesundheitlichen, gesellschaftlichen, umweltrelevanten und wirtschaftlichen Folgen des Tabak- und Alkoholkonsums sowie des Passivrauchens zu schützen.

11. Das Präventionskonzept ist jährlich neu zu beschließen.

12. Im Einzelfall sind von dem Verbot alkoholischer Getränke Ausnahmen zulässig. Eine Befreiung der Schülerinnen und Schüler von dem Verbot ist nur zulässig bei Schülerinnen und Schülern, die das 16. Lebensjahr vollendet haben. Die Schulleiterin oder der Schulleiter sowie die Aufsicht führende Lehrkraft kann bei besonderen Schulveranstaltungen außerhalb der Schule (z. B. Schulentlassungsfeiern, Jubiläen usw.) in eingeschränktem Maße von dem Verbot befreien. In diesen Fällen ist allerdings die Zustimmung der jeweiligen Klassenelternschaften erforderlich.

[…]

2 Viele Diskussionsbeiträge waren lebhaft und nicht immer sachlich. Lies den folgenden Diskussionsausschnitt.

Tilo Also, unsere Schulordnung ist eine reine Sammlung von Verboten, alles wird einem vorgeschrieben, zum …! Als ob dadurch etwas verhindert werden könnte!

Lydia Typisch mal wieder, machen einen Wind, als ob jemand ein Verbrechen begeht, wenn er mal 'ne Zigarette raucht! Sollen sich um andere Dinge kümmern!

Elena Da hast du Recht.

Schreiben

EXTRA

Pascal Endlich kriegen die blöden Raucher mal eins auf den Deckel!

John Ha, ha, ha, du traust dich ja nur nicht zu rauchen, weil du Ärger mit
10 deinen Alten kriegst.

Tilo Und das mit dem Alkohol, wer hat das eigentlich beschlossen! Stellt euch
vor, bei unserer Abschlussfete nicht mal ein Bier, das ist doch voll daneben,
oder? Ich jedenfalls genehmige mir was, wenn die Prüfung vorbei ist!

Ilka *(Diskussionsleiterin)* Ich finde, wir reden hier ziemlich unsachlich. Man
15 kann das Problem doch auch in Ruhe angehen und vernünftig diskutieren.

Marie Finde ich auch. Schließlich kann man ja nicht übersehen, dass Chris
nach der Trinkorgie auf der Klassenfahrt zwei Tage im Krankenhaus war!
Wozu muss man seinen Geburtstag so „begießen"? Ich finde schon, dass ein
absolutes Alkoholverbot, und zwar ohne jede Ausnahme, sinnvoll ist.

20 **Pascal** Also ich denke, auch so ein generelles Rauchverbot ist gar nicht so
schlecht. Es bringt die Raucher dazu, das Rauchen zu lassen und über ihre
Gesundheit nachzudenken. Außerdem werden Schüler davon abgehalten,
mit dem Rauchen anzufangen.

Lydia Glaubst du wirklich, dass die Raucher an unserer Schule wegen eines
25 solchen Rauchverbots aufhören zu rauchen? Die verlassen eher das Schulgelände und rauchen auf der anderen Straßenseite, wo die Schule keine
Macht – also das heißt, glaube ich, „Aufsichtspflicht" – mehr hat. Meine
Schwester in der Berufsschule zum Beispiel macht das jetzt auch so.

Elena Aber wir dürfen das Schulgelände doch noch gar nicht verlassen.

30 **Tilo** Sprechen wir nun hier über das Rauchen oder das Trinken? Wenn man
sich mal eine Zigarette reinzieht, ist das doch nicht zu vergleichen mit Alko-
holmissbrauch.

John Trotzdem, ich finde, man sollte nicht alles gleich so aufbauschen.

Pascal Naja, verboten ist beides.

35 **Marie** Ja, aber Rauch- und Alkoholverbot allein helfen noch nicht viel. Die
Schule müsste mehr aufklären über die gesundheitlichen Gefahren und so.

Elena Ja, es müsste im Unterricht auch mehr zur Vorbeugung getan werden
– also zur „Prävention", wie das heißt.

Lydia Finde ich auch. Wir haben ja auch einige Unbelehrbare; stimmt's,
40 John?

3 In einem Verlaufsprotokoll werden die Diskussionsäußerungen in der
richtigen Reihenfolge wiedergegeben. Dennoch muss der Protokollant oft
Wesentliches von Unwesentlichem unterscheiden. Gib die Äußerungen der
Diskussion, die du in dein Protokoll aufnehmen würdest, in indirekter Rede
wieder. So kannst du z. B. beginnen:

Die Diskussion war zu Beginn heftig und auch unsachlich. Tilo und Lydia
kritisierten, in der Schulordnung werde einem immer nur alles verboten …
Nachdem Ilka zu einer sachlicheren Diskussion aufgefordert hatte, …

Berufsorientierung: Protokolle schreiben

81

5 Wer schreibt heute Protokoll?

Direkt oder indirekt?

1 Stelle fest, worum es in dem folgenden Protokollausschnitt geht.
Schreibe danach alle redeeinleitenden Verben heraus, z. B.:
beteuerte, sagte, …

> **Aus dem Protokoll einer Mieterversammlung**
> […]
> – Herr Kaiser <u>beteuerte</u> zu Beginn, dass er die Sorge der Mieter we
>   gen der steigenden Mieten durchaus verstehe. Er <u>sagte</u>, das Problem
>   könne relativ einfach gelöst werden. Er schlug vor, dass die Mieter
>   ihre Wohnung von ihm kaufen und selbst Wohnungseigentümer wer
>   den könnten. Er überließe ihnen die Wohnung zu einem günstigen
>   Preis. Er ergänzte, dass sie auf diese Weise die monatlichen Mietzah
>   lungen sparen würden, über die sie sich beschwert hätten.
> – Frau Hoffmann bezeichnete dieses Angebot als eine Unverschämt
>   heit. Sie als alleinerziehende Mutter von zwei Kindern verfüge nicht
>   annähernd über entsprechende Mittel. Sie meinte, dass sie eine solche
>   feuchte und laute Wohnung außerdem niemals kaufen würde.
> – Herr Kaiser entgegnete, sie könne ja ausziehen, wenn ihr die Woh
>   nung nicht passe. Er fügte hinzu, dass er notfalls sogar die Umzugs
>   kosten übernähme.
> – Herr Lüttig stimmte Frau Hoffmann zu, dass das Angebot eine
>   Unverschämtheit sei. Im Namen von vier Mietern erklärte er, keines
>   falls darauf einzugehen. Er bezweifelte, dass es sich um ein seriöses
>   Angebot handle, und sprach von einem Erpressungsversuch.
> – Frau Sauer betonte, dass sie sich als Studentin unter keinen Kondi
>   tionen[1] eine Eigentumswohnung leisten könne. Sie erinnerte daran,
>   dass Herr Kaiser erst kürzlich eine umfassende Wohnungsreno
>   vierung versprochen hätte.
> – Herr Kaiser bestätigte, dass er das ursprünglich auch vorgehabt
>   hätte, nun aber andere Pläne habe […]

[1] Kondition, die:
hier: Bedingung

→ **Seite 214 f.,**
indirekte Rede

2 Tragt zusammen, wie in diesem Protokoll jeweils die wörtliche/direkte
Rede wiedergegeben wurde. Formuliert gemeinsam eine Regel.

3 Formuliere die Diskussionsbeiträge auf Seite 83 in indirekte Rede um, z. B.:
*Frau Schneider versicherte, sie interessiere einzig und allein, wie viel so eine
Wohnung kosten solle.*

Verwende dabei möglichst unterschiedliche redeeinleitende Wörter oder
Wortgruppen (siehe auf Seite 83 oben).

82   Wiederholung und Vertiefung: Indirekte Rede; Konjunktiv I und II

Rechtschreibung, Grammatik, Sprachbetrachtung

Redeeinleitende Wörter und Wortgruppen

anführen, argumentieren, ausführen, zu bedenken geben, begründen, behaupten, berichten, bestreiten, bestätigen, beteuern, betonen, bezweifeln, entgegnen, (daran) erinnern, erwähnen, erwidern, feststellen, (darauf) hinweisen, informieren, kritisieren, die Meinung vertreten, (nicht) der Meinung sein, mitteilen, sagen, unterstreichen, versichern, vorbringen, vorschlagen, widersprechen, wiederholen, zustimmen

1. Frau Schneider: „Mich interessiert hier einzig und allein, wie viel so eine Wohnung denn kosten soll."

2. Herr Starke: „Vorsicht, Vorsicht, Herrschaften! In diesem Zustand sind die Wohnungen absolut nichts mehr wert!"

5 **3. Herr Kaiser:** „Ich bin bereit, mit dem Preis noch weiter nach unten zu gehen. So billige Eigentumswohnungen werden Sie nirgends sonst angeboten bekommen!"

4. Frau Liebetrau: „Ich verstehe das nicht. Müssen denn nicht zuerst Experten das Haus untersuchen? Man weiß ja nicht, ob es nicht morgen schon

10 einstürzt."

5. Frau Özil: „Da haben Sie völlig recht. Erst müssen die Fachleute ran. Schließlich will ich ganz sicher sein, dass ich keine Schrottimmobilie kaufe!"

6. Herr Schmitt: „Für mich steht fest, das Haus muss erst vollkommen saniert werden. Alles andere ist indiskutabel."

15 **7. Herr Kaiser:** „Liebe Leute, Sie stellen sich das so einfach vor. So einfach ist das aber nicht mit dem Renovieren. Von Ihren niedrigen Mieten lässt sich doch ein Haus nicht renovieren!"

8. Herr Starke: „Herrschaften! Wie lange wollen wir denn hier noch sitzen und diskutieren?! Das hat doch keinen Zweck. Ich glaube nicht, dass wir

20 heute zu einem brauchbaren Ergebnis gelangen. Mir ist meine Zeit zu schade für so ein sinnloses Geschwätz. Lasst uns jetzt Schluss machen!"

9. Frau Hoffmann: „Was heißt hier Schluss machen? Und was ist mit den Schäden in der Wohnung? Deswegen sind wir doch eigentlich hier!"

> **Merke**
>
> **Redewiedergabe**
> So kann man formulieren, wenn man die Rede anderer wiedergeben will:
> 1. mit einem dass-Satz: *Frau Hoffmann sagte, dass ...* (indirekte Rede)
> 2. mit Wörtern wie „laut" und „nach":
>   *Laut Herrn Kaiser ist das Renovieren ...*
>   *Nach Frau Özil müssen erst Fachleute ...*
> 3. mit dem Konjunktiv I: *Er erklärte, er habe das nicht gewollt.*
>   mit dem Konjunktiv II: *Sie meinte, sie hätten das nicht gewollt.*
> 4. mit „würde": *Er sagte, die Handwerker würden bald kommen.*

→ **Seite 213, 236 f.,** Konjunktivformen der Verben

→ **Seite 214 f.,** direkte/wörtliche Rede

Wiederholung und Vertiefung: Indirekte Rede; Konjunktiv I und II

5 Wer schreibt heute Protokoll?

Wie etwas gesagt wird

1 Übernimm die folgende Tabelle in dein Heft. Ordne mindestens zwei Beispiele aus der Wortsammlung unten in jede Zeile ein. Manche Wörter kannst du auch mehrfach zuordnen.

→ **Seite 208,**
Wortfamilien,
Wortfelder

Wie etwas gesagt wird	redeeinleitende Wörter und Wortgruppen
besonders laut	schreien, …
besonders leise	flüstern, …
undeutlich, unverständlich	brummen, …
unglaubwürdig	lügen, …
reagierend	antworten, …
mehrfach	bestehen (darauf), …
Behauptung, Betonung	versichern, …
Bitte	flehen, …
Drohung	androhen, …
Ablehnung, Kritik	bezweifeln, …
längere Äußerung	erzählen, …
Frage	sich erkundigen, …
neutrale Äußerung	sagen, meinen, …

Redeeinleitende Wörter und Wortgruppen
androhen, anführen, antworten, argumentieren, ausführen, zu bedenken geben, begründen, (darauf) beharren, behaupten, berichten, beschreiben, beschwören, bestätigen, bestreiten, beteuern, betonen, betteln, bezweifeln, bitten, brüllen, brummen, darlegen, drohen, entgegnen, (daran) erinnern, (sich) erkundigen, erwähnen, erwidern, erzählen, feststellen, flehen, flüstern, hauchen, hinweisen (darauf), informieren, jemanden in Kenntnis setzen, krächzen, kritisieren, leugnen, lügen, mekkern, meinen, die Meinung vertreten, (nicht) der Meinung sein, mitteilen, murmeln, nörgeln, rufen, sagen, schildern, schreien, sprechen, zur Sprache bringen, übertreiben, tadeln, unterstreichen, untertreiben, versichern, vorbringen, vorgeben, vorschlagen, widersprechen, wiederholen, wispern, (jemanden etwas) wissen lassen, zugeben, zustimmen

Rechtschreibung, Grammatik, Sprachbetrachtung

TRAINING

2 Bilde mit den folgenden Satzanfängen Sätze und schreibe sie auf.

1. Er gibt zu, …
2. Sie wiederholt, …
3. Er betont, …
4. Sie kritisiert, …
5. Er schlägt vor, …
6. Sie besteht darauf, …
7. Er erinnert daran, …
8. Sie erkundigt sich danach, …
9. Er weist darauf hin, …
10. Sie informiert darüber, …

→ **Seite 214 f.,** indirekte Rede

→ **Seite 213, 236 f.,** Konjunktivformen der Verben

3 Für ein Protokoll wurden die folgenden Sätze notiert. Verändere sie so, dass sie nicht immer mit „sagen" beginnen. Nutze dazu die Verben auf den Kärtchen, z. B.:
1. Linda sagte, die Verstärkeranlage sei zu laut. → Linda meinte, die …

| bestreiten | bezweifeln | drohen | ergänzen | meinen |
| widersprechen | wiederholen | feststellen | wissen wollen |

Diskussion über die Abschlussfeier
1. Linda **sagte**, die Verstärkeranlage sei zu laut.
2. Viktor **sagte**, dass es wahrscheinlich nicht gut sei, wenn Frau Tulpenstiel ihre Rede gleich am Anfang hielte.
3. Kelmend **sagte**, er würde nicht auftreten, wenn keine vernünftige Anlage da wäre.
4. Anita **sagte**, dass alle Vorbereitungen damit abgeschlossen wären.
5. Olga **sagte**, sie interessiere noch, wie viele Gäste insgesamt kämen.
6. Moritz **sagte**, er sei nicht mit der Behauptung einverstanden, dass die Arbeitsgruppe schlampig gearbeitet hätte.
7. Attila **sagte**, nach wie vor halte er den Saal in der „Waldschänke" nicht für geeignet.
8. Astrid **sagte**, dass der Saal in der „Waldschänke" auch von der Lage her ungünstig sei.

→ **Seite 208,** Wortfamilien, Wortfelder

Wiederholung und Vertiefung: Wortfeld „sagen"

6 Fantasie und Wirklichkeit

Online-Link
Hörverstehen
313176-0086

→ **Seite 242,**
Autorenverzeichnis:
Hermann Kasack

→ **Seite 231,**
Arbeitstechnik
„Einen erzählenden
Text erschließen"

→ **Seite 89,**
Erzählperspektive,
Erzählverhalten

1 Lies die folgende Kurzgeschichte. Schreibe anschließend in wenigen Sätzen auf, worum es deiner Ansicht nach in der Geschichte geht.

Hermann Kasack
Mechanischer Doppelgänger

„Ein Herr wünscht Sie zu sprechen", meldete die Sekretärin. Ich las auf der Besuchskarte: Tobias Hull, B.A. – Keine Vorstellung.
Auf meinen fragenden Blick sagte sie: „Ein Herr in den besten Jahren, elegant." Anscheinend ein Ausländer. Immer diese Störungen. Irgendein
5 Vertreter. Oder? Was weiß man. „Ich lasse bitten."
Herr Tobias Hull tritt mit vorsichtigen Schritten ein. Er setzt Fuß vor Fuß, als fürchte er zu stark aufzutreten. Ob er leidend ist? Ich schätze sein Alter auf Mitte Vierzig. Eine große Freundlichkeit strahlt aus seinem glatt rasierten, nicht unsympathischen Gesicht. Sehr korrekt angezogen, beinahe zu exakt in
10 seinen verbindlichen Bewegungen, scheint mir. Nun, man wird sehen. Mit der Hand zum Sessel weisend: „Was verschafft mir die Ehre Ihres Besuches?"
„Oh! Ich wollte mich Ihnen nur vorstellen."
„Sehr angenehm", sage ich.
„Oh! Sie verstehen!" Dieses mit einem leicht jaulenden Ton vorgebrachte
15 „Oh!" ist unnachahmlich. Seine müde, etwas monotone Stimme hat einen kleinen fremden Akzent. Er sieht mich mit freundlicher Erwartung an.
Über das Benehmen meines Besuches doch ein wenig erstaunt, wiederhole ich: „Sehr angenehm. Aber darf ich Sie fragen –"
„Oh! Bitte fragen Sie mich nicht." Und dann beginnt er seine Geschichte zu
20 erzählen, die er anscheinend schon hundertmal vorgebracht hat: „Ich bin nämlich ausgestopft!"
„Aber – erlauben Sie mal!"
Das eigentümliche Wesen, das mich überlegen fixiert, beachtet den Einwurf nicht, sondern fährt unbeirrt fort:
25 „Erschrecken Sie nicht, weil ich eine Art Automat bin, eine Maschine in Menschenform, ein Ersatz sozusagen. Mr. Tobias Hull existiert wirklich. Der Chef einer großen Fabrik zur Herstellung von mechanischen Doppelgängern. Ich bin, wie sagt man, seine Projektion, ja, Agent in Propaganda. Ich kann Ihnen natürlich meinen Mechanismus im Einzelnen nicht erklä-
30 ren – Sie verstehen: Fabrikationsgeheimnis! Aber wenn Sie daran denken, dass die meisten Menschen heutzutage ganz schablonenmäßig leben, handeln und denken, dann werden Sie sofort begreifen, worauf sich

86   Eine Kurzgeschichte analysieren; Ergebnisse darlegen

unsere Theorie gründet! Herz und Verstand werden bei uns ausgeschaltet. Sie sind es ja, die im Leben so oft die störenden Komplikationen hervor-
35 rufen. Bei uns ersetzt die Routine alles. Sehr einleuchtend, nicht wahr?"
Ich nicke verstört.
„Oh! Mein Inneres ist ein System elektrischer Ströme, automatischer Hebel, großartig! Eine Antennenkonstruktion, die auf die feinsten Schwingungen reagiert. Sie lässt mich alle Funktionen eines menschlichen
40 Wesens verrichten, ja, in gewisser Weise noch darüber hinaus. Sie sehen selbst, wie gut ich funktioniere."
Zweifelnd, misstrauisch betrachte ich das seltsame Geschöpf.
„Unmöglich!", sage ich. „Ein Taschenspielertrick. Sehr apart. Indessen –"
„Oh! Ich kann mich in sieben Sprachen verständigen. Wenn ich zum
45 Beispiel den obersten Knopf meiner Weste drehe, so spreche ich fließend englisch, und wenn ich den nächsten Knopf berühre, so spreche ich französisch, und wenn ich –"
„Das ist wirklich erstaunlich!"
„Oh! In gewisser Weise; vor allem aber angenehm. Wünschen Sie ein
50 Gespräch über das Wetter, über Film, über Sport? Über Politik oder abstrakte Malerei? Fast alle Themen und Vokabeln des modernen Menschen sind mir vorrätig. Auch eine Spule von Gemeinplätzen lässt sich abrollen. Alles sinnreich, komfortabel und praktisch. Wie angenehm wird es für Sie sein, wenn Sie sich erst einen mechanischen Doppelgänger
55 von sich halten – oder besser, wenn Sie gleich zwei Exemplare von sich zur Verfügung haben. Sie könnten gleichzeitig verschiedene Dienstreisen unternehmen, an mehreren Tagungen teilnehmen, überall gesehen werden und selber obendrein ruhig zu Hause sitzen. Sie haben einen Stellvertreter Ihres Ich, der Ihre Geschäfte wahrscheinlich besser erledigt als Sie selbst.
60 Sie werden das Doppelte verdienen und können Ihre eigene Person vor vielen Überflüssigkeiten des Lebens bewahren. Ihr Wesen ist vervielfältigt. Sie können sogar sterben, ohne dass die Welt etwas davon merkt."
„Aber dann werden die Menschen allmählich ganz überflüssig."

6　Fantasie und Wirklichkeit

„Oh nein! Denn wir Automaten be-
65　ziehen unsere Existenz ganz aus der
Begegnung mit wirklichen Menschen.
Zwei Automatenmenschen können
mit sich selber nur wenig anfangen."
„Fantastisch! Man wird also bald nicht
70　mehr wissen, ob man einen Menschen
oder einen Automaten vor sich hat."
„Oh!", zischte es an mein Ohr. „Das
letzte Geheimnis der Natur werden
wir nie ergründen. – Darf ich also ein
75　Duplikat von Ihnen herstellen lassen?
Sie sind nicht besonders kompliziert
zusammengesetzt, das ist günstig.
Das hineingesteckte Kapital wird sich
bestimmt rentieren. Morgen wird ein
80　Herr kommen und Maß nehmen."
„Die Probe Ihrer Existenz war in der Tat verblüffend, jedoch" – mir fehlten
die Worte und ich tat so, als ob ich überlegte.
„Jedoch, sagen Sie nur noch: Der Herr, der morgen kommen soll, ist das
nun ein Automat oder ein richtiger Mensch?"
85　„Ich nehme an, noch ein richtiger Mensch. Aber es bliebe sich gleich."
Mr. Tobias Hull war fort. Von Einbildung kann keine Rede sein, die Sekretärin ist mein Zeuge. Aber es muss diesem Gentleman-Geschöpf unmittelbar
nach seinem Besuch etwas zugestoßen sein, denn weder am nächsten noch
an einem späteren Tag kam jemand, um für meinen Doppelgänger Maß zu
90　nehmen. Doch hoffe ich wenigstens durch diese Zeilen die Aufmerksamkeit
der Tobias-Hull-Gesellschaft wieder auf meine Person zu lenken.
Denn eines weiß ich seit jener Unterhaltung gewiss: Ich bin inzwischen
vielen Menschen begegnet, im Theater und im Kino, bei Versammlun-
gen und auf Gesellschaften, im Klub und beim Stammtisch, die bestimmt
95　nicht sie selber waren, sondern bereits ihre mechanischen Doppelgänger.

2 Lies den Text nun abschnittsweise. Kläre unbekannte Wörter und
notiere wesentliche Informationen. Verfasse danach eine kurze Inhaltsangabe mithilfe deiner Notizen.

→ **Seite 248,**
Textartenverzeichnis:
Kurzgeschichte

3 Tauscht euch darüber aus, woran man erkennen kann, dass es sich bei
dem Text um eine Kurzgeschichte handelt.

→ **Seite 231 f.,**
Arbeitstechnik
„Einen erzählenden
Text erschließen"

4 Stelle fest, welche Erzählperspektive und welches Erzählverhalten der
Autor für seine Geschichte gewählt hat.

Schreiben

5 Analysiere die Kurzgeschichte. Beantworte dazu diese Fragen schriftlich:

1. Was kommt dem Ich-Erzähler an dem Verhalten des Besuchers eigenartig vor?
2. Auf welcher Theorie beruht die Geschäftsidee der Firma, die die mechanischen Doppelgänger herstellt (Zeile 31 bis 35)?
3. Was kann der Roboter besser als sein menschliches Vorbild?
4. Wie begründet der Besucher, dass man nicht zu befürchten braucht, der Mensch würde in einer automatisierten Welt überflüssig?
5. Welche Vorteile hätte es, sich mehrere Doppelgänger anzuschaffen?
6. Worin besteht deiner Meinung nach die gesellschaftskritische Absicht des Textes? Belege deine Meinung mit Zitaten aus dem Text.

→ **Seite 231 f.,**
Arbeitstechnik
„Einen erzählenden
Text erschließen"

6 Schreibe deine Erfahrungen und deine Meinung zu dem letzten Satz der Kurzgeschichte auf (Seite 88, Zeile 92 ff.).

→ **Seite 223,**
Rechtschreibregel
„Zeichensetzung
beim Zitieren"

7 Diskutiert, ob das Geschilderte im Zeitalter des Klonens Wirklichkeit werden könnte. Begründet eure Meinung.

8 Beende die folgenden Sätze:

1. Bei dem Text handelt es sich um eine ...
2. In der Geschichte geht es um ...
3. Die Geschichte wird aus der Sicht ... erzählt.
4. Die Geschichte wirft die Frage auf, ...
5. Eine besondere Wirkung geht von ... aus.
6. Die Absicht des Autors besteht meiner Meinung nach darin, ...
7. Der letzte Satz (Zeile 92 ff.) zeigt ...

9 EXTRA Fasse die Ergebnisse deiner Textanalyse schriftlich zusammen.

Merke

Erzählperspektive
Eine Geschichte kann entweder in der Ich-Form (der Erzähler ist dann zugleich eine Figur in der Geschichte) oder in der Er-/Sie-/Es-Form erzählt werden.
Das **Erzählverhalten** kann personal oder auktorial sein.
Personales Erzählen bedeutet, dass die Geschichte ganz aus der Perspektive einer Person erzählt wird. Der Erzähler weiß dann immer nur das, was die Person, aus deren Perspektive erzählt wird, wissen, wahrnehmen, vermuten oder fühlen kann.
Auktoriales Erzählen bedeutet, dass der Erzähler alles über das Geschehen weiß, dass er die Gefühle und Gedanken aller Figuren kennt.

Eine Kurzgeschichte analysieren; Ergebnisse darlegen   89

6 Fantasie und Wirklichkeit

Eine Provokation?

1 Lies die folgende Kurzgeschichte. Schreibe anschließend in wenigen Sätzen auf, worum es deiner Ansicht nach in der Geschichte geht.

Online-Link
Hörverstehen
313176-0090

→ **Seite 243,**
Autorenverzeichnis:
Helga M. Novak

→ **Seite 231f.,**
Arbeitstechnik
„Einen erzählenden
Text erschließen"

Helga M. Novak
Eis

Ein junger Mann geht durch eine Grünanlage. In einer Hand trägt er ein Eis. Er lutscht. Das Eis schmilzt. Das Eis rutscht an dem Stiel hin und
5 her. Der junge Mann lutscht heftig, er bleibt vor einer Bank stehen. Auf der Bank sitzt ein Herr und liest eine Zeitung.
Der junge Mann bleibt vor dem
10 Herrn stehen und lutscht.
Der Herr sieht von seiner Zeitung auf. Das Eis fällt in den Sand. Der junge Mann sagt, was denken Sie jetzt von mir?

15 Der Herr sagt erstaunt, ich? Von Ihnen? Gar nichts.
Der junge Mann zeigt auf das Eis und sagt, mir ist doch eben das Eis runtergefallen, haben Sie da nicht gedacht, so ein Trottel?
Der Herr sagt, aber nein. Das habe ich nicht gedacht. Es kann schließlich jedem einmal das Eis runterfallen.
20 Der junge Mann sagt, ach so, ich tue Ihnen leid. Sie brauchen mich nicht zu trösten. Sie denken wohl, ich kann mir kein zweites Eis kaufen.
Sie halten mich für einen Habenichts. Der Herr faltet seine Zeitung zusammen. Er sagt, junger Mann, warum regen Sie sich auf? Meinetwegen können Sie so viel Eis essen, wie Sie wollen. Machen Sie überhaupt, was Sie
25 wollen. Er faltet die Zeitung wieder auseinander.
Der junge Mann tritt von einem Fuß auf den anderen. Er sagt, das ist es eben. Ich mache, was ich will. Mich nageln Sie nicht fest. Ich mache genau, was ich will. Was sagen Sie dazu?
Der Herr liest wieder in der Zeitung.
30 Der junge Mann sagt laut, jetzt verachten Sie mich. Bloß, weil ich mache, was ich will. Ich bin kein Duckmäuser. Was denken Sie jetzt von mir?
Der Herr ist böse.
Er sagt, lassen Sie mich in Ruhe. Gehen Sie weiter. Ihre Mutter hätte Sie öfter verhauen sollen. Das denke ich jetzt von Ihnen.
35 Der junge Mann lächelt. Er sagt, da haben Sie Recht.

Schreiben

EXTRA

Der Herr steht auf und geht.

Der junge Mann läuft hinterher und hält ihn am Ärmel fest. Er sagt hastig, aber meine Mutter war ja viel zu weich. Glauben Sie mir, sie konnte mir nichts abschlagen. Wenn ich nach Hause kam, sagte sie zu mir, mein Prinz-
40 chen, du bist schon wieder so schmutzig. Ich sagte, die anderen haben nach mir geworfen. Darauf sie, du sollst dich deiner Haut wehren. Lass dir nicht alles gefallen. Dann ich, ich habe angefangen. Darauf sie, pfui, das hast du nicht nötig. Der Stärkere braucht nicht anzufangen. Dann ich, ich habe gar nicht angefangen. Die anderen haben gespuckt. Darauf sie, wenn du nicht
45 lernst, dich durchzusetzen, weiß ich nicht, was aus dir werden soll.

Stellen Sie sich vor, sie hat mich gefragt, was willst du denn mal werden, wenn du groß bist? Neger, habe ich gesagt. Darauf sie, wie ungezogen du wieder bist.

Der Herr hat sich losgemacht.
50 Der junge Mann ruft, da habe ich ihr was in den Tee getan. Was denken Sie jetzt?

2 Notiere, wie der Text auf dich wirkt. Stelle dabei besonders heraus, was ungewöhnlich an den Personen, der Handlung und auch an der Sprache ist.

→ **Seite 227,** Arbeitstechnik „Eine Inhaltsangabe schreiben"

3 Stelle Fragen an den Text und beantworte sie mit Textstellen. Gib an, in welchen Zeilen die Antworten stehen.

→ **Seite 223,** Rechtschreibregel „Zeichensetzung beim Zitieren"

4 Bestimme Erzählperspektive und Erzählverhalten.

5 Notiere, wie der „junge Mann" versucht, Aufmerksamkeit zu gewinnen. Ordne die jeweilige Reaktion des „Herrn" zu.

6 Analysiere den Text. Beantworte dazu die folgenden Fragen schriftlich:

→ **Seite 88,** Erzählperspektive, Erzählverhalten

1. Wie passt das Wort „provozieren" zu dem jungen Mann?
2. Warum wird der Herr böse?
3. Warum tut der junge Mann so ungewöhnliche Dinge?
4. Ist die Erziehung der Mutter am Verhalten des jungen Mannes Schuld?
5. Sagt der junge Mann am Schluss der Geschichte die Wahrheit bei seinem letzten Versuch, auf sich aufmerksam zu machen? Was spricht dafür, was spricht dagegen?
6. Welches Problem hat der junge Mann vermutlich?

7 Erläutere, warum es sich bei dem Text um eine Kurzgeschichte handelt.

→ **Seite 248,** Textartenverzeichnis: Kurzgeschichte

8 Fasse die Ergebnisse der Analyse aus den Aufgaben 1 bis 7 schriftlich zusammen.

Eine Kurzgeschichte analysieren; Ergebnisse darlegen

91

6 Fantasie und Wirklichkeit

Was wäre, wenn …

Online-Link
Hörverstehen
313176-0092

[1] Aus lizenzrechtlichen Gründen ist dieser Text nicht in reformierter Rechtschreibung gedruckt

→ **Seite 240,** Autorenverzeichnis: Bertolt Brecht

Bertolt Brecht
Wenn die Haifische Menschen wären[1] (1948)

„Wenn die Haifische Menschen wären", fragte Herrn K. die kleine Tochter seiner Wirtin, „wären sie dann netter zu den kleinen Fischen?" „Sicher", sagte er. „Wenn die Haifische Menschen wären, würden sie im Meer für die kleinen Fische gewaltige Kästen bauen lassen, mit allerhand Nahrung

5 drin, sowohl Pflanzen als auch Tierzeug. Sie würden sorgen, daß die Kästen immer frisches Wasser hätten, und sie würden überhaupt allerhand sanitäre Maßnahmen treffen. Wenn zum Beispiel ein Fischlein sich die Flosse verletzen würde, dann würde ihm sogleich ein Verband gemacht, damit es den Haifischen nicht wegstürbe vor der Zeit.

10 Damit die Fischlein nicht trübsinnig würden, gäbe es ab und zu große Wasserfeste; denn lustige Fischlein schmecken besser als trübsinnige. Es gäbe natürlich auch Schulen in den großen Kästen. In diesen Schulen würden die Fischlein lernen, wie man in den Rachen der Haifische schwimmt. Sie würden zum Beispiel Geographie brauchen, damit sie die großen Haifische,

15 die faul irgendwo liegen, finden könnten. Die Hauptsache wäre natürlich die moralische Ausbildung der Fischlein. Sie würden unterrichtet werden, daß es das Größte und Schönste sei, wenn ein Fischlein sich freudig aufopfert, und daß sie alle an die Haifische glauben müßten, vor allem, wenn sie sagten, sie würden für eine schöne Zukunft sorgen. Man würde den Fischlein

20 beibringen, daß diese Zukunft nur gesichert sei, wenn sie Gehorsam lernten. Vor allen niedrigen, materialistischen, egoistischen und marxistischen Neigungen müßten sich die Fischlein hüten und es sofort den Haifischen melden, wenn eines von ihnen solche Neigungen verriete. Wenn Haifische Menschen wären, würden sie natürlich auch untereinander Kriege führen,

25 um fremde Fischkästen und fremde Fischlein zu erobern. Die Kriege würden sie von ihren eigenen Fischlein führen lassen. Sie würden die Fischlein lehren, daß zwischen ihnen und den Fischlein der anderen Haifische ein riesiger Unterschied bestehe. Die Fischlein, würden sie verkünden, sind bekanntlich stumm, aber sie schweigen in ganz verschiedenen Sprachen und können

30 einander daher unmöglich verstehen. Jedem Fischlein, das im Krieg ein paar andere Fischlein, feindliche, in anderer Sprache schweigende Fischlein tötete, würden sie einen kleinen Orden aus Seetang anheften und den Titel Held verleihen.

Wenn die Haifische Menschen wären, gäbe es bei ihnen natürlich auch eine

35 Kunst. Es gäbe schöne Bilder, auf denen die Zähne der Haifische in prächtigen Farben, ihre Rachen als reine Lustgärten, in denen es sich prächtig tummeln läßt, dargestellt wären. Die Theater auf dem Meeresgrund würden zeigen, wie heldenmütige Fischlein begeistert in die Haifischrachen

Wiederholung und Vertiefung: Gebrauch des Konjunktivs

Rechtschreibung, Grammatik, Sprachbetrachtung

schwimmen, und die Musik wäre so schön, daß die Fischlein unter ihren
40 Klängen, die Kapelle voran, träumerisch, und in allerangenehmste Gedanken eingelullt, in die Haifischrachen strömten.
Auch eine Religion gäbe es da, wenn die Haifische Menschen wären. Sie
würde lehren, daß die Fischlein erst im Bauch der Haifische richtig zu
leben begännen. Übrigens würde es auch aufhören, wenn die Haifische
45 Menschen wären, daß alle Fischlein, wie es jetzt ist, gleich sind. Einige von
ihnen würden Ämter bekommen und über die anderen gesetzt werden.
Die ein wenig größeren dürften sogar die kleineren auffressen. Das wäre
für die Haifische nur angenehm, da sie dann selber öfter größere Brocken
zu fressen bekämen. Und die größern, Posten habenden Fischlein, würden
50 für die Ordnung unter den Fischlein sorgen, Lehrer, Offiziere, Ingenieure
im Kastenbau usw. werden. Kurz, es gäbe überhaupt erst eine Kultur im
Meer, wenn die Haifische Menschen wären."

1 Tragt zusammen, was die Haifische nach Ansicht des Herrn K. täten,
wenn sie Menschen wären.

2 EXTRA Stelle fest, woran man erkennt, dass die Geschichte von Bertolt
Brecht eine Parabel ist. Schreibe die Merkmale auf.

→ **Seite 249,**
Textartenverzeichnis:
Parabel

3 Erkläre, wie die Antwort des Herrn K. auf die Frage der kleinen Tochter
seiner Wirtin gemeint ist und warum sie so lang ausfällt. Notiere deine
Überlegungen und begründe sie.

→ **Seite 169,**
Ironie

4 Herr K. trägt seine Gedanken im Konjunktiv vor. Erkläre, warum er diese
Form wählt. Kopiere den Text und unterstreiche darin alle Konjunktivformen.

→ **Seite 213, 236 f.,**
Konjunktivformen
der Verben

5 Übernimm die folgende Tabelle in dein Heft und trage die Konjunktivformen ein. Schreibe gleiche Formen jeweils nur einmal auf.

Infinitiv	Indikativ Präteritum	Konjunktiv II
sein	waren	wären
werden	wurden	würden
...	...	...

6 EXTRA Der Konjunktiv II wird häufig auch als „Konjunktiv der unerfüllten
Bedingung" bezeichnet. Erkläre, was mit dieser Bezeichnung gemeint ist.
Suche Beispiele dafür aus dem Text heraus.

Wiederholung und Vertiefung: Gebrauch des Konjunktivs

6 Fantasie und Wirklichkeit

Er wäre, er hätte, er spräche, …

1 Gib den Inhalt des folgenden Gedichts mit eigenen Worten wieder.

Eugen Roth
Der eingebildete Kranke

Ein Griesgram denkt mit trüber List,
Er wäre krank. (was er nicht ist!)
Er müsste nun, mit viel Verdruss,
Ins Bett hinein. (was er nicht muss!)
5 Er hätte, spräch[1] der Doktor glatt,
Ein Darmgeschwür. (was er nicht hat!)
Er soll[2] verzichten jammervoll,
Aufs Rauchen ganz. (was er nicht soll!)
Und werde, heißt es unbeirrt,
10 Doch sterben dran. (was er nicht wird!)
Der Mensch könnt[3], als gesunder Mann,
Recht glücklich sein. (was er nicht kann!)
Möcht[4] glauben er nur einen Tag,
Dass ihm nichts fehlt. (was er nicht mag!)

Online-Link
Hörverstehen
313176-0094

→ Seite 243, Autorenverzeichnis: Eugen Roth

[1] eigentlich: spräche

[2] eigentlich: solle

[3] eigentlich: könnte

[4] eigentlich: möchte

→ Seite 231, Arbeitstechnik „Ein Gedicht erschließen"

2 Stelle fest, wie es in dem Gedicht gelingt, den Unterschied zwischen den Vorstellungen des eingebildeten Kranken und der Wirklichkeit deutlich zu machen.

3 Kopiere den Text oder lege eine Folie darüber. Unterstreiche dann alle Konjunktivformen.

→ Seite 213, 236 f., Konjunktivformen der Verben

4 Übernimm die folgende Tabelle in dein Heft und trage die Konjunktivformen nach dem folgenden Muster ein.

Infinitiv	Konjunktiv I	Indikativ Präteritum	Konjunktiv II
sein	er sei	er war	er wäre
müssen	…	er musste	er müsste
…	…	…	…

Wiederholung und Vertiefung: Gebrauch des Konjunktivs

Rechtschreibung, Grammatik, Sprachbetrachtung

TRAINING

5 Forme die direkte/wörtliche Rede in die indirekte Rede um. Verwende dazu den Konjunktiv, z. B.: 1. Ein Mensch sagte, er sei krank.

→ **Seite 213, 236 f.,** Konjunktivformen der Verben

1. Ein Mensch sagte: „Ich bin krank."
2. Ein Mensch klagte: „Ich bin zu bedauern!"
3. Ein Mensch jammerte: „Ich werde bald sterben."
4. Ein Mensch bekannte: „Ich habe nicht damit gerechnet."
5. Ein Mensch zweifelte: „Ich kann das nicht glauben."
6. Ein Mensch bedauerte: „Ich soll mit dem Rauchen aufhören."
7. Ein Mensch nahm sich vor: „Ich darf keinen Alkohol mehr trinken."

→ **Seite 214,** direkte/wörtliche Rede und indirekte Rede

6 Was wäre, wenn …? Stelle Fragen, z. B.:
1. Was wäre, wenn es keine Schulpflicht gäbe?

1. Es gibt keine Schulpflicht.
2. Alle Menschen sprechen dieselbe Sprache.
3. Bereits Kinder ab zehn Jahren dürfen den Führerschein erwerben.
4. Jeder besitzt sein eigenes Flugzeug.
5. In der Schule bekommt man für gute Leistungen Geld.
6. Die Schule beginnt täglich schon um fünf Uhr.
7. Jedem Schüler bleibt die Wahl der Fächer selbst überlassen.
8. In die Schule bringt jeder Schüler seinen eigenen Laptop mit.

7 Beantworte jede Frage aus Aufgabe 6 mit je einem Satz, z. B.:
1. Wenn es keine Schulpflicht gäbe, könnte jeder selbst entscheiden, ob, wann und wie lange er in die Schule ginge.

8 Beende die folgenden Sätze. Du kannst dazu die angegebenen Verben nutzen. Du musst sie aber in die richtige Form setzen, z. B.: 1. Ich hätte den Lauf sicher gewonnen, wenn ich nicht so lange krank gewesen wäre.

→ **Seite 217 f.,** zusammengesetzte Sätze

| haben | machen | sein | gehen | vorbereiten | wissen |

1. Ich hätte den Lauf sicher gewonnen, wenn ich nicht so lange krank ✎.
2. Ich wäre heute Morgen nicht so müde gewesen, wenn ich gestern Abend früher ins Bett ✎.
3. Ich hätte in Mathe eine Eins geschrieben, wenn ich mich besser auf die Arbeit ✎.
4. Ich hätte dir damals sofort darüber berichtet, wenn ich diese Information bereits ✎.
5. Ich hätte mich niemals für dieses Thema entschieden, wenn ich ✎, wie schwierig es ist.
6. Ich wäre nicht in solche Zeitnot geraten, wenn ich mir vorher einen Zeitplan ✎.

Wiederholung und Vertiefung: Gebrauch des Konjunktivs

7 Kuriose Begebenheiten

→ **Seite 248,**
Textartenverzeichnis:
Novelle

→ **Seite 240,**
Autorenverzeichnis:
Jeremias Gotthelf

Online-Link
Hörverstehen
313176-0096

1 Hier findest du einen Ausschnitt aus einer Novelle. Lies den Text und schreibe in wenigen Sätzen auf, worum es darin deiner Ansicht nach geht.

Jeremias Gotthelf (1797–1854)

Die schwarze Spinne

In der 1842 entstandenen Novelle „Die schwarze Spinne" verknüpft Gotthelf zwei Handlungen miteinander: Bei einer Kindstaufe in einem wohlhaben-den Bauernhaus fällt den Gästen ein schwarzer Fensterpfosten auf. Nach mehrmaligem Ausweichen erzählt der Großvater des Täuflings die Geschichte
5 *der schwarzen Spinne. Sie soll sich immer noch in diesem Fensterpfosten befinden. Gotthelf lässt den Großvater die sagenhaften Geschehnisse, die sich im 13. Jahrhundert im Schweizer Emmental ereignet und zu der Gefangen-nahme der schwarzen Spinne geführt haben, erzählen.*
Zur damaligen Zeit herrschten im Tal schreckliche Ritter, die die Bauern unter-
10 *drückten. Der schlimmste von ihnen war Hans von Stoffeln, der zuerst von den Bauern den Bau eines neuen Schlosses erzwang und anschließend von ihnen einen Schattengang[1] von hundert ausgewachsenen Buchen innerhalb eines Monats verlangte. Die Bauern waren verzweifelt, da sie nicht wussten, wie sie dieser Forderung nachkommen sollten. Als der Teufel in der Gestalt eines dür-*
15 *ren, grünen Jägersmannes mit schwarzem Gesicht und rotem Bärtchen ihnen Hilfe anbot, wenn sie ihm ein ungetauftes Kind überließen, flohen sie vor ihm.*

[...] Nur Christine, die Lindauerin, konnte nicht fliehen; sie erfuhr es, wie man den Teufel leibhaftig kriegt, wenn man ihn an die Wand male. Sie blieb stehen wie gebannt, musste schauen die rote Feder am Barett[2] und wie das
20 rote Bärtchen lustig auf- und niederging im schwarzen Gesichte. Gellend lachte der Grüne den Männern nach, aber gegen Christine machte er ein zärtlich Gesicht und fasste mit höflicher Gebärde[3] ihre Hand. Christine wollte sie wegziehen, aber sie entrann dem Grünen nicht mehr; es war ihr, als zische Fleisch zwischen glühenden Zangen. Und schöne Worte begann er
25 zu reden, und zu den Worten zwitzerte[4] lüstern[5] sein rot Bärtchen auf und ab. So ein schön Weibchen habe er lange nicht gesehen, sagte er, das Herz la-che ihm im Leibe; zudem habe er sie gerne mutig, und gerade die seien ihm die liebsten, welche stehenbleiben durften, wenn die Männer davonliefen. Wie er so redete, kam Christinen der Grüne immer weniger schreckhaft vor.
30 Mit dem sei doch noch zu reden, dachte sie, und sie wüsste nicht, warum davonlaufen, sie hätte schon viel Wüstere gesehen. Der Gedanke kam ihr

[1] Schattengang, der: Allee

[2] Barett, das: flache Kopf-bedeckung, Hut

[3] Gebärde, die: Körper-bewegung, die etwas ausdrücken soll

[4] zwitzerte: sprang
[5] lüstern: gierig

Lesen und Literatur – Umgang mit Texten und Medien

immer mehr: mit dem ließe sich etwas machen, und wenn man recht mit ihm zu reden wüsste, so täte er einem wohl einen Gefallen, oder am Ende könnte man ihn übertölpeln wie die andern Männer auch. Er wüsste gar
35 nicht, fuhr der Grüne fort, warum man sich so vor ihm scheue; er meine es doch so gut mit allen Menschen, und wenn man so grob gegen ihn sei, so müsse man sich nicht wundern, wenn er den Leuten nicht immer täte, was ihnen am liebsten wäre. Da fasste sich Christine ein Herz und antwortete: Er erschrecke aber die Leute auch, dass es schrecklich wäre. Warum habe er
40 ein ungetauft Kind verlangt, er hätte doch von einem andern Lohn reden können, das komme den Leuten gar verdächtig vor; ein Kind sei immer ein Mensch, und ungetauft eins aus den Händen geben, das werde kein Christ tun. „Das ist mein Lohn, an den ich gewohnt bin, und um anderen fahre ich nicht, und was frägt man doch so einem Kinde nach, das noch
45 niemand kennt! So jung gibt man sie am liebsten weg, hat man doch noch keine Freude an ihnen gehabt und keine Mühe mit ihnen. Ich aber habe sie je jünger, je lieber; je früher ich ein Kind erziehen kann auf meine Manier[6], um so weiter bringe ich es, dazu habe ich aber das Taufen gar nicht nötig und will es nicht." Da sah Christine wohl, dass er mit keinem anderen Lohn
50 sich werde begnügen wollen; aber es wuchs in ihr immer mehr der Gedanke: Das wäre doch der Einzige, der nicht zu betrügen wäre!
Darum sagte sie: Wenn aber einer etwas verdienen wolle, so müsste er sich mit dem Lohne begnügen, den man ihm geben könne; sie aber hätten gegenwärtig in keinem Hause ein ungetauft Kind, und in Monatsfrist gäbe
55 es keins, und in dieser Zeit müssten die Buchen geliefert sein. Da schwänzelte gar höflich der Grüne und sagte: „Ich begehre das Kind ja nicht zum Voraus. Sobald man mir verspricht, das erste zu liefern ungetauft, welches geboren wird, so bin ich schon zufrieden." Das gefiel Christine gar wohl. Sie wusste, dass es in geraumer Zeit kein Kind geben werde in ihrer Herren
60 Gebiet. Wenn nun einmal der Grüne sein Versprechen gehalten und die Buchen gepflanzt seien, so brauche man ihm gar nichts mehr zu geben, weder ein Kind noch was anderes; man lasse Messen lesen zu Schutz und Trutz[7] und lache tapfer den Grünen aus, so dachte Christine.
Sie dankte daher schon ganz herzhaft für das gute Anerbieten und sagte:
65 Es sei zu bedenken, und sie wolle mit den Männern darüber reden. „Ja", sagte der Grüne, „da ist gar nichts mehr weder zu denken noch zu reden. Für heute habe ich euch bestellt, und jetzt will ich den Bescheid; ich habe noch an gar vielen Orten zu tun und bin nicht bloß wegen euch da. Du musst mir zu- oder absagen, nachher will ich von dem ganzen Handel
70 nichts mehr wissen." Christine wollte die Sache verdrehen, denn sie nahm sie nicht gerne auf sich, sie wäre sogar gerne zärtlich geworden, um Stündigung[8] zu erhalten; allein der Grüne war nicht aufgelegt, wankte nicht, „jetzt oder nie", sagte er. Sobald aber der Handel geschlossen sei um ein einzig Kind, so wolle er in jeder Nacht so viel Buchen auf Bärhegen[9]

[6] Manier, die: Art und Weise

[7] Trutz, der: Gegenwehr

[8] Stündigung, die: Aufschub

[9] Bärhegen: schroffer Berg, auf dem das Schloss steht, hier sollen auch die Buchen gepflanzt werden

Wiederholung und Vertiefung: Erzählende Texte (Novelle und Erzählung) erschließen

7 Kuriose Begebenheiten

[1] Kirchstalden: steiler Kirchweg

führen, als man ihm vor Mitternacht unten an den Kirchstalden[1] liefere, dort wollte er sie in Empfang nehmen. „Nun, schöne Frau, bedenke dich nicht", sagte der Grüne und klopfte Christine holdselig auf die Wange. Da klopfte doch ihr Herz, sie hätte lieber die Männer hineingestoßen, um hintendrein sie schuld geben zu können. Aber die Zeit drängte, kein Mann war da als Sündenbock, und der Glaube verließ sie nicht, dass sie listiger als der Grüne sei und wohl ein Einfall kommen werde, ihn mit langer Nase abzuspeisen. Darum sagte Christine: Sie für ihre Person wolle zugesagt haben; wenn aber dann später die Männer nicht wollten, so vermöchte[2] sie sich dessen nicht, und er solle es sie nicht entgelten lassen. Mit dem Versprechen, zu tun, was sie könne, sei er hinlänglich zufrieden, sagte der Grüne. Jetzt schauderte es Christine doch an Leib und Seele; jetzt, meinte sie, komme der schreckliche Augenblick, wo sie mit Blut von ihrem Blute dem Grünen den Akkord[3] unterschreiben müsse. Aber der Grüne machte es viel leichtlicher und sagte: Von hübschen Weibern begehre er nie eine Unterschrift, mit einem Kuss sei er zufrieden. Somit spitzte er seinen Mund gegen Christines Gesicht, und Christine konnte nicht fliehen, war wiederum wie gebannt, steif und starr.

[2] sie vermöchte sich dessen nicht: sie könne nichts dafür

[3] Akkord, der: hier: Vertrag

Da berührte der spitzige Mund Christines Gesicht, und ihr war, als ob von spitzigem Eisen aus Feuer durch Mark und Bein fahre, durch Leib und Seele; und ein gelber Blitz fuhr zwischen ihnen durch und zeigte Christine freudig verzerrt des Grünen teuflisch Gesicht, und ein Donner fuhr über sie, als ob der Himmel zersprungen wäre.

Verschwunden war der Grüne, und Christine stund wie versteinert, als ob tief in den Boden hinunter ihre Füße Wurzeln getrieben hätten in jenem schrecklichen Augenblick. Endlich war sie ihrer Glieder wieder mächtig, aber im Gemüte brauste und sauste es ihr, als ob ein mächtiges Wasser seine Fluten wälze über turmhohen Felsen hinunter in schwarzen Schlund. Wie man im Donner der Wasser die eigene Stimme nicht hört, so ward Christine der eigenen Gedanken sich nicht bewusst im Tosen, das donnerte in ihrem Gemüte. Unwillkürlich floh sie den Berg hinan, und immer glühender fühlte sie ein Brennen an ihrer Wange, da wo des Grünen Mund sie berührt; sie rieb, sie wusch, aber der Brand nahm nicht ab. [...]

Wiederholung und Vertiefung: Erzählende Texte (Novelle und Erzählung) erschließen

Lesen und Literatur – Umgang mit Texten und Medien

2 Gib den Inhalt des Textes mit eigenen Worten wieder.

3 Formuliere in Stichworten, wie die Geschichte weitergehen könnte. Tausche dich mit deinen Mitschülern darüber aus.

4 Der Teufel besiegelt Christines Versprechen mit einem Kuss. Dabei ist ihr „als ob von spitzigem Eisen aus Feuer durch Mark und Bein fahre, durch Leib und Seele" (Zeile 93 ff.). Tragt zusammen, welche Gedanken Christine in diesem Augenblick wohl durch den Kopf gegangen sein könnten.

5 Christine verspricht dem Teufel ein ungetauftes Kind. Diskutiert, wie ihr Verhalten zu bewerten ist. Begründet eure Meinung und belegt sie mit entsprechenden Stellen aus dem Text.

6 Nach dem Gespräch mit dem Teufel kehrt Christine ins Dorf zurück. Schreibe auf, was sie wohl den Bauern über die Begegnung mit dem Grünen erzählen wird.

7 Nachdem der Grüne Christine verlassen hat, kehrt sie ins Dorf zurück. Lies, was sie dort erlebt hat.

→ **Seite 231 f.,** Arbeitstechnik „Einen erzählenden Text erschließen"

[…] Plötzlich ging die Türe auf, und Christine stand mitten unter ihnen, ihre Haare trieften, rot waren ihre Wangen, und ihre Augen brannten noch dunkler als sonst in unheimlichem Feuer. Eine Teilnahme, deren Christine sonst nicht gewohnt war, empfing sie, und jeder wollte ihr erzählen, was man
5 gedacht und gesagt und wie man Kummer um sie gehabt. Christine sah bald, was alles zu bedeuten hatte, und verbarg ihre innere Glut hinter spöttischen Worten, warf den Männern ihre übereilte Flucht vor und wie keiner um ein arm Weib sich bekümmert und keiner sich umgesehen, was der Grüne mit ihr beginne. Da brach der Sturm der Neugierde aus, und jeder wollte zuerst
10 wissen, was nun der Grüne mit ihr angefangen, und die Hintersten hoben sich hochauf, um besser zu hören und die Frau näher zu sehen, die dem Grünen so nahe gestanden. Sie sollte nichts sagen, meinte Christine zuerst, man hätte es nicht um sie verdient, als Fremde sie übel geplaget im Tale, die Weiber ihr einen üblen Namen angehängt, die Männer sie allenthalben im
15 Stiche gelassen, und wenn sie nicht besser gesinnet wäre als alle und wenn sie nicht mehr Mut als alle hätte, so wäre noch jetzt weder Trost noch Ausweg da. So redete Christine noch lange, warf harte Worte gegen die Weiber, die ihr nie hätten glauben wollen, dass der Bodensee größer sei als der Schlossteich, und je mehr man ihr anhielt, umso härter schien sie zu werden und stützte sich
20 besonders darauf, dass, was sie zu sagen hätte, man ihr übel auslegen, und wenn die Sache gut käme, ihr keinen Dank haben werde; käme sie aber übel, so lüde man ihr alle Schuld auf und die ganze Verantwortung.

Online-Link
Hörverstehen
313176-0099

Wiederholung und Vertiefung: Erzählende Texte (Novelle und Erzählung) erschließen 99

7 Kuriose Begebenheiten

Als endlich die ganze Versammlung vor Christine wie auf Knien lag mit Bitten und Flehen und die Verwundeten laut aufschrien und anhielten, da schien Christine zu erweichen und begann zu erzählen, wie sie standgehalten und mit dem Grünen Abrede getroffen; aber von dem Kusse sagte sie nichts, nichts davon, wie er sie auf der Wange gebrannt und wie es ihr getoset im Gemüte. Aber sie erzählte, was sie seither gesinnet im verschlagenen¹ Gemüte. Das Wichtigste sei, dass die Buchen nach Bärhegen geschafft würden; seien die einmal oben, so könne man immer noch sehen, was man machen wolle, die Hauptsache sei, dass bis dahin, soviel ihr bekannt, unter ihnen kein Kind werde geboren werden.
Vielen lief es kalt den Rücken auf bei der Erzählung, aber dass man dann noch immer sehen könne, was man machen wolle, das gefiel allen wohl.
[…]

¹ verschlagen: böse und schlau, hinterhältig

→ Seite 230, Arbeitstechnik „Eine Person beschreiben"

8 Tragt aus den Textabschnitten auf den Seiten 96 bis 100 Informationen zusammen, die etwas über Christines Charakter aussagen. Bezieht sowohl ihr Handeln als auch ihre Gedanken und Äußerungen mit ein.

9 EXTRA Beschreibe nun Christines Charakter zusammenhängend.

10 Wie die Geschichte weitergeht, wurde hier zusammengefasst:

*Die Bauern hoffen also, dass sie den Teufel überlisten können.
Das erste Neugeborene wird vom mutigen Pfarrer gleich nach der Geburt getauft, die Bauern freuen sich, aber auf Christines Wange wächst ein schmerzender schwarzer Fleck. Als das nächste Kind geboren wird, wächst der Fleck zur schwarzen Spinne und diese gebärt bei der Taufe des zweiten Kindes viele kleine schwarze Spinnen, die nun ausschwärmen und das Vieh töten. Große Not macht sich breit, außerdem kommt noch der Zorn des Ritters über seine toten Rinder hinzu. Die Bauern beschließen darauf, den Teufel zu befriedigen, eine Verschwörung gegen die nächste werdende Kindsmutter kommt unter der Leitung Christines zustande.*

Lesen und Literatur – Umgang mit Texten und Medien

Gerade die Schwägerin Christines, die als eine der wenigen gegen den Pakt gestimmt hat, gebärt das nächste, das dritte Kind. In einer Gewitternacht reißt Christine das Kind auf dem Weg zur Taufe an sich und will es dem Teufel übergeben.

15 *Der Pfarrer aber hat Unheil gewittert, ist zum Treffpunkt geeilt und ein fürchterlicher Kampf entbrennt: Dabei schrumpft Christine zur Spinne zusammen, der Teufel aber flieht vor dem Weihwasser, das Kind wird gerettet und getauft. Danach stirbt es; aber auch der Pfarrer, gezeichnet von schwarzen Flecken, findet den Tod.*

20 *Jetzt wütet das Grauen im ganzen Tal. Die schwarze Spinne verschont keinen, auch nicht die Ritter.*

Das einzig bislang verschonte Haus ist das der Mutter des dritten Kindes. Diese wartet auf die Spinne und fasst einen Plan: Sie greift die Spinne und steckt sie in ein Loch im Balken, das sie kurz vor ihrem Ableben noch ver-
25 *schließen kann. Wie schon der Pfarrer, so stirbt auch sie. Ruhe und Leben kehren nun ins Tal zurück.*

Hier unterbricht der Großvater seine Erzählung, es wird zum Essen gebeten, aber keiner hat jetzt noch Appetit. So erzählt der Großvater die Geschichte zu Ende:

30 *Die Bauern und die neu eingezogenen Ritter leben nun ein gottesfürchtiges und friedliches Leben. Gott hält seine Hand über das Tal und es wird wieder reich. Doch nach 400 Jahren kehren Hochmut und Gottlosigkeit erneut ein. Unheil kommt wieder von auswärts in das Tal. In das Haus mit der Spinne zieht eine Frau ein, die Ähnlichkeit mit Christine hat. Sie beherrscht ihren*
35 *Sohn Christen, verheiratet ihn mit einer herrschsüchtigen Frau und lässt sowohl aus Eitelkeit als auch aus Angst ein neues Haus bauen, die Bediensteten bleiben im alten. Diese sind sich selbst überlassen und werden immer übermütiger und gottloser. Am Heiligen Abend treibt es ein fremder Knecht besonders schlimm und lässt die Spinne schließlich mitten in einer gotteslä-*
40 *sterlichen Orgie frei. Die Raserei der Spinne beginnt aufs Neue. Der unschuldige Christen, der dem Wüten der Spinne zusammen mit seinen Kindern entkommen ist, wird von den Dorfbewohnern zum Schuldigen erhoben. In einer dramatischen Aktion fängt er die Spinne wieder ein, bevor auch er stirbt. Die Dorfbewohner erkennen ihr Unrecht und Gottesfurcht kehrt wieder ins*
45 *Tal ein.*

Seitdem, so beendet der Großvater seine Geschichte, werde der alte Balken in jedes neue Haus eingebaut, um als Mahnung zu dienen. Die Kindstaufe findet einen friedlichen Ausklang.

11 EXTRA Weise nach, dass es sich bei der Geschichte „Die schwarze Spinne" um eine Novelle handelt.

→ **Seite 248,**
Textartenverzeichnis:
Novelle

7 Kuriose Begebenheiten

Eine ungewöhnliche Geschichte

1 Die folgende Erzählung wurde von vielen Lesern als „die schönste Geschichte der Welt" bezeichnet.

Online-Link
Hörverstehen
313176-0102

→ **Seite 241,**
Autorenverzeichnis:
Johann Peter Hebel

Johann Peter Hebel (1760–1826)
Unverhofftes Wiedersehen

Die Erzählung „Unverhofftes Wiedersehen" entstand 1810. Sie erschien als Erzählung Nr. 137 in der Sammlung des „Schatzkästlein des rheinischen Hausfreunds". Die Vorlage zu dieser Geschichte lieferte ein Bericht über den Bergmann Mats Israelson, der 1670 in den Kupfergruben von Falun in Schweden
5 *verschwand und dessen Leiche 1719 in einem Stollen gefunden wurde.*

[1] Sankt Luciä: Tag der heiligen Lucia (13. Dezember)

In Falun in Schweden küsste vor guten fünfzig Jahren und mehr ein junger Bergmann seine junge hübsche Braut und sagte zu ihr: „Auf Sankt Luciä[1] wird unsere Liebe von des Priesters Hand gesegnet. Dann sind wir Mann und Weib und bauen uns ein eigenes Nestlein." – „Und Friede und Liebe soll
10 darin wohnen", sagte die schöne Braut mit holdem Lächeln, „denn du bist mein Einziges und Alles, und ohne dich möchte ich lieber im Grab sein als an einem andern Ort." Als sie aber vor St. Luciä der Pfarrer zum zweiten Mal in der Kirche ausgerufen hatte:
„So nun jemand Hindernis wüsste anzuzeigen, warum diese Personen
15 nicht möchten ehelich zusammenkommen", da meldete sich der Tod. Denn als der Jüngling den andern Morgen in seiner schwarzen Bergmannskleidung an ihrem Haus vorbeiging, der Bergmann hat sein Totenkleid immer an, da klopfte er zwar noch einmal an ihrem Fenster und sagte ihr guten Morgen, aber keinen guten Abend mehr. Er kam nimmer

Lesen und Literatur – Umgang mit Texten und Medien

EXTRA

20 aus dem Bergwerk zurück, und sie säumte vergeblich selbigen Morgen ein
schwarzes Halstuch mit rotem Rand für ihn zum Hochzeitstag, sondern
als er nimmer kam, legte sie es weg und weinte um ihn und vergaß ihn nie.
Unterdessen wurde die Stadt Lissabon in Portugal durch ein Erdbeben zerstört, und der Siebenjährige Krieg ging vorüber, und Kaiser Franz I. starb,

25 und der Jesuitenorden wurde aufgehoben und Polen geteilt, und die Kaise-
rin Maria Theresia starb, und der Struensee[2] wurde hingerichtet, Amerika
wurde frei, und die vereinigte französische und spanische Macht konnte
Gibraltar nicht erobern. Die Türken schlossen den General Stein in der Ve-
teraner Höhle in Ungarn ein, und der Kaiser Joseph starb auch. Der König

30 Gustav von Schweden eroberte Russisch-Finnland, und die Französische
Revolution und der lange Krieg fingen an, und der Kaiser Leopold der
Zweite ging auch ins Grab. Napoleon eroberte Preußen, und die Engländer
bombardierten Kopenhagen, und die Ackerleute säten und schnitten. Der
Müller mahlte, und die Schmiede hämmerten, und die Bergleute gruben

35 nach den Metalladern in ihrer unterirdischen Werkstatt.
Als aber die Bergleute in Falun im Jahr 1809 etwas vor oder nach Johannis[3] zwischen zwei Schachten eine Öffnung durchgraben wollten, gute
dreihundert Ellen tief unter dem Boden, gruben sie aus dem Schutt und
Vitriolwasser den Leichnam eines Jünglings heraus, der ganz mit Eisen-

40 vitriol[4] durchdrungen, sonst aber unverwest und unverändert war; also
dass man seine Gesichtszüge und sein Alter noch völlig erkennen konnte,
als wenn er erst vor einer Stunde gestorben oder ein wenig eingeschlafen
wäre an der Arbeit. Als man ihn aber zu Tag ausgefördert hatte, Vater und
Mutter, Freunde und Bekannte waren schon lange tot, kein Mensch wollte

45 den schlafenden Jüngling kennen und etwas von seinem Unglück wissen,
bis die ehemalige Verlobte des Bergmanns kam, der eines Tages auf die
Schicht gegangen war und nimmer zurückkehrte. Grau und zusammen-
geschrumpft kam sie an einer Krücke an den Platz und erkannte ihren
Bräutigam; und mehr mit freudigem Entzücken als mit Schmerz sank sie

50 auf die geliebte Leiche nieder, und erst als sie sich von einer langen hefti-
gen Bewegung des Gemüts erholt hatte, „es ist mein Verlobter", sagte sie
endlich, „um den ich fünfzig Jahre lang getrauert hatte und den mich Gott
noch einmal sehen lässt vor meinem Ende. Acht Tage vor der Hochzeit ist
er unter die Erde gegangen und nimmer heraufgekommen."

55 Da wurden die Gemüter aller Umstehenden von Wehmut und Tränen
ergriffen, als sie sahen die ehemalige Braut jetzt in der Gestalt des hin-
gewelkten kraftlosen Alters und den Bräutigam noch in seiner jugendlichen
Schöne, und wie in ihrer Brust nach fünfzig Jahren die Flamme der jugendlichen Liebe noch einmal erwachte; aber er öffnete den Mund nimmer zum

60 Lächeln oder die Augen zum Wiedererkennen; und wie sie ihn endlich von
den Bergleuten in ihr Stüblein tragen ließ, als die Einzige, die ihm angehöre
und ein Recht auf ihn habe, bis sein Grab gerüstet sei auf dem Kirchhof.

[2] Struensee: dänischer Staatsmann

[3] Johannis: 24. Juni, nach Johannes dem Täufer

[4] Eisenvitriol, das: alte Bezeichnung für Eisensulfat, wurde zur Konservierung verwendet

Wiederholung und Vertiefung: Erzählende Texte (Novelle und Erzählung) erschließen

7 Kuriose Begebenheiten

Den andern Tag, als das Grab gerüstet war auf dem Kirchhof und ihn die Bergleute holten, schloss sie ein Kästlein auf, legte ihm das schwarzsei-
65 dene Halstuch mit roten Streifen um und begleitete ihn alsdann in ihrem Sonntagsgewand, als wenn es ihr Hochzeitstag und nicht der Tag seiner Beerdigung wäre. Denn als man ihn auf dem Kirchhof ins Grab legte, sagte sie: „Schlafe nun wohl, noch einen Tag oder zehn im kühlen Hochzeitsbett, und lass dir die Zeit nicht lang werden. Ich habe nur noch wenig zu tun
70 und komme bald, und bald wird's wieder Tag. Was die Erde einmal wiedergegeben hat, wird sie zum zweiten Mal auch nicht behalten", sagte sie, als sie fortging und sich noch einmal umschaute.

→ **Seite 231 f.,** Arbeitstechnik „Einen erzählenden Text erschließen"

2 Schreibe auf, worum es in der Geschichte geht. Beantworte dazu die folgenden Fragen:

1. Wer ist an der Handlung beteiligt?
2. Wo spielt sich das Geschehen ab?
3. Wann spielt sich das Geschehen ab?
4. Worum geht es? Welche Handlungsschritte zeichnen sich ab?
5. Warum geschieht es?

→ **Seite 227,** Arbeitstechnik „Eine Inhaltsangabe schreiben"

3 Verfasse mithilfe deiner Antworten aus Aufgabe 2 eine Inhaltsangabe zu der Erzählung.

4 „… und bald wird's wieder Tag." (Zeile 70) – Überlege, wie du diese Aussage der alten Frau verstehst und welche religiösen Vorstellungen darin zum Ausdruck kommen. Notiere deine Überlegungen.

5 Der Leichnam des Bräutigams war eine lange Zeit von der Erde begraben. Wie verdeutlicht der Autor diese Zeitspanne in seiner Geschichte? Suche entsprechende Textstellen heraus und notiere sie.

Lesen und Literatur – Umgang mit Texten und Medien

EXTRA

6 Notiere, welche Erzählperspektive und welches Erzählverhalten für die Erzählung „Unverhofftes Wiedersehen" gewählt wurden.

→ **Seite 88,**
Erzählperspektiven und Erzählverhalten

7 Überlege, warum diese Erzählung als „schönste Geschichte der Welt" bezeichnet wird. Notiere deine Gedanken in Stichworten.

8 Beurteile die folgende Inhaltsangabe, die ein Schüler verfasst hat. Sieh dir dazu den Aufbau, die Abfolge des wiedergegebenen Geschehens und die Verwendung der Zeitformen der Verben genauer an.
Nenne die Textstellen, die nicht den Vorgaben für eine Inhaltsangabe entsprechen.

Die Erzählung „Unverhofftes Wiedersehen" verdient es meines Erachtens gerade in der heutigen Zeit, in der Werte wie Treue und Liebe oft wenig bedeuten, gelesen zu werden. Etwa in der Mitte des 18. Jahrhunderts wollen ein Bergmann und seine Verlobte in Falun in Schweden heiraten. Doch der junge Mann kam unmittelbar vor der Hochzeit unter Tage zu Tode und wurde verschüttet. Seine Braut bewahrt das für die Hochzeit gesäumte Halstuch auf und vergisst ihn nie. Es vergehen 50 Jahre. Unter anderem wird Struensee hingerichtet. Im Jahr 1809 finden Bergleute unter Tage den Leichnam eines Jünglings, der mit Eisenvitriol durchdrungen und deshalb gänzlich unverwest ist. Niemand kann den Toten identifizieren, doch die nun alt gewordene Verlobte erkennt ihren Bräutigam, um den sie fünfzig Jahre getrauert hat. Sie beerdigt ihn zusammen mit dem aufgehobenen Halstuch, als wäre es ihr Hochzeitstag. In der Erzählung „Unverhofftes Wiedersehen" beschreibt der Dichter Johann Peter Hebel eine überlieferte Begebenheit, in der eine alte Frau nach etwa 50 Jahren den unverwesten Leichnam eines jungen Mannes als ihren Verlobten wiedererkennt.

9 Überprüfe jetzt noch einmal deine eigene Inhaltsangabe aus Aufgabe 3:
- Hast du in der Einleitung Titel, Textart und Autor genannt?
- Hast du zu Beginn erklärt, worum es in dem Text geht?
- Hast du das Geschehen in der richtigen Abfolge wiedergegeben? Hast du dabei die W-Fragen Wer? Was? Wo? Wann? Warum? beantwortet?
- Hast du am Ende deine persönliche Einschätzung des Textes zum Ausdruck gebracht?
- Hast du im Präsens geschrieben?

→ **Seite 228,**
Arbeitstechnik „Eine Inhaltsangabe schreiben"

Wiederholung und Vertiefung: Erzählende Texte (Novelle und Erzählung) erschließen   **105**

7 Kuriose Begebenheiten

Die Wortwahl in erzählenden Texten

In erzählenden Texten stehen Wortwahl und Stil in einem engen Zusammenhang: Die Verwendung von vielen Substantiven/Nomen macht einen Text sachlich und nicht selten bürokratisch[1]. Kommen in einem Text viele Verben vor, wirkt er hingegen meist dynamisch[2] und bewegt. Die häufige Verwendung von Adjektiven verstärkt die Anschaulichkeit.

[1] bürokratische: formal
[2] dynamisch: kraftvoll, belebt

1 Untersucht den folgenden Ausschnitt aus einer Novelle von E.T.A. Hoffmann. Entscheidet, ob der Text eher sachlich, knapp oder aber anschaulich, emotional[3] geschrieben wurde. Begründet eure Meinung.

[3] emotional: gefühlsmäßig, gefühlsbetont

→ Seite 241, Autorenverzeichnis: E.T.A. Hoffmann

→ Seite 231, Arbeitstechnik „Einen erzählenden Text erschließen"

Die Novelle „Das Fräulein von Scuderi" spielt am Hofe Ludwigs XIV. Eine unerklärliche Mordserie beunruhigt die höfische Gesellschaft. Schlüsselfigur ist der Goldschmied Cardillac, der hier von sich erzählt.

[...] Schon in der frühesten Kindheit gingen mir glänzende Diamanten, goldenes Geschmeide über alles. Man hielt das für gewöhnliche kindische Neigung. Aber es zeigte sich anders, denn als Knabe stahl ich Gold
5 und Juwelen, wo ich ihrer habhaft werden konnte. Wie der geübteste Kenner unterschied ich aus Instinkt unechtes Geschmeide von echtem. Nur dieses lockte mich, unechtes sowie geprägtes Gold ließ ich unbeachtet
10 liegen. Den grausamsten Züchtigungen des Vaters musste die angeborne Begierde weichen. Um nur mit Gold und edlen Steinen hantieren zu können, wandte ich mich zur Goldschmiedsprofession. Ich arbeitete mit Leidenschaft und wurde bald der erste Meister dieser Art.
15 Nun begann eine Periode, in der der angeborne Trieb, so lange niedergedrückt, mit Gewalt empordrang und mit Macht wuchs, alles um sich her wegzehrend. Sowie ich ein Geschmeide gefertigt und abgeliefert, fiel ich in eine Unruhe, in eine Trostlosigkeit, die mir Schlaf, Gesundheit – Lebensmut raubte. – Wie ein Gespenst stand Tag und Nacht die Person, für die
20 ich gearbeitet, mir vor Augen, geschmückt mit meinem Geschmeide, und eine Stimme raunte mir in die Ohren: Es ist ja dein – es ist ja dein – nimm es doch – was sollen die Diamanten dem Toten! – Da legte ich mich endlich auf Diebeskünste. Ich hatte Zutritt in den Häusern der Großen, ich nützte schnell die Gelegenheit, kein Schloss widerstand meinem Geschick,
25 und bald war der Schmuck, den ich gearbeitet, wieder in meinen Händen. – Aber nun vertrieb selbst das nicht meine Unruhe.

106   Den Zusammenhang von Grammatik und Stil erkennen

Rechtschreibung, Grammatik, Sprachbetrachtung

Jene unheimliche Stimme ließ sich dennoch vernehmen und höhnte mich und rief: Ho, ho, dein Geschmeide trägt ein Toter! – Selbst wusste ich nicht, wie es kam, dass ich einen unaussprechlichen Hass auf die warf, de-
30 nen ich Schmuck gefertigt. Ja! im tiefsten Innern regte sich eine Mordlust gegen sie, vor der ich selbst erbebte. […]

2 Die Wirkung einer Aussage kann verstärkt werden durch:

1 Aufzählung gleicher oder ähnlicher Ausdrücke

2 Gegenüberstellungen von Ausdrücken

3 Lautmalerei (Hörbarmachen einer Aussage)

Stelle fest, wodurch die Aussagen hier verstärkt wurden.
1. „… gingen mir <u>glänzende Diamanten, goldenes Geschmeide</u> über alles."
2. „… als Knabe stahl ich <u>Gold und Juwelen</u> …"
3. „… unterschied ich aus Instinkt <u>unechtes Geschmeide von echtem</u>."
4. „… der angeborne Trieb, so lange <u>niedergedrückt</u>, mit Gewalt <u>empordrang</u> …"
5. „… fiel ich <u>in eine Unruhe, in eine Trostlosigkeit</u> …"
6. „… eine Stimme <u>raunte mir in die Ohren</u> …"
7. „… <u>Es ist ja dein – es ist ja dein</u>, nimm es doch …"
8. „… höhnte mich …: <u>Ho, ho, dein Geschmeide trägt ein Toter!</u>"

3 EXTRA Untersuche die Wortwahl in der Novelle „Die schwarze Spinne" auf den Seiten 96 bis 100. Notiere deine Ergebnisse.

> **Merke**
>
> Das Wort „Stil" ist vom lat. Wort *stilus* (Griffel, Schreibgerät) abgeleitet. Unter „Stil" wird eine bestimmte Schreibart oder eine bestimmte Eigenart des Sprachgebrauchs verstanden. So kann man einen Gedanken auf unterschiedliche Weise ausdrücken, ohne dass sich seine Bedeutung wesentlich ändert, z. B.: *„Um nur mit Gold und edlen Steinen hantieren zu können, …"* → *Weil ich gern mit Gold und Edelsteinen arbeiten wollte, …*
> Um den Stil eines Textes beschreiben zu können, kann man untersuchen, welche Sprachform (Fachsprache, Jugendsprache, …) gewählt wurde, welche sprachlichen Bilder darin vorkommen, welche Wörter und welcher Satzbau darin verwendet wurden. Bei einer Häufung von Substantiven/Nomen im Text spricht man z. B. von „Nominalstil", bei einer Häufung von Verben von „Verbalstil".

→ **Seite 219,**
Sprachbetrachtung: Der Stil eines Textes

Den Zusammenhang von Grammatik und Stil erkennen

7 Kuriose Begebenheiten

Der Satzbau in erzählenden Texten

In erzählenden Texten stehen auch Satzbau und Stil in einem engen Zusammenhang. Durch unterschiedlichen Satzbau und durch unterschiedlich kurze oder lange Sätze kann die Wirkung einer Aussage verstärkt und verdeutlicht werden.

1 Lest den folgenden Text und tauscht untereinander die ersten Eindrücke aus.

→ **Seite 243,**
Autorenverzeichnis:
Thomas Mann

Thomas Mann (1875–1955)

Buddenbrooks (Romanauszug)[1]

[1] Aus lizenzrechtlichen Gründen ist dieser Text nicht in reformierter Rechtschreibung gedruckt

[2] Damast, der: Gewebe mit eingewebtem Muster

[3] geriefelt: mit feinen Furchen durchzogen

[4] Favoris: Backenbart

[…] Der schneeweiße gewirkte Damast[2] auf dem runden Tische war von einem grüngestickten Tischläufer durchzogen und bedeckt mit goldgerändertem und so durchsichtigem Porzellan, daß es hie und da wie Perlmutter schimmerte. Eine Teemaschine summte. In einem dünnsilbernen, flachen
5 Brotkorb, der die Gestalt eines großen, gezackten, leicht gerollten Blattes hatte, lagen Rundstücke und Schnitten von Milchgebäck. Unter einer Kristallglocke türmten sich kleine, geriefelte[3] Butterkugeln, unter einer anderen waren verschiedene Arten von Käse, gelber, grünmarmorierter und weißer sichtbar. Es fehlte nicht an einer Flasche Rotwein, welche vor
10 dem Hausherrn stand, denn Herr Grünlich frühstückte warm.
Mit frisch frisierten Favoris[4] und einem Gesicht, das um diese Morgenstunde besonders rosig erschien, saß er, den Rücken dem Salon zugewandt, fertig angekleidet, in schwarzem Rock und hellen, großkarierten Beinkleidern, und verspeiste nach englischer Sitte ein leicht gebratenes Kotelett.
[…]

2 Thomas Mann hat komplizierte Sätze formuliert.

→ **Seite 216 f.,**
Attribute

1. Prüfe, welche Nebensätze der Text enthält.
2. Suche alle Attribute aus dem Text und schreibe sie auf, z. B.:
(Damast) <u>*schneeweiß*</u> *…* <u>*gewirkt*</u> *… auf dem* <u>*runden*</u> *Tische …*

3 Untersuche den Stil in Thomas Manns Text. Prüfe dazu, welche Wörter gewählt und wie die Sätze gebildet wurden.

4 Besprecht, wie dieser Stil auf euch wirkt.

5 Lest den Text auf Seite 109 oben zunächst leise und tauscht dann untereinander die ersten Eindrücke aus.

108 Den Zusammenhang von Grammatik und Stil erkennen

Rechtschreibung, Grammatik, Sprachbetrachtung

Max Frisch (1911–1991)

Homo faber (Romanauszug)

[…] Eine Stunde später saß ich in einer Bar, meine Schiffskarte in der Tasche, unten am Hudson, vergnügt, nachdem ich unser Schiff gesehen hatte, einen Riesenkahn mit erleuchteten Fenstern überall, Maste und Krane und die roten Kamine im Scheinwerfer – ich freute mich aufs Leben wie ein Jüng-
5 ling, wie schon lange nicht mehr. Meine erste Schifffahrt! Ich trank ein Bier und aß einen Hamburger, Mann unter Männern, Hamburger mit viel Senf, denn ich hatte Hunger, sobald ich allein war, ich schob meinen Hut in den Nacken, ich leckte den Schaum von den Lippen, Blick auf einen Boxkampf in Television, ringsum standen Dockarbeiter, vor allem Neger, ich zündete mir
10 eine Zigarre an und fragte mich, was man als Jüngling eigentlich vom Leben erwartet hat – Ivy wartete in der Wohnung. Leider musste ich zurück, ich musste ja noch packen, aber es eilte nicht. Ich aß einen zweiten Hamburger. Ich dachte an Joachim – Ich hatte das Gefühl, ein neues Leben zu beginnen, vielleicht bloß, weil ich noch nie eine Schiffsreise gemacht hatte; jedenfalls
15 freute ich mich auf meine Schiffsreise. Ich saß bis Mitternacht dort. […]

→ **Seite 240,** Autorenverzeichnis: Max Frisch

6 Lies den Text nun laut. Achte auf den Satzbau. Beschreibe dann den Stil, z. B.:

… unvollständige Sätze, Ellipsen …, … keine beschreibenden Adjektive …, viele Sätze sind gleich gebaut (beginnen mit „ich")…

7 EXTRA Untersuche den Satzbau der Novelle „Die schwarze Spinne" auf Seite 99 f. Notiere deine Ergebnisse.

> **Merke**
>
> Bei der Satzverknüpfung unterscheidet man zwei Arten: die **Parataxe (Satzreihe)** und die **Hypotaxe (Satzgefüge)**.
> 1. Unter einer Parataxe versteht man die Nebenordnung von Sätzen *(Er kam, er sah, er siegte.)* Parataktische Fügungen sind leicht überschaubar, eignen sich für Aneinanderreihungen und gehören nicht selten zur Umgangssprache.
> 2. Unter einer Hypotaxe versteht man die Unterordnung von Sätzen *(Nachdem er sie gesehen hatte, merkte er, dass er sie noch liebte.).* Mithilfe von hypotaktischen Fügungen kann man zwischen Haupt- und Nebengedanken unterscheiden.
> Unter einer **Ellipse** versteht man einen unvollständigen Satz, bei dem z. B. ein Satzteil fehlt *(Mein Gott, das ausgerechnet mir!).*

→ **Seite 219,** Sprachbetrachtung: Der Satzbau in einem Text

Den Zusammenhang von Grammatik und Stil erkennen

7 Kuriose Begebenheiten

Alles eine Frage des Stils

→ **Seite 168,**
Metapher,
Personifizierung

1 Entscheide dich für den anschaulicheren Ausdruck.
Schreibe die Sätze auf.

1. Die Häuser ✎ (wurden zerstört/versanken in Schutt und Asche).
2. Er ✎ (sprach sehr leise/wisperte nur), sodass man ihn nicht verstand.
3. Sie ✎ (hausten/wohnten) in einer ärmlichen Hütte.
4. Der Mann ✎ (war sehr verärgert/tobte).
5. Die Kleinen ✎ (lärmten/spielten laut).
6. Sie ✎ (zerstörten alles/machten alles dem Erdboden gleich).
7. Sie ✎ (ging stolz weg/stolzierte von dannen).
8. Sein Anblick war ✎ (bedauerlich/herzzerreißend).
9. Sie ✎ (schufteten/arbeiteten) tagelang.
10. Er ✎ (öffnete schnell das Fenster/riss das Fenster auf).

2 Die folgenden Sätze stammen aus Schüleraufsätzen. Vereinfache sie,
indem du daraus mehrere kurze Sätze bildest.

1. Der Verfasser der Kurzgeschichte stellt kein besonderes Ereignis in den
   Mittelpunkt, sondern er schreibt über ein beinahe alltägliches Geschehen und befasst sich stattdessen stärker mit den Beweggründen, die
   hinter den alltäglichen Vorgängen stehen, wodurch der Leser zum
   Nachdenken oder zur Kritik veranlasst wird.

2. Der Leser wird nicht durch eine entsprechende Einleitung vorbereitet,
   sondern direkt mit dem Geschehen vertraut gemacht, indem der Autor
   die Geschichte so erzählt, als wäre sie aus einem größeren Zusammenhang herausgerissen worden.

3. Nachdem sich die Geschichte zügig auf den Höhepunkt zu entwickelt
   hatte, wird sie unvermittelt, das heißt ohne abrundenden Schluss,
   abgebrochen, was dazu führt, dass das Ende der Geschichte „offen" ist
   und der Leser selbst Schlussfolgerungen ziehen muss.

4. Auch die Personen, die in der Kurzgeschichte dargestellt werden, sind
   keine Helden, die irgendwie im guten oder im bösen Sinne heraus-
   ragen, sondern Menschen, denen man überall im alltäglichen Leben
   begegnen kann und die auch einfach sprechen, was in der Absicht des
   Autors liegt, um das Geschehen auch sprachlich „herunterzuspielen".

3 Solche komplizierten Sätze, die oft mehrere nachgestellte Zusätze enthalten, nennt man Schachtelsätze. Versuche, diesen bildhaften Ausdruck
an einem Beispiel zu erklären.

Den Zusammenhang von Grammatik und Stil erkennen

Rechtschreibung, Grammatik, Sprachbetrachtung — TRAINING

4 Setze jeweils das passende Verb ein.

kennzeichnen	darstellen	zeichnen	vorstellen
verdeutlichen	zeigen	beschreiben	schildern

1. In der Novelle „Das Fräulein von Scuderi" wird den Lesern ein Mensch ✎, der aufgrund seiner Leidenschaften und Triebe zum Verbrecher wird.
2. Die Wesensmerkmale dieses Menschen werden auch sprachlich ✎.
3. Cardillac selbst ✎ seine Entwicklung sehr anschaulich ✎.
4. Er ✎ sich selbst als ein Opfer seiner Triebhaftigkeit.
5. Ausrufe, Fragen und abgebrochene Sätze ✎, dass es sich nicht um einen kühl berechnenden Mörder, sondern um einen zerrissenen Menschen handelt.
6. Mithilfe von Wiederholungen, Gegensätzen und Vergleichen wird ✎, wie die Leidenschaften in ihm ausbrechen.
7. Cardillac wird als ein Triebtäter ✎, der seine zerstörerischen Anlagen nicht bändigen kann.
8. In der Novelle wird das Bild eines psychisch kranken Menschen ✎.

5 Verknüpfe die folgenden Sätze mithilfe der angegebenen Konjunktionen. Achte darauf, dass dabei sinnvolle Sätze entstehen.

um	indem	da	obwohl	dass
als	weil	wenn	dass	indem

TIPP! Einige Konjunktionen musst du zweimal einsetzen.

1. Cardillac glaubt, seine Leidenschaft für alles Kostbare nur beherrschen zu können, ✎ er Goldschmied wird.
2. Er überfällt seine Kunden, ✎ seine Werkstücke wiederzuerlangen.
3. Er geht so geschickt vor, ✎ er nie entdeckt wird.
4. ✎ er sich seiner Mordlust bewusst ist, kann er sie kaum zähmen.
5. ✎ er ein Haus mit einem geheimen Zugang hat, wird er nicht entdeckt, ✎ er seine Morde begeht.
6. Cardillac ist es unmöglich, ein normales, friedfertiges Leben zu führen, ✎ ein anderer Mensch „seinen" Schmuck besitzt.
7. Es geht ihm zunehmend auch darum, die Menschen zu bestrafen, ✎ sie es gewagt hatten, seinen Schmuck zu kaufen.
8. Dennoch ist sich Cardillac im Klaren, ✎ er Unrecht begeht.
9. Manchmal will er seine zukünftigen Opfer sogar schützen, ✎ er ihnen den Kauf des Schmuckes verweigert.

Den Zusammenhang von Grammatik und Stil erkennen

8 Bilder- und Gedankenwelten

Der Mensch ist frei geschaffen

→ Seite 244, Autorenverzeichnis: Friedrich Schiller

Online-Link
Hörverstehen
313176-0112

Friedrich Schiller (1759 – 1805)
Schiller brachte in seinen Werken die Ideale des 18. Jahrhunderts zum Ausdruck: Menschlichkeit, Vernunft und Freiheit, so zum Beispiel in seinen Dramen „Die Räuber", „Kabale und Liebe", „Don Carlos" oder „Die Jungfrau von Orleans". Schiller ist einer der wichtigsten Vertreter der Literaturepoche, die man „Sturm und Drang" nennt.

Friedrich Schiller
Die Worte des Glaubens (1797)

Drei Worte nenn' ich euch, inhaltschwer,
Sie gehen von Munde zu Munde;
Doch stammen sie nicht von außen her,
Das Herz nur gibt davon Kunde,
5 Dem Menschen ist aller Wert geraubt,
Wenn er nicht mehr an die drei Worte glaubt.

Der Mensch ist frei geschaffen, ist frei,
Und würd er in Ketten geboren.
Lasst euch nicht irren des Pöbels Geschrei,
10 Nicht den Missbrauch rasender Toren.
Vor dem Sklaven, wenn er die Kette bricht,
Vor dem freien Menschen erzittert nicht!

Und die Tugend, sie ist kein leerer Schall,
Der Mensch kann sie üben im Leben,
15 Und sollt er auch straucheln überall,
Er kann nach der göttlichen streben,
Und was kein Verstand der Verständigen sieht,
Das übet in Einfalt ein kindlich Gemüt.

Und ein Gott ist, ein heiliger Wille lebt,
20 Wie auch der menschliche wanke;
Hoch über der Zeit und dem Raume webt
Lebendig der höchste Gedanke;
Und ob alles in ewigem Wechsel kreist,
Es beharret im Wechsel ein ruhiger Geist.

25 Die drei Worte bewahret euch, inhaltschwer,
Sie pflanzet von Munde zu Munde,
Und stammen sie gleich nicht von außen her,
Euer Innres gibt davon Kunde.
Dem Menschen ist nimmer sein Wert geraubt,
30 Solang er noch an die drei Worte glaubt.

Sinn- und Gedankenlyrik erschließen

Lesen und Literatur – Umgang mit Texten und Medien

1 Lest das Gedicht von Friedrich Schiller mehrmals durch.
Besprecht danach:
- Wie wirkt der Text auf euch?
- Was habt ihr gut verstanden, was habt ihr nicht verstanden?
- Was erscheint euch auffällig, bemerkenswert, nachdenkenswert?

→ **Seite 231,**
Arbeitstechnik
„Ein Gedicht
erschließen"

2 Untersucht das Gedicht. Besprecht Strophe für Strophe, Vers für Vers:
- Was sind für Schiller die drei „Worte des Glaubens"?
- In welcher Zeile der Strophen werden diese Worte jeweils genannt?
- Welches Wort ist für euch jeweils das Wichtigste in den ersten Zeilen der Strophen 2 bis 4?
- Wie passen die Hauptideen der Französischen Revolution „Liberté, Egalité, Fraternité"[1] zu der Aussage des Gedichts?
- Welche Aufgabe haben die erste und die letzte Strophe des Gedichts?

→ **Seite 168,**
Methaphern
(sprachliche Bilder)

[1] Liberté, Egalité, Fraternité: Freiheit, Gleichheit, Brüderlichkeit

> Gleich am Anfang wird der Leser angesprochen „Drei Worte nenn' ich euch". Diese Worte werden dann in den folgenden Strophen im Einzelnen erläutert.

> In der zweiten Strophe geht es eigentlich um Freiheit. Der Mensch ist frei, auch wenn er in Ketten ist – das versteh' ich nicht!

> Das zweite Wort ist offensichtlich Tugend. Was ist das eigentlich? Im Wörterbuch steht: Sittlichkeit, Verantwortung, Ehre, Aufopferung, Pflichtgefühl, Nächstenliebe …

> Die vierte Strophe spricht von Gott. Sie deutet vielleicht darauf hin, dass man einen festen Halt im Leben braucht. Man soll an etwas glauben, was einem heilig ist.

> Tugendhaft zu sein heißt für mich, gute Charaktereigenschaften zu haben.

> Ich denke, dass für Schiller der Freiheitswille angeboren ist. Der Mensch will frei bestimmen können, wie er sich entwickelt.

3 Fasse den Inhalt des Gedichts zusammen.

4 Bereitet in Gruppen den Vortrag des Gedichts vor.

5 Besprecht: Welche „Worte des Glaubens" würdet ihr heute wählen?

→ **Seite 225,**
Arbeitstechnik
„Ein Gedicht auswendig lernen und wirkungsvoll vortragen"

Sinn- und Gedankenlyrik erschließen

Nichts ist ewig

→ Seite 240 f., Autorenverzeichnis: Andreas Gryphius

Andreas Gryphius (1616–1664)
setzte sich in seinen Tragödien und Gedichten mit dem Leid und dem moralischen Verfall während der Kriege (z. B. während des Dreißigjährigen Krieges) sowie mit der Unruhe, Einsamkeit und der Zerrissenheit der Menschen und der Vergänglichkeit allen menschlichen Schaffens auseinander.

Online-Link
Hörverstehen
313176-0114

[1] eitel: hier sinnlos, zwecklos

[2] itzund, itzt: jetzt

Andreas Gryphius
Es ist alles eitel[1] (1643)

Du siehst, wohin du siehst, nur Eitelkeit auf Erden.
Was dieser heute baut, reißt jener morgen ein:
Wo itzund[2] Städte stehn, wird eine Wiese sein,
Auf der ein Schäferskind wird spielen mit den Herden.

5 Was itzund prächtig blüht, soll bald zertreten werden.
Was itzt so pocht und trotzt, ist morgen Asch und Bein,
Nichts ist, das ewig sei, kein Erz, kein Marmorstein.
Itzt lacht das Glück uns an, bald donnern die Beschwerden.

Der hohen Taten Ruhm muss wie ein Traum vergehn.
10 Soll denn das Spiel der Zeit, der leichte Mensch bestehn?
Ach! was ist alles dies, was wir für köstlich achten,

Als schlechte Nichtigkeit, als Schatten, Staub und Wind;
Als eine Wiesenblum, die man nicht wiederfind't.
Noch will, was ewig ist, kein einig Mensch betrachten!

→ Seite 168, Methaphern (sprachliche Bilder)

[3] Sonett, das: (aus dem Lateinischen: sonare „tönen, klingen") Gedichtform, auch „Klinggedicht"

1 Was wird hier unter „Eitelkeit" verstanden? Untersuche den Inhalt jeder Strophe.

2 Das Gedicht ist ein Sonett[3]. Untersuche in den beiden ersten Strophen die Melodie der Verse. Lies die Verse laut und setze bewusst eine Pause in der Mitte.

3 In dem Gedicht werden Gegensätze genannt. Schreibe sie heraus, z. B.:
bauen – einreißen, Stadt – …

Lesen und Literatur – Umgang mit Texten und Medien

Mensch und Natur

Johann Christian Friedrich Hölderlin (1770–1843)
Schon mit 32 Jahren litt Hölderlin darunter, dass die Idee von der Harmonie des Menschen mit der Natur dem Bruch des Menschen mit der Natur gegenübersteht.
Das ließ ihn schwermütig werden. Die letzten 36 Jahre seines Lebens verbrachte Hölderlin in geistiger Umnachtung im Haus eines Freundes in Tübingen, in einer Turmstube oberhalb des Neckars (im nach ihm benannten „Hölderlinturm").

→ **Seite 241**, Autorenverzeichnis: Johann Christian Friedrich Hölderlin

Online-Link
Hörverstehen
313176-0115

Johann Christian Friedrich Hölderlin

Hälfte des Lebens (1804)

Mit gelben Birnen hänget
Und voll mit wilden Rosen
Das Land in den See,
Ihr holden Schwäne,
5 Und trunken von Küssen
Tunkt ihr das Haupt
Ins heilignüchterne Wasser.

Weh mir, wo nehm ich, wenn
Es Winter ist, die Blumen, und wo
10 Den Sonnenschein,
Und Schatten der Erde?
Die Mauern stehn
Sprachlos und kalt, im Winde
Klirren die Fahnen.

1 Erschließt gemeinsam den Sinn der ersten Strophe, indem ihr den Satzbau und die Wortwahl analysiert und eventuell vereinfacht.

→ **Seite 231**, Arbeitstechnik „Ein Gedicht erschließen"

2 Stellt fest, welches Bild der Dichter in der ersten Strophe „malt" und welche Gefühle dieses Bild auslöst.
Arbeitet heraus, was in der zweiten Strophe im Mittelpunkt steht und welche Stimmung hier vermittelt wird.

→ **Seite 168**, Methaphern (sprachliche Bilder)

3 Lies die Strophen laut vor. Versuche, mit der Stimme den Unterschied zwischen dem wunderschönen Bild in der ersten Strophe und dem Bild in der zweiten Strophe auszudrücken.

4 Erkläre, wofür die beiden Strophen deiner Meinung nach stehen. Deute die Überschrift. Überlege auch, in welcher Phase seines Lebens Hölderlin dieses Gedicht vermutlich geschrieben hat.

→ **Seite 225 f.**, Arbeitstechnik „Ein Gedicht auswendig lernen und wirkungsvoll vortragen"

5 EXTRA Lerne das Gedicht auswendig. Trage es in der Klasse vor.

Sinn- und Gedankenlyrik erschließen

8 Bilder- und Gedankenwelten

Noch fliegt die Graugans

→ Seite 242,
Autorenverzeichnis:
Sarah Kirsch

Sarah Kirsch (geboren 1935)
Ihr starkes Interesse an der Natur äußerte sich unter anderem darin, dass sie nach dem Abitur eine Forstarbeiterlehre begann und von 1954 bis 1958 Biologie studierte. 1966 veröffentlichte sie ihre ersten Gedichte.

Online-Link
Hörverstehen
313176-0116

Sarah Kirsch
Im Sommer (1977)

Dünnbesiedelt das Land.
Trotz riesiger Felder und Maschinen
Liegen die Dörfer schläfrig
In Buchsbaumgärten; die Katzen
5 Trifft selten ein Steinwurf.

Im August fallen Sterne.
Im September bläst man die Jagd an.
Noch fliegt die Graugans, spaziert der Storch
Durch unvergiftete Wiesen. Ach, die Wolken
10 Wie Berge fliegen sie über die Wälder.

Wenn man hier keine Zeitung hält
Ist die Welt in Ordnung.
In Pflaumenmuskesseln
Spiegelt sich schön das eigne Gesicht und
15 Feuerrot leuchten die Felder.

→ Seite 231,
Arbeitstechnik
„Ein Gedicht erschließen"

→ Seite 168,
Methaphern
(sprachliche Bilder)

1 Untersuche das Gedicht und stelle die Ergebnisse schriftlich dar.

1. Lies das Gedicht mehrmals – auch laut.
2. Stelle fest, welchen „Ort" Sarah Kirsch beschreibt.
3. Notiere, was dir auffällt: Bilder, Vergleiche, Sprache, …
4. Erkläre Bilder wie „Sterne fallen" und „Pflaumenmuskessel".
5. Arbeite heraus, an welchen Stellen die Bedrohung der „heilen Welt" sichtbar wird.
6. Formuliere in Stichworten die zentrale Aussage (Kernaussage).

2 Vergleiche das Gedicht „Im Sommer" mit dem Gedicht „Hälfte des Lebens" von Hölderlin auf Seite 115.

Lesen und Literatur – Umgang mit Texten und Medien EXTRA

Jeder ist allein

Herrmann Hesse (1877–1962)
Hesse hat die schlimmsten Jahre und Kriege des letzten Jahrhunderts erlebt. Besonders in seiner Jugend litt er unter einer tiefen Melancholie[1]. Sein weiteres Leben war von vielen Krisen und Enttäuschungen geprägt. Das Gedicht „Im Nebel" ist in der Zeit des Expressionismus entstanden (1905–1920). Die Maler und Dichter dieser Zeit versuchten, Erlebnisse und Gefühle in starken Bildern und Worten auszudrücken.

[1] Melancholie, die: Traurigkeit, Trübsinn; früher auch Bezeichnung für das Krankheitsbild der Depression

→ Seite 241, Autorenverzeichnis: Herrmann Hesse

Herrmann Hesse
Im Nebel (1905)

Seltsam, im Nebel zu wandern!
Einsam ist jeder Busch und Stein,
Kein Baum sieht den andern,
Jeder ist allein.

5 Voll von Freunden war mir die Welt,
Als noch mein Leben licht war;
Nun, da der Nebel fällt,
Ist keiner mehr sichtbar.

Wahrlich, keiner ist weise,
10 Der nicht das Dunkel kennt,
Das unenntrinnbar und leise
Von allen ihn trennt.

Seltsam, im Nebel zu wandern!
Leben ist Einsamsein.
15 Kein Mensch kennt den andern,
Jeder ist allein.

Online-Link
Hörverstehen
313176-0117

1 Untersuche das Gedicht und stelle die Ergebnisse schriftlich dar.

1. Schreibe auf, worum es in dem Gedicht geht.
2. Untersuche das Reimschema.
3. Erkläre, warum in der zweiten Strophe das Präteritum verwendet wurde.
4. Schreibe mit eigenen Worten auf, welche Erkenntnis in der dritten Strophe ausgedrückt wird.
5. Vergleiche den Inhalt der ersten mit dem der vierten Strophe.
6. Erläutere, wie die Naturbeschreibung zu der Situation des lyrischen Ichs passt.
7. Stelle deine eigenen Gedanken zu der Aussage „Leben ist Einsamsein" in wenigen Sätzen dar.
8. Informiere dich über Hermann Hesses Leben. Erkläre, wie die Aussage des Gedichts zu seinem Leben passt.

→ Seite 231, Arbeitstechnik „Ein Gedicht erschließen"

TIPP!
Lerne eines der Gedichte auf dieser Doppelseite auswendig und trage es in der Klasse vor.

Sinn- und Gedankenlyrik erschließen

Das ist der Lauf der Welt

→ Seite 243,
Autorenverzeichnis:
Eugen Roth

Eugen Roth (1895–1976)
Roth wurde 1895 in München geboren. Er studierte in München Geschichte, Kunstgeschichte, Germanistik und Philosophie. Mit seinem Buch „Der Mensch" erzielte er 1935 seinen ersten schriftstellerischen Erfolg. Er schrieb viele heitere Gedichte, die auch zum Nachdenken anregen sollen.

Online-Link
Hörverstehen
313176-0118

Eugen Roth
Weltlauf

Ein Mensch, erst zwanzig Jahre alt,
Beurteilt Greise ziemlich kalt
Und hält sie für verkalkte Deppen,
Die zwecklos sich durchs Dasein schleppen.
5 Der Mensch, der junge, wird nicht jünger:
Nun, was wuchs denn auf seinem Dünger?
Auch er sieht, dass trotz Sturm und Drang,
Was er erstrebt, zumeist misslang,
Dass, auf der Welt als Mensch und Christ
10 Zu leben, nicht ganz einfach ist,
Hingegen leicht, an Herrn mit Titeln
Und Würden schnöd herumzukritteln[1].
Der Mensch, nunmehr bedeutend älter,
Beurteilt jetzt die Jugend kälter,
15 Vergessend früh'res Sich-Erdreisten:
„Die Rotzer sollen erst was leisten!"
Die neue Jugend wiederum hält …
Genug – das ist der Lauf der Welt!

[1] herumkritteln: kritisieren

→ Seite 223,
Rechtschreibregel „Zeichensetzung beim Zitieren"

→ Seite 250,
Textartenverzeichnis: Zitat (Ausspruch)

1 Fasse den Inhalt des Gedichts kurz zusammen.

2 Wiederhole, was man beachten muss, wenn man aus fremden Texten zitieren will.

Rechtschreibung, Grammatik, Sprachbetrachtung

3 Die folgenden Sätze stammen aus einem Aufsatz. Schreibe sie ab und kennzeichne dabei die Zitate.

Mit der Frage Nun, was wuchs denn auf seinem Dünger? wird schon hier deutlich, dass der junge Mensch auch nicht mehr aus seinem Leben gemacht hat.

So muss der Mensch bei Roth die Erfahrung machen, dass es nicht ganz einfach ist, immer das zu erreichen, was man sich in seiner Jugend vielleicht vorgenommen hat: Was er erstrebt, zumeist misslang.

Was er erstrebt, zumeist misslang weist daraufhin, dass die Vorsätze, die der junge Mensch hatte, nicht realisiert werden konnten.

Die Worte verkalkte Deppen deuten nicht nur die Respektlosigkeit des jungen Menschen gegenüber älteren Menschen an, sondern auch eine Geringschätzung.

Die gegenseitige negative Beurteilung wird durch Beleidigungen wie verkalkte Deppen auf der einen und Rotzer auf der anderen Seite verdeutlicht.

Feststellend, dass sein Leben nicht so verläuft, wie der Mensch es sich vorgestellt hat, kritisiert er die, die in ihrem Leben mehr erreicht haben: an Herrn mit Titeln Und Würden schnöd herumzukritteln.

Dem Sich-Erdreisten wird durch die folgende wörtliche Rede besonderer Ausdruck verliehen: Die Rotzer sollen erst was leisten!

4 Formulierungen, wie z. B. „damit wird deutlich …", „… die Worte zeigen…", kannst du in Textanalysen und argumentierenden Texten verwenden, wenn du z. B. deine Aussage anhand von Zitaten belegen willst. Sammele solche Formulierungen in deinem Heft.

5 EXTRA Eugen Roths Gedicht auf Seite 118 weist zahlreiche komische Momente auf. Untersuche, an welchen Stellen sie besonders hervortreten und worin sie bestehen. Fasse deine Ergebnisse schriftlich zusammen und belege sie mit Zitaten.

> **TIPP!**
> Verwende zugunsten eines abwechslungsreichen Schreibstils die drei unterschiedlichen Möglichkeiten, Zitate einzubinden (Seite 223).

Textdeutungen mithilfe von Zitaten belegen

Leben und Sterben

Jutta von der Lühe-Tower
Unfall (1998)

Übermut,
Lebensfreude vielleicht.
Aber dennoch mit dem Kopf aufgeprallt,
und dann zu Boden gefallen.

5 In meinen Händen
schnappt das kleine Leben nach Luft.
Die Augen ziehen sich zu.
Ein kurzes Zittern schwebt durch den Leib.
Die Gliedmaßen zucken leicht und lassen es dann sein.
10 Das Herzticken steht nun still.

Immer noch lebenswarm
die kleine Amsel,
das kleine Leben,
das kleine Du und Ich.

Online-Link
Hörverstehen
313176-0120

1 Fasse den Inhalt des Gedichts in einem Satz zusammen.

→ Seite 223,
Rechtschreibregel
„Zeichensetzung
beim Zitieren"

2 Die folgenden Sätze stammen aus Aufsätzen. Entscheide, an welchen Stellen Anführungszeichen gesetzt werden müssen, damit man die Sätze besser versteht. Schreibe die Sätze auf.

> In dem Gedicht Unfall aus dem Jahre 1998 wird beschrieben, wie ein Vogel in den Händen eines Menschen stirbt.

> In der ersten Strophe, die aus fünf Versen besteht, wird der Hergang des Unfalls mit den Worten Übermut, Lebensfreude, aufgeprallt, zu Boden gefallen skizziert.

→ Seite 211 oben,
Partizipien

> Der Titel Unfall führt die Leser bzw. Zuhörer zunächst auf eine scheinbar falsche Spur, da man bei dem Stichwort Unfall zunächst an ein Ereignis denkt, das Menschen zustößt.

> Die Verse sind als unvollständige Sätze formuliert. Aufgeprallt und dann zu Boden gefallen – durch die Aufeinanderfolge der beiden Partizipien wird nicht der Vorgang, sondern nur das Ergebnis notiert.

Rechtschreibung, Grammatik, Sprachbetrachtung

TRAINING

Die zweite Strophe ist mit sieben Versen die längste des Gedichts. Hier wird das Sterben beschrieben. Die Sätze Die Augen ziehen sich zu. Ein kurzes Zittern schwebt durch den Leib. Die Gliedmaßen zucken leicht und lassen es dann sein. Das Herzticken steht nun still. beginnen mit dem Subjekt. Durch diese Aneinanderreihung gleichartig konstruierter Sätze entsteht ein nüchtern klingender Berichtstil.

In der nun folgenden Aufzählung der gleich gebauten Formulierungen Das kleine Leben, das kleine Du und Ich wird eine Verbindung hergestellt zwischen dem kleinen, vielleicht unwichtigen Vogel, seinem kleinen, so unwesentlichen Leben und dem Leben aller Menschen, die hier als Du und Ich bezeichnet werden.

Die letzte Strophe besteht aus vier Versen. Die Wortschöpfung lebenswarm bringt einen Vergleich zum Ausdruck. Erst der nächste Vers gibt Aufschluss über das Unfallopfer: Es handelt sich um eine kleine Amsel.

Auffällig ist das häufige Vorkommen des z-Lautes, der scharf und knapp klingt: … ziehen sich zu, ein kurzes Zittern, … zucken … Nur durch die Wortschöpfung Herzticken wird das Geschehen auf eine bildhafte Ebene gerückt, da mit diesem Begriff der Eindruck einer zum Stillstand gekommenen Uhr erweckt wird.

Das lyrische Ich, das in den vorhergehenden Zeilen neutral beobachtend, beschreibend und berichtend auftritt, zeigt sich durch diese Verknüpfung nachdenklich und durch die Wiederholung des Adjektivs klein als empfindsam.

Dadurch wird auch deutlich, dass der Titel Unfall nicht auf eine falsche Spur führen wollte, sondern auf die Gemeinsamkeit von Leben, Katastrophen und Sterben im Dasein aller Geschöpfe hinweisen will.
Auf diese Gemeinsamkeit will der Text mit der zurückhaltenden Darstellung eines scheinbar unbedeutenden Vorfalls hinweisen.

→ **Seite 290 f.,** Wortarten

→ **Seite 215 f.,** Satzglieder

3 Lerne das Gedicht „Unfall" auswendig. Trage es in der Klasse vor.

→ **Seite 225,** Arbeitstechnik „Ein Gedicht auswendig lernen und wirkungsvoll vortragen"

Textdeutungen mithilfe von Zitaten belegen

121

9 Alles nur Theater?

→ **Seite 240,**
Autorenverzeichnis:
Igor Bauersima

[1] Suizid, der:
Selbsttötung,
Selbstmord

[2] Fake, der *oder* das:
Fälschung

[3] Inspiration, die:
Eingebung,
schöpferischer
Einfall

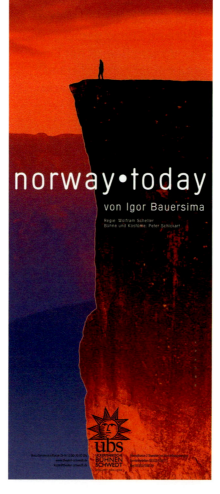

norway.today

Jugendstück von Igor Bauersima
(Theaterankündigung)

Julie und August haben genug vom Leben. Sie begegnen sich im Chatroom eines Suizidforums[1]. Zu zweit wollen sie sich von einem 600 Meter hohen Felsen in den Tod stürzen. Was per Internet geplant worden ist, soll an einem norwegischen Fjord in die Tat umgesetzt werden. Als sich August und Julie auf dem Felsen „live" begegnen, beginnt eine spannungsreiche Beziehung.

Während sie die Schönheit der Natur bewundern, sich in der letzten Nacht im Zelt näherkommen und am nächsten Morgen versuchen, ein perfektes Abschiedsvideo zu drehen, denken sie über die „großen" Fragen des Lebens nach: Was ist „real", was ist „fake"[2]? Habe ich schon alles erlebt? Ist der Tod wirklich der einzige Ausweg aus meiner Unzufriedenheit?

In witzigen und temporeichen Dialogen „umkreisen" sich die beiden, attackieren sich, nähern sich einander wieder an und äußern Zweifel an ihrem Tun. Gleichzeitig wartet wenige Schritte vor ihnen der Abgrund. Das Stück regt Jugendliche und Erwachsene gleichermaßen zum Nachdenken über den Umgang mit den modernen Medien an und lässt den Zuschauer mit den beiden Hauptfiguren Julie und August mitfiebern. Inspiration[3] für Bauersima war eine Zeitungsnotiz im Spiegel (SPIEGEL 9/2000). Darin wurde berichtet, dass zwei Personen, die sich im Internet kennen gelernt hatten, gemeinsam von einem 600 Meter hohen Felsen in den Tod sprangen.

Lesen und Literatur – Umgang mit Texten und Medien

Szenenfoto aus „no(r)way.today" im Theater „studiobühne Köln", 2005,
Regie: Sarah Weckert, Darsteller: Ellen Gronwald, Juri Padel

Mit der Aufführung im Jahr 2000 gelang Igor Bauersima der internationale Durchbruch.
Bauersima wurde 1964 in Prag geboren und wuchs in der Schweiz auf. Seit 1998 ist er als Architekt, Musiker, Bühnenbildner, Regisseur, Theater- und Filmautor tätig.
Im Jahr 2001 erhielt der Autor den Publikumspreis der Mülheimer Theatertage. Mittlerweile wurde **norway.today** weltweit von über 100 Bühnen in die Spielpläne aufgenommen.
Jedenfalls ist dieses Theaterstück wohl nicht zu Unrecht eines der populärsten Jugendstücke unserer Zeit.

Altersempfehlung: ab 16 Jahre

1 Stelle fest, was man aus der Theaterankündigung auf dieser Doppelseite über

- die Figuren,
- das Thema,
- die Handlung und
- den Autor des Stücks

erfährt. Schreibe die Informationen geordnet auf.

2 Notiere, welche Erwartungen die Ankündigung bei dir geweckt hat. Hebe die Notizen auf, damit du am Ende des Kapitels deine Erwartungen mit den Eindrücken vergleichen kannst, die du beim Kennenlernen des Stücks gewonnen hast.

Wiederholung und Vertiefung: Dramatische Texte erschließen

9 Alles nur Theater?

Verabredung im Chat

> **Aus der Theaterankündigung von Seite 122 f.:**
> „Julie und August haben genug vom Leben. Sie begegnen sich in einem Chatroom eines Suizidforums[1]. Zu zweit wollen sie sich von einem 600 Meter hohen Felsen in den Tod stürzen. Was per Internet geplant worden ist, soll an einem norwegischen Fjord in die Tat umgesetzt werden."

[1] Suizid, der:
Selbsttötung,
Selbstmord

Online-Link
Hörverstehen
313176-0124

1 Bereitet euch darauf vor, die folgende Szene vorzutragen. Lest sie zunächst still.

[…] Auftritt Julie. Sie trägt ein T-Shirt mit der Aufschrift julie@home.shirt
Julie Hallo, ich bin Julie. Dies sind meine ersten Worte an diesem Ort. Wenn meine Mitteilung deshalb womöglich unpassend ist, bitte ich um Entschuldigung. Meine Nachricht ist nämlich nur für Leute bestimmt,
5 die sich umbringen wollen. Ich bitte deshalb diejenigen, welche nicht die Absicht haben, das Leben sein zu lassen, mir keine weitere Beachtung zu schenken und diesen Chatroom vielleicht kurz mal zu verlassen. Ich werde, und das ist keine plötzliche Entscheidung, bald Selbstmord begehen. Ich habe mir das lange überlegt. Mein Entschluss ist gefasst. Auch
10 wenn sich das für einige vielleicht ein bisschen seltsam anhört, ich möchte es mit jemandem zusammen tun. Deshalb hier meine Frage: Möchte jemand mit mir in den Tod gehen? Ihr braucht jetzt nichts zu sagen. Ich verstehe absolut, wenn sich hier keiner öffentlich dazu bekennen will, dass er die Schnauze voll hat von allem.
15 […] Ja. Also wie gesagt, alle ernst gemeinten Antworten sind willkommen. Ihr könnt mir natürlich auch eine Mail schicken, und wir arrangieren das. Smile.
Weil, Leute, das habt ihr vielleicht schon bemerkt, ich passe nicht unter die Menschen, auch nicht unter Lebensmüde. Es ist eine traurige Wahrheit,
20 aber eine Wahrheit.
Wenn ich mich in Gesellschaft nicht wohl befinde, so geschieht dies weniger, weil andere, als viel mehr weil ich mich selbst nicht zeige, wie ich es wünsche. Die Notwendigkeit, eine Rolle zu spielen, und ein innerer Widerwillen dagegen machen mir jede Gesellschaft lästig, und froh kann ich
25 nur in meiner eigenen Gesellschaft sein, weil ich da ganz wahr sein darf. Das darf man unter Menschen nicht, und keiner ist es. […]
Nehmt es mir also nicht übel. Ich tue jetzt einfach so, als wärt ihr nicht da.

Auftritt August. Er trägt ein T-Shirt mit der Aufschrift august@home.shirt
August Also, wenn niemand was sagen will jetzt, dann sag ich vielleicht
30 was. Weil … Also ich heiße August und … Fragt mich bitte nicht warum. Ich weiß es nicht. Ich hab damit nichts zu tun.

124   Wiederholung und Vertiefung: Dramatische Texte erschließen

Lesen und Literatur – Umgang mit Texten und Medien

Ich hab mir eigentlich nie vorstellen können, dass ich etwas mit dem Leben zu tun haben könnte. Ganz allgemein. Ich weiß nicht, ob das anderen auch so geht. Aber das meiste, was abgeht im Leben, ist ja so schräg, ist

35 so schräg … ich meine nicht lustig, ich meine nur schräg. Es gibt schon Momente. Wenn ich alleine bin, zum Beispiel, und ich renne so vor mich hin, und ich höre meinen Atem und die Schritte, und das Blut pocht in den Ohren ziemlich laut.

Aber ich renne ja auch nicht immer. Geht ja nicht, leider, immer rennen.

40 Das Ziel ist: fast nicht da sein. Also nirgends sein. Überall abwesend sein. Das ist am Leben sein. So, fast ohne meine Anwesenheit, wäre es noch eine Weile auszuhalten. Man sagt ja auch: am Leben sein, also nah dran. Und nicht im Leben. Ich meine, wenn einer „voll im Leben steht", da kann ich Gift drauf nehmen, der ist irgendein fakes Arschgesicht. Aber das Ding ist, meistens

45 steht alles still. Und ich stehe still, und es ist kein Laut zu hören. […]
Ist doch alles die riesigste Lüge hier. Alles Verstellung. Alle tun so, als wären sie wer, und sind dabei wer ganz anderes nicht. Wie will dann einer wissen, was ist. Nichts ist. Das echteste Gefühl, das ich haben kann, ist das Gefühl des Nichts. […]

50 Es war höchste Zeit, dass sich jemand outet hier. Dass Julie hier sagt „ich gehe", finde ich gut.

Licht auf beide
Julie Danke.
August Ich sag das nicht einfach so.
55 **Julie** Klar.
August Ist ein Lebenszeichen.
Julie Okay.
War das ironisch?
August Was?
60 **Julie** Lebenszeichen.
August Nein. Ja. Nein! Ich meine nur, dass hier nichts los wäre, sonst.
Julie Ja. Kann sein.
August Es ist ja nicht mal klar, wer überhaupt hier ist, wirklich. Bei der Stille. Wenn plötzlich jemand sagt „jetzt geh ich", kann ich mir zumindest
65 vorstellen, dass da eben noch wer war.
Julie Users come, users go. […]

> **TIPP!**
> Ein abgedunkelter Raum, zwei Standscheinwerfer, wahlweise Lampen mit beweglichen Armen, zwei Stühle, Rücken an Rücken. Zuerst Licht auf Julie, dann auf August, zum Schluss auf beide.

2 Tragt jetzt die Szene vor. Stellt dazu zwei Stühle in den Raum („Chatroom"). Bestimmt zwei Personen – Julie und August – die in einigem Abstand nebeneinander sitzen und die Szene laut lesen.

3 Besprecht, was ihr über die Figuren und ihre Motive[1] erfahrt.

[1] Motiv, das: Beweggrund, Antrieb zum Handeln; in der Literatur auch: ein Schema des Handlungsstranges

Wiederholung und Vertiefung: Dramatische Texte erschließen   **125**

9   Alles nur Theater?

Julie und August

Aus der Theaterankündigung von Seite 122 f.:
„Während sie die Schönheit der Natur bewundern, sich in der letzten Nacht näherkommen und am nächsten Morgen versuchen, ein perfektes Abschiedsvideo zu drehen, denken sie über die „großen" Fragen des Lebens nach: Was ist „real", was ist „fake"? Habe ich schon alles erlebt? Ist der Tod wirklich der einzige Ausweg aus meiner Unzufriedenheit?"

[1] Plateau, das: [Aussprache: platoo] ebene Fläche

[2] diffus: verschwommen, unscharf

[3] Panorama, das: Rundblick, Ausblick

Szenenwechsel

Julie und August verabreden sich und reisen gemeinsam zu dem von Julie ausgesuchten Fjord. „Mit schwerem Gepäck beladen kommen die beiden auf dem Plateau[1] an. Sie bleiben lange stehen und betrachten das diffuse[2] weiße Panorama[3]. Schließlich legen sie ihr Gepäck in den Schnee, August wagt sich ein paar Schritte vor in Richtung Abgrund, rutscht aus, fällt hin und kommt wieder zurück."

1 Spielt den folgenden Dialog. Teilt die Klasse dazu in zwei Gruppen: **„Darsteller"** und **„Beobachter"**.

1. **Aufgabe für die „Darsteller":** Verteilt die folgenden Textausschnitte und lernt sie auswendig. Überlegt dabei, ob euer Textausschnitt von Julie oder August gesprochen wird, z.B. Julie 1, …

2. **Aufgabe für die „Beobachter":** Lest die Textausschnitte, überlegt, welche jeweils zusammengehören, z.B. 1 und 9.

TIPP!
Schreibt die zwölf Textausschnitte auf Papierstreifen. So können die „Darsteller" ihren Text leichter auswendig lernen. Die „Beobachter" können die Papierstreifen hin- und herschieben, bis sie zusammenpassen. Ihr könnt aber auch die Arbeitsblätter ausdrucken. Nutzt dazu den Online-Link.

Online-Link
Arbeitsblätter zu
Aufgabe 1 und 2
313176-0126

1 Das ist nicht dein richtiger Name.

2 Du musst ja nicht so schreien. Du weckst ja vielleicht irgendwelche Tiere aus dem Winterschlaf hier. Gibt's hier eigentlich Bären?

3 Bist du denn nicht depressiv sowieso?

4 Ich – muss – nicht – immer – reden. Verstehst du das? Oder verstehst du das nicht?

5 Vielleicht bin ich ja gar nicht hier, um mich umzubringen.

6 Ich krieg Depressionen, wenn ich dir länger zuhöre.

7 Ja. Alle lügen. Alles … Also brauch ich mich auch auf nichts konzentrieren. Das Einzige, was Bestand hat, ist Langeweile. Die kann ich ernst nehmen. Die Langeweile.

126   Wiederholung und Vertiefung: Dramatische Texte erschließen

Lesen und Literatur – Umgang mit Texten und Medien

8 Was löcherst du mich hier so?
Ich hab dir doch gesagt, dass ich bedient
bin. Ich hab gehabt. Ich bin satt.
Es reicht. Ich fang nicht noch einmal von
vorne an.

9 Doch. Hab ich gekriegt. Zum Geburtstag.

10 Du bist am Rande des Abgrunds. Du bist
am Ende deines nichtgelebten Lebens
angekommen.

11 Doch, das versteh
ich. Ich muss
auch nicht immer
reden. Bloß jetzt
hab ich gerade
Lust dazu. Ich
hab das Gefühl,
irgendetwas ist.
Warum sagst du
mir nicht, was ist?

12 Ich kann keine
Langeweile aus-
stehen.

> **TIPP!**
> Beachtet:
> Julie beginnt immer
> zuerst zu reden,
> August antwortet.
> Mit einer Ausnahme:
> August (Satz 7)
> *Ja. Alle lügen. ...*

2 Stellt eure Ergebnisse in der Klasse vor:
1. Nacheinander setzen sich die „Darsteller" auf einen Stuhl. Sie äußern
   eine Vermutung darüber, wen sie darstellen. Dann sprechen sie ihren
   Text vor.
2. Die „Beobachter" müssen herausfinden, welche Textstellen zusammengehören.
3. Anschließend sprechen die „Paare" ihren Text vor.

3 Versucht, die beiden Figuren zu beschreiben.
Lest dazu noch einmal die erste Szene (Seite 124 bis 125).
Belegt eure Aussagen mit entsprechenden Textstellen, z. B.:

Julie

Beschreibung	Textbeleg
– denkt intensiv über die Fragen des Lebens nach.	Theaterankündigung: Seite 122, Zeile 18 ...
– fühlt sich am Ende, will nicht noch einmal von vorn anfangen.	Textausschnitt 8: ...
...	...

August

Beschreibung	Textbeleg
– findet alles im Leben „schräg" ...	Seite 125, Zeile 34 f.
– Langeweile hat für ihn Bestand.	Textausschnitt 7: ...

> **TIPP!**
> Ihr könnt die Tabellen
> für Aufgabe 3 aus-
> drucken und bearbei-
> ten. Nutzt dazu den
> Online-Link.

Online-Link
Arbeitsblätter zu
Aufgabe 3
313176-0127

Wiederholung und Vertiefung: Dramatische Texte erschließen

9 Alles nur Theater?

Dialog am Abgrund

Szenenwechsel
Julie und August bauen das Zelt auf, in dem sie ihre letzte Nacht verbringen wollen. Am dunklen Abendhimmel beobachten sie zum ersten Male in ihrem Leben fasziniert das Polarlicht. …

Szenenfoto aus „no(r)way.today" im Theater „studiobühne Köln", 2005, Regie: Sarah Weckert, Darsteller: Ellen Gronwald, Juri Padel

Szenenwechsel
Am nächsten Morgen kriecht August aus dem Zelt. Er hat die Kamera dabei und geht auf den Abgrund zu. Er bleibt stehen. Dann filmt er das Panorama, macht dann einen langsamen Schwenk in den Abgrund, schließlich zoomt er hinunter … Julie kommt auch aus dem Zelt und bleibt neben August stehen. Sie wirkt etwas übernächtigt und ist angezogen, als ging's zu einer Party. Sie trägt ein elegantes Kleid und Schuhe mit hohen Absätzen.

→ Seite 226, Arbeitstechnik „Einen Rollentext auswendig lernen"

1 Julie und August wollen sich mit einer Videobotschaft von Freunden und Verwandten verabschieden. Bereitet euch darauf vor, die Dialoge vor der Klasse zu spielen. Geht so vor:
1. Diskutiert in der Gruppe darüber,
   - was die Personen ausdrücken wollen,
   - warum sie so reagieren,
   - wie sie sich bewegen müssen.
2. Lernt so viel wie möglich auswendig.
3. Erstellt ein angedeutetes Bühnenbild.
4. Verwendet entsprechende Requisiten – Kamera, Gettoblaster[1] …

Wählt A, B oder C:
A: Abschiedsvideo Julie (Seite 129)
B: Abschiedsvideo August (Seite 130)
C: Gemeinsames Abschiedsvideo (Seite 131)

[1] Gettoblaster/Ghettoblaster, der: scherzhaft für einen tragbaren, großen, besonders leistungsstarken Audiospieler (Radiorekorder, CD-Player o. Ä.)

Wiederholung und Vertiefung: Dramatische Texte erschließen

Lesen und Literatur – Umgang mit Texten und Medien

> **Aus der Theaterankündigung von Seite 122 f.:**
> „In witzigen und temporeichen Dialogen ‚umkreisen' sich die beiden, attackieren sich, nähern sich einander wieder an und äußern Zweifel an ihrem Tun. Gleichzeitig wartet wenige Schritte vor ihnen der Abgrund."

Online-Link
Hörverstehen
313176-0129

A Abschiedsvideo Julie

[…] **Julie** Ist irgendwie ein schwarzer Tag heute.
August Heute Morgen, beim Dahindösen, da habe ich geträumt, dass ich mich am Rande
5 des Ursprungs befinde, dass ich am Abgrund stehe, da, wo alles angefangen hat, und dass ich bei der Erschaffung des Chaos zuschaue.
Julie Los, bringen wir's zu Ende.
August Du zuerst. *August macht ein paar*
10 *Schritte vom Abgrund weg und richtet die Kamera auf Julie.*
Julie Warte. Bist du schon auf Aufnahme?
August Ja.
Julie Nee. Warte. Mach das noch mal weg.
15 *August spult zurück.*
August Okay.
Julie Hallo Mutter, hallo Vater … Scheiße. Das war nichts, mach das noch mal weg.
August Okay.

20 *Kamera läuft.*
Julie Bereit? Hallo Mutter, hallo Vater, hallo Oma, hallo Rune. Wie ihr seht, bin ich hier an diesem Ort, wo … was denn?
August Willst du das „Bereit" mit drauf
25 haben?
Julie Natürlich nicht.
August Dann noch mal. Warte.
Julie Du fängst erst an, nachdem ich okay sage. Okay? … Ich bin heute hier, weil ich das nach-
30 holen will. Ich werde heute da runterspringen. Das heißt, ich bin eigentlich tot schon.

Sie versucht, das Lachen zu verbergen. In diesem Moment, wo ich das zu euch sage, bin ich tot. *Sie lacht.* Ist eine irre Vorstellung, das könnt ihr
35 mir glauben. *Sie lacht immer mehr.* Das wisst ihr ja bereits. Weil ihr sonst dieses Video … als … Scheiße, jetzt hab ich den Faden verloren.

August Ich mach mal aus, ja?
Julie Nein! Warum?
40 **August** Ich dachte mit dem Lachen.
Julie Das war vielleicht gut, gerade! Irgendwie tröstlich vielleicht. Das sind vielleicht gerade so Momente.
August Aber es war ein wenig irr vielleicht, nein?
45 **Julie** Irr?
August Ein wenig.
Julie Macht nichts. Mach da mal weiter.
August Dann musst du aber noch ein wenig lachen, jetzt, wegen der „continuity".
50 **Julie** Was für 'ne „continuity"?
August Die Fortsetzung.
Julie Das ist doch ein Schnitt!
August Ja, aber nach diesem Schnitt kommt doch die Fortsetzung. Also es geht da weiter, wo
55 wir aufgehört haben.
Julie Nein. Es geht ein wenig weiter weiter. Deshalb lach ich jetzt nicht mehr. Du darfst nicht unterbrechen. Okay? Nur ich darf unterbrechen. Okay?
60 **August** Okay.
Julie Okay …
August Kamera läuft. […]

Wiederholung und Vertiefung: Dramatische Texte erschließen   **129**

9 Alles nur Theater?

B Abschiedsvideo August

[…] *August reicht Julie die Kamera.*

August Also warte, ich weiß nicht, ob ich das hinkriege, so kurz.

Julie Ich bin bereit.

5 **August** Also los. *Kamera läuft.* Hallo. Ihr. Lieben. Da bin ich nochmal … Ich … Also … Ich wollte immer ein Teil sein von irgendwas, vom Leben, von einer Geschichte, aber gleichzeitig … Scheiße. Entschuldigt. Ja. Seit ich denken 10 kann, gibt es nichts, was ich hätte verursachen wollen, ja? Ich hab nie das Bedürfnis verspürt, für irgendwas auf dieser Welt die Ursache gewesen zu sein. Vielleicht gibt es irgendein Wort, das ich gerne gesagt hätte, aber im Moment 15 seh ich nicht, welches. Doch. Feigling. Ich bin ein Feigling. Vermutlich. Mein einziger Mut bestand bis heute darin, dass ich mich nicht umgebracht habe. Ich hab immer in der Angst gelebt, vom Unglück überrascht zu werden. 20 Das hat mir meine Zeit ziemlich vergiftet. Ja. Deshalb komme ich heute meinem Schicksal zuvor und stürze mich da runter, ins Unglück, bevor es mich trifft. Ja. Also … macht euch nichts draus, gell. Ist vielleicht ein Glück, das 25 Unglück. Ach ja, und vergesst nicht, den Fisch zu füttern. Ja. Tschüss.

Kamera aus.

Julie Du hast einen Fisch?

August Ja. Ich wollte ihn eigentlich mitneh-30 men. Aber dann dachte ich, wegen dem Flieger … und dann, es ist ein Salzwasserfisch.

Julie Das da unten ist Salzwasser.

August Im Ernst?

Julie Das ist ein Fjord.

35 **August** Ja. Scheiße, dann. Hoffentlich füttern die den. Zeig mal her, ich will mal sehen, wie das ausschaut. Du musst dir vorstellen, du bist deine Eltern und schaust dir das an.

Online-Link
Hörverstehen
313176-0130

August nimmt die Kamera und spult zurück. Wir 40 *sehen und hören das Aufgezeichnete nochmals. Die beiden schauen gebannt auf den kleinen Kontrollmonitor an der Kamera.*

Julie … ich hätte mich auf der Stelle umgebracht. Ja? So gesehen hat's ja doch ganz lange 45 gedauert. Ja. Also. Und tschüss.

August Hallo. Ihr. Lieben. Da bin ich noch mal … Ich … Also … Ich wollte immer ein Teil sein, von irgendwas, vom Leben, von einer Geschichte, aber …

50 *August macht aus.*

August Irgendwie nicht. Klingt irgendwie super-fake. Das kann ich nicht machen. Ich meine, ich leb nicht ein Leben lang auf so 'ne Lüge hin. Das ist einfach nicht möglich, hier so was liegen zu 55 lassen. So was Fakes.

Julie Da müssen wir noch einmal drüber. Ich steh da wie hypnotisiert. […]

August Ich red ja nur … ich weiß nicht.

Julie Na ja. Das auch. Aber ich seh auch noch so 60 aus, dazu.

August Das ist normal.

Julie Wie?

August Na ja, so gleich nach dem Aufstehen.

Julie Es ist einfach zu depressiv. Ich seh aus wie 65 irgend so 'n Sektenanhänger. Das möchte ich vermeiden. Dass die meinen, ich war nicht bei Sinnen, oder so. Sag mal, das ist doch Quatsch mit dem Feigling.

August Na ja …

70 **Julie** Warum erzählst du so was?

August Um die zu trösten. Ich dachte, wenn ein Feigling sich umlegt, dann hat das was Tröstliches.

Julie Willst du denen denn nicht die Wahrheit 75 sagen? Anstatt irgendwas faken? Ich meine, das wär doch jetzt der Moment! Außerdem möchte ich nicht mit einem Feigling gesprungen sein.

August Ja. Ja. Das war Scheiße.

[…]

130 Wiederholung und Vertiefung: Dramatische Texte erschließen

Lesen und Literatur – Umgang mit Texten und Medien

C Gemeinsames Abschiedsvideo

[…] **Julie** Ich weiß nicht … Wir sollten vielleicht einfach die Kamera da hinlegen, uns da vorne hinstellen, kurz was sagen und dann gehen.

5 **August** Ja. *Julie stellt die Kamera hin und stellt auf Aufnahme. Sie stellen sich beide davor und halten sich an den Händen.*

Julie Ich liebe euch.

August Ich auch.

10 *Sie gehen, Hände haltend, auf den Abgrund zu. Kurz vor der Kante:*

Julie Das ist pathetisch.

August Irgendwie, ja.

Julie Außerdem ist das ganze Zeug von vorher
15 noch drauf.

August Ja. *August macht die Kamera wieder aus.* Vielleicht wär ein wenig Musik was?

Julie Musik?

August Ich weiß nicht, zum Untermalen. Im
20 Hintergrund?

Julie Warte, ich hab was mit. Das hat mich immer getröstet, wenn ich traurig war. *Julie holt den Ghettoblaster aus dem Zelt.* Das Ding ist, ich hab gar nicht alles gehabt. Das ist das

25 Ding. Ich weiß nicht. Ich glaub mir kein Wort mehr, irgendwie. Das Nordlicht heute Nacht. Ich hatte noch nie ein Nordlicht gesehen. Scheiße. Ich meine, wären wir gestern gesprungen, wir hätten's voll verpasst, das blöde Licht.
30 Gar nichts hab ich gesehen. Da. Warte. Da. Die sechs. Bereit?

August Ja.

Julie Okay, lass laufen.

*Kamera läuft. Julie tut eine CD rein und lässt sie
35 laufen („egg radio" von BILL FRISELL). Sie will was sagen, schaut lange in die Kamera, schließlich weint sie nur. Das Lied spielt weiter. Julie stellt den Ghettoblaster ab.*

Tut mir leid.

40 **August** Willst du nochmal?

Julie Nein. Ich glaube, ich bin unfähig. Das kann doch nicht so schwierig sein, sich zu verabschieden.

[…]

Online-Link
Hörverstehen
313176-0131

2 Spielt jetzt die Dialoge vor.

3 In der Theaterankündigung auf Seite 129 heißt es unter anderem, das Stück hätte „witzige, temporeiche Dialoge".
– Welche Textstellen empfindet ihr als witzig?
– Warum muss Julie unentwegt lachen?
Belegt eure Aussagen mit Textstellen, z. B.:

S. 129, Zeile 21 bis 25:

„Julie: Bereit? …

August: Willst du das ‚Bereit' mit drauf haben?"

→ **Seite 223 f.,**
Rechtschreibregel
„Zeichensetzung
beim Zitieren"

4 Sucht Textstellen heraus, die vermuten lassen, dass ein Selbstmord unwahrscheinlich wird, z. B.:

S. 126, Textausschnitt 5:

„Vielleicht bin ich ja gar nicht hier, um …"

Wiederholung und Vertiefung: Dramatische Texte erschließen

9 Alles nur Theater?

Wie man Spannung erzeugt

1 Das Zweipersonenstück **norway.today** weist nicht viel Handlung auf, trotzdem steigt die Spannung stetig an.
Erklärt, wie das erreicht wird. Stellt den Handlungsverlauf des Stücks in einem Ablaufschema dar, z. B.:

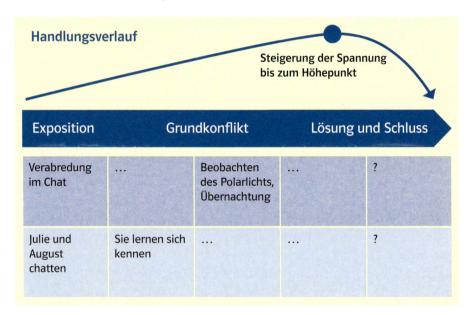

2 Stellt Vermutungen darüber an, wie das Stück endet. Begründet eure Meinung.

3 Lest den Schluss auf Seite 133 mit verteilten Rollen.

> **Merke**
>
> **Exposition**, die: erster, einführender Teil eines literarischen Werkes, in dem die Leser/Zuschauer mit Ort, Zeit, wichtigen Personen sowie mit den zentralen Motiven bekannt gemacht werden.

132   Wiederholung und Vertiefung: Dramatische Texte erschließen

Lesen und Literatur – Umgang mit Texten und Medien

[…] **August** Ich bin mir plötzlich nicht mehr sicher … dass ich mich noch umbringen kann. Verstehst du?

Julie Los.

5 **August** Okay.

Kamera läuft.

Hallo, Leute. Ich bin hier in Norwegen heute. Ich hab euch gesagt, dass ich zu Mats wohnen gehe übers Wochenende. Aber das war gelogen.

10 Ihr hättet mich nicht gehen lassen. Also hab ich euch voll was vorgelogen. Julie hier hat mir den Flug bezahlt. Ja. Und es hat sich gelohnt. Ich meine, wir springen jetzt gleich hier runter … Ich meine, das ist, warum wir hier sind.

15 Um zu gehen. Aber es hat sich auch sonst echt gelohnt, weil die kurze Zeit hier, die war richtig gut. Ich meine, ich hab mich hier richtig lebendig gefühlt, eigentlich. Also eigentlich zum ersten Mal, vielleicht. Gestern Nacht haben wir

20 ein Nordlicht gesehen. Wir haben es gefilmt. Ihr könnt es euch anschauen. Es war ein wunderschönes, riesiges Licht. Es hat fast den ganzen Himmel bedeckt. Und ich hab an euch gedacht, auch, warum ihr dieses Licht nicht sehen könnt

25 zu Hause, weil's doch so groß ist. Das Ding ist, auf dem Video sieht's viel kleiner aus – und dunkler. Sieht irgendwie aus wie durch 'n Nebel durch. Man muss das echt erlebt haben. Ich

kann euch das nur empfehlen. Julie hier hatte
30 auch noch nie eins gesehen. Wir standen da wie die Irren. Ja. Das solltet ihr mal sehen. Aber es soll sehr selten sein, sagt Julie. Ja. Ja und … Julie ist ein Freund. Julie. Ich … Sie ist … Also ich bin … eigentlich … ja. Also ich wollte

35 eigentlich … Ich wollte euch eigentlich sagen, warum ich das tue, was ich gleich tun werde, aber … ehrlich gesagt, ich weiß es gerade nicht mehr. Ich hab keine Ahnung. Tut mir leid.

Kamera aus.

40 Weißt du's?

Julie Nee.

August Ja, dann.

Julie Ja.

August Warte mal.

45 *August packt die Kassetten alle zusammen in eine Tasche und geht damit zum Abgrund. Julie steht neben ihm. Sie schauen sich an. August schmeißt die Tasche runter. Sie schauen ihr nach.*

Julie Ist hängen geblieben.

50 **August** Es könnte sein, dass wir soeben von einem Glück getroffen wurden, von dem wir uns nicht so schnell erholen werden.

Julie Ich will weg hier.

August Ich auch.

55 *Beide ab.*

Online-Link
Hörverstehen
313176-0133

4 Sprecht über die Lösung, die der Autor anbietet. Warum fällt sie positiv aus?

5 EXTRA Welche Wirkung kann mit diesem positiven Ausgang vermutlich erzielt werden? Notiere deine Überlegungen.

6 Lest noch einmal nach, was auf Seite 122 f. über das Stück geschrieben wurde. Besprecht abschließend, ob eure Erwartungen erfüllt wurden:

> **Aus der Theaterankündigung von Seite 122 f.:**
> „Das Stück regt Jugendliche und Erwachsene gleichermaßen zum Nachdenken über den Umgang mit den modernen Medien an und lässt den Zuschauer mit den beiden Hauptfiguren Julie und August mitfiebern."

Wiederholung und Vertiefung: Dramatische Texte erschließen

9 Alles nur Theater?

Traumfabrik Fernsehen

Es gibt eine Vielzahl von Fernsehshows, mit deren Hilfe die Mitspieler den vermeintlichen großen Sprung ins Rampenlicht des Fernsehens schaffen sollen.
In dem Jugendtheaterstück „Creeps" von Lutz Hübner geht es um die geheimsten Wünsche junger Menschen: Selbst ein Star zu werden.
Drei Mädchen nehmen an einem Casting für die Moderatorenstelle in der neuen Musik-Show „Creeps" teil.

1 Der folgende Text ist ein Ausschnitt aus einer Theaterkritik, die zu einer Aufführung des Stücks verfasst wurde. Stelle fest, worum es darin geht.

Ausschnitt aus einer Theaterkritik
[…] Da diskutieren Theaterinteressierte stundenlang darüber, warum viele junge Menschen nicht oder selten ins Theater gehen, und finden keine schlüssigen Antworten. Und dann gibt es einen Theaterabend, der solche Fragen überflüssig und überholt erscheinen lässt, weil Stück, Inszenierung
5 und Schauspielerinnen „stimmen" und die Reaktionen der vorwiegend jungen Zuschauerinnen und Zuschauer zeigen, dass das ihr Abend, ihre Aufführung ist.
Die Rede ist von „Creeps", einem an mehreren Theatern gespielten Stück von Lutz Hübner aus der Welt der Musikshows und Traumjob-Castings
10 […]
Im Mittelpunkt des Geschehens stehen drei junge Frauen, etwa siebzehn, achtzehn Jahre alt, die zur Endrunde eines Casting-Wettbewerbs für die Moderation einer Fernsehshow eingeladen sind. Die Bühne, die sie am Beginn zögerlich und etwas ungelenk betreten, gehört allein ihnen. Geführt,
15 angestachelt, provoziert, aufgemuntert, gemahnt, getadelt, gelobt werden sie von der Stimme eines Profis aus dem Off, schleimig-kumpelhaft einmal, aggressiv ein anderes Mal. Schnell zeigt sich, dass die drei Bewerberinnen sehr unterschiedliche Charaktere mit unterschiedlichem familiären Hintergrund und sozialen Umfeld haben.
20 Da ist Petra, die Naive, Fröhliche, aus einer Plattenhaussiedlung in Chemnitz, mit Freund und einer Lehrstelle als Kauffrau. Da ist Lilly, „die Arrogante, Selbstsichere, in teuren Klamotten", für die Geld offensichtlich keine Rolle spielt. Und da ist Maren, die äußerlich „Coole", die politisch Interessierte, Selbstkritische, aber auch Unsichere. Die kalte Konkurrenzsi-
25 tuation und die verschiedenen Persönlichkeiten der Bewerberinnen sorgen für abwechslungsreiche Casting-Auftritte, vor allem aber für Spannungen, Konflikte und Krisen auf der Bühne. […]

Lesen und Literatur – Umgang mit Texten und Medien

EXTRA

Die Motive – dem Alltagstrott entfliehen (Petra), der immer nörgelnden
Mutter etwas beweisen (Maren) und dem reichen Elternhaus gegenüber
30 Selbstständigkeit demonstrieren (Lilly) – zeigen eindringlich die Verfüh-
rungsgewalt des Mediums Fernsehen: Der Traumjob Moderatorin wird sie,
so der feste Glaube der drei Jugendlichen, von ihren Sorgen befreien, sie aus
ihrer kleinen Alltagswelt reißen, ihnen erst ihre eigentliche Identität geben.
Am Ende müssen sie, provoziert durch die brutalen Einlassungen der
35 Off-Stimme, erkennen, dass sie zynisch ausgenutzt und erniedrigt werden.
Sie solidarisieren sich zwar, verweigern sich und sagen nein. Aber es ist zu
spät. Ihr Auftritt vor der Kamera ist total, mit allen Aggressionen, Tränen,
mit allem Nachgeben und Mitmachen, mit allem Trotz, von den Fernseh-
leuten manipuliert worden. Sie waren nie für eine Moderation vorgesehen.
40 Sie sollten sich so verhalten, wie sie sich verhalten haben: damit aus den
Mitschnitten ein spannender Trailer für die Musikshow einer bereits engagierten Moderatorin produziert werden kann.
Regie führte die junge Luisa Brandsdörfer […] Ihr gelingt eine spannungsreiche, unterhaltsame Inszenierung.
45 Die Bühne, auf der das Traumwelt-Casting stattfindet, ist ein weißes
Podest, das hinten mit einer weißlich-grünlichen halbrunden Wand
abgeschlossen wird. Die Buchstaben des Wortes „Creeps" stehen, wie
Sitzelemente, als grellbunte große Plüschlettern auf der Bühne. Der
klischeehafte Schein einer Fernsehstudiowelt wird gebrochen durch das,
50 was auf der Hinterwand aufgemalt ist: ein kitschiges Schutzengelbild, das
in sich verschoben zu sein scheint, ein Kühlschrank und eine Couch. In
dem Kontrast von Rückwand und Podestbühne entlarvt sich die Casting-
handlung als Scheinwelt, als Lug und Trug. […]
Den Löwenanteil daran, dass das Stück die jungen, aber auch die älteren
55 Zuschauer bei der Premiere gepackt hat – es gab lang anhaltenden Applaus
mit Standing Ovations am Ende –, haben die drei Schauspielerinnen
Sarah Grabowski (Petra), Anne Berg (Maren) und Katie Debney (Lilly).
Es sind Laiendarstellerinnen, Schülerinnen, aus vielen Bewerberinnen für
diese Rollen ausgewählt. Man kann das kaum glauben. Ihr authentisches,
60 differenziertes Spiel, ihr nuancenreiches Sprechen, ihr immer profihafter
Bühnenauftritt sind beeindruckend.

2 Gliedere den Text in Abschnitte und notiere in Stichworten, worum es
darin jeweils geht.

3 Zu Beginn des Textes wird die Frage gestellt, warum „viele junge Menschen nicht oder selten ins Theater gehen". Wie beantwortest du diese
Frage? Notiere.

Wiederholung und Vertiefung: Dramatische Texte erschließen

9 Alles nur Theater?

Exposition und Grundkonflikt

Online-Link
zu dem Theaterstück
313176-0136

Die Bühne ist dunkel. Musik: Radiohead: Creep/acoustic.
Auf der Videoleinwand evtl. Text:

„Du siehst verdammt gut aus, du bist cool, ohne dich kommt keine Party auf
Touren, deine freche Schnauze ist Kult.
5 Warum eigentlich hast du dich nicht schon längst bei uns beworben?!
Wir suchen genau solche Moderatoren wie dich!
Power, Präsenz und Personality, um ‚Creeps',
eine neue Trendfashionmusicshow zu moderieren.
Wenn du zwischen 16 und 18 bist und der Steckbrief auf dich zutrifft, bist du
10 die Richtige!
Wie das geht?
Ganz einfach: Demoband schicken, warten bis wir anrufen und los geht's
nach Hamburg. Kennwort Creeps!
Wo immer du gerade bist: Wir holen dich da raus!
15 And don't forget: the world is waiting for you!"

Danach sieht man Schlusssequenzen von Bewerbungsvideos:

1 Petra in einer Disco, sie hat gerade eine Tanznummer beendet.
Petra Okay Leute, bis bald in Hamburg.
(Sie lacht, macht das Victoryzeichen.)
20 **Petra** *(leise)* Geht das so, Konrad?
Eine Stimme, *(offensichtlich Konrad, der die Kamera führ)* Einwandfrei,
Petra. *(Petra lacht. Black.)*

136 Wiederholung und Vertiefung: Dramatische Texte erschließen

Lesen und Literatur – Umgang mit Texten und Medien

EXTRA

2 Maren in einem Klassenraum/Aufenthaltsraum.
Sie sitzt an einem Tisch, vor sich ein paar Blätter, sie lächelt, winkt kurz, steht
25 *dann auf und geht Richtung Kamera, streckt ihre Hand aus, um die Kamera*
auszuschalten, Black.

3 Lilly auf einem schwarzen Ledersofa, im Hintergrund Musik.
Lilly Das muss reichen, Leute, den Rest gibt's nur live im Studio.
Die Kamera fährt Close up auf ihr Gesicht, verharrt kurz auf ihrem knallrot
30 *geschminkten Mund, Küsschen und Black.*

Das Licht auf der Bühne zieht auf. Nach einiger Zeit kommt Petra herein,
stellt ihre Tasche ab, sieht sich um, lächelt, wartet.
Petra Hallo, ich bin jetzt da!
(Sie setzt sich aufs Sofa.)
35 **Petra** Super Musik, auch ein geiles Video, kenn ich.
(Sie geht noch mal nach draußen, sieht auf dem Türschild nach, kommt wie-
der herein. Die Musik endet.)
Petra Ist doch hier wegen „Creeps", moderieren und so, oder?
(Sie sieht sich noch mal um, bemerkt dann den Schriftzug ‚Creeps'. Sie lacht
40 *verlegen.)*
Petra Oh Mann, alles klar, sieht mir echt ähnlich. Cooles Graffito, echt.
(Maren erscheint in der Tür, stutzt, sieht auf das Türschild.)
Maren Bin ich hier richtig wegen der Sendung „Creeps"?
Petra Ja klar.
45 *(Sie zeigt auf das Graffito.)*
Guck mal, habe ich auch eben erst gesehen, echt typisch. Aber es sagt
einem ja auch keiner was. Egal. Ist ja auch noch nicht ganz halb, okay. Also
ich bin Petra, hallo, ja. Komm rein, sag ich jetzt einfach mal so.
(Maren kommt herein.)
50 **Maren** Hallo.
Petra Klingt jetzt vielleicht blöd, aber, bist du der Studiogast oder so? Ich
bin nämlich das erste Mal da. Also eigentlich gerade erst angekommen, ich
mein nur, weil du dich auch nicht auskennst.
Maren Ich bin Moderatorin.
55 **Petra** Echt?
(Sie gibt ihr die Hand.)
Oh Mann, das ist alles so spannend. Ich auch, weißt du?
Maren Und was machst du?
(Petra zeigt auf das Graffito.)
60 **Petra** Na, „Creeps".
Maren Das mach ich.
(Stille)
Petra Also, die haben bei mir angerufen und so.
Maren Bei mir auch.

Wiederholung und Vertiefung: Dramatische Texte erschließen

137

9 Alles nur Theater?

65 **Petra** Das wusste ich nicht.

Maren Ich auch nicht.

Petra Vielleicht machen wir das ja zusammen oder so. Gibt's ja öfters.

Maren Ich weiß nicht, was sie dir gesagt haben.

Petra Da kommt ja bestimmt gleich jemand.

70 **Maren** Aber du hast auch ein Videoband geschickt?

Petra Ja klar.

(Lilly kommt herein.)

Maren Guten Tag. Hallo, ich bin Maren Terbuyken, wir haben da gerade ein Problem. Wir sind wegen der Moderation da …

75 **Lilly** Na? Habt ihr auch eine Message gekriegt?

Maren Ich wurde angerufen.

Lilly ‚Du bist es! Du! Du! Du! Ganz fette Glückwünsche von uns allen und bis bald.'

Maren *(irritiert)* Ja, genau, jetzt sieht es aber so aus, als ob …

80 **Lilly** Genau das haben die mir auch gesagt. Regt euch ab, ich gehöre nicht zu dem Laden.

Petra Versteh ich nicht.

(Lilly setzt sich.)

Lilly Das hier ist ein Casting.

85 **Petra** Aber ich hab doch eine Zusage gekriegt, das ist Fakt.

Lilly Das ist eine Endauswahl.

Haben die euch das in der Verwaltung nicht gesagt? Klar nicht, echte Wichser. Ich hab die gefragt. Ich hab mir schon gedacht, dass da irgendein Haken bei ist, war zu einfach, so geht das nicht. Na okay.

90 **Maren** Was heißt denn das?

Lilly Ist doch nicht so schwer. Eine von uns dreien wird es. Falls nicht noch mehr kommen.

Petra Vielleicht sollen wir das ja alle drei zusammen machen.

Lilly Zwei fliegen raus, basta.

95 *(Lilly holt ihr Handy heraus, geht ein paar Schritte abseits, telefoniert.)*

Lilly Ich bin jetzt da … Taxi, sonst hätte ich es nicht mehr geschafft … Quittung hab ich … ja, doch ein Casting … drei … weiß nicht … mal sehen … Ciaociao

Maren Scheiße.

100 **Petra** Da könnte auch so langsam jemand kommen, einen so warten zu lassen.

(Maren beginnt nervös auf und ab zu gehen.
Lilly packt ihr Handy wieder ein, nimmt sich einen Kaffee.)

Petra Was kostet denn so ein Kaffee, steht da was?

Lesen und Literatur – Umgang mit Texten und Medien

EXTRA

105 **Lilly** Kannst dich einfach bedienen.

Petra Das Obst da auch? Ich hab mir nämlich im Zug nichts geholt, das ist immer so teuer.

Lilly Alles spendiert, Begrüßungsgeschenk. Sogar die Südfrüchte.

Maren zu Lilly Sag mal, weißt du, wie das so läuft? So ein Casting?

110 **Lilly** Ist auch mein erstes, läuft aber ganz unterschiedlich, was man so hört. Und, klingt jetzt vielleicht blöd, aber wir wollen denselben Job. Weißt, was ich meine, oder? Ich brauch jetzt auch noch ein kleines Chill out. Sie setzt sich einen Kopfhörer auf, schaltet den MP3-Player ein. Maren geht zurück zum Sofa, Petra isst einen Apfel.

115 **Petra** Egal, oder? Was zum Erzählen ist es so oder so.

(Maren schenkt sich einen Kaffee ein, zögert, stellt ihn wieder ab.)

Maren Das könnte ruhig mal losgehen, mich macht das irgendwie nervös.

Petra Ein Casting, wie das klingt.

Maren Das müssen die einem doch sagen.

120 **Petra** Die werden uns schon nicht den Kopf abreißen oder so.

Lilly Kannst du mal ein bisschen leiser reden oder so?

(Helles Kameralicht, ein Jingle, die Offvoice /OV schaltet sich ein.)

OV[1] Okay, hallo, super, dass ihr da seid, alle drei haben das Studio gefunden, der Rest ist ein Kinderspiel, okay, kleiner Scherz.

125 Wir hatten euch einen Prakti losgeschickt, aber der ist verschütt gegangen, sorry for that, okay, ich bin Arno von der Regie, ich werde euch gleich mal erklären, wie das hier so läuft und was Sache ist.

Wir gehen das alles ganz locker an, macht euch keinen Stress, wir müssen hier noch ein paar Sachen checken, Tasten sortieren, die Regler durchzäh-

130 len, things like that, Geduld, macht's euch gemütlich, cool bleiben.

(Maren sieht sich suchend um.)

[…]

---

[1] OV/Offvoice/OV-Text: kommentierender Text, der z. B. beim Fernsehen von einem unsichtbar bleibenden Sprecher gesprochen wird (Stimme aus dem OV/Off)

---

1 Beschreibe den Aufbau dieser Szene.

2 Die erste Begegnung zwischen Maren und Petra endet mit der Bühnenanweisung „Stille" (Seite 137, Zeile 62).
Schreibe aus der Sicht von Petra oder Maren einen inneren Monolog.

→ **Seite 230,**
Arbeitstechnik
„Einen inneren
Monolog schreiben"

3 Auf Seite 138, Zeile 94 sagt Lilly: „Zwei fliegen raus, basta."
Überlege, welche Konflikte sich aus dieser Situation ergeben könnten.
Überlege auch, wie du dich in dieser Situation verhalten würdest.
Notiere deine Gedanken dazu in Stichworten.

Wiederholung und Vertiefung: Dramatische Texte erschließen

Spannungssteigerung und Höhepunkt

Nachdem die Mädchen den ersten Schreck überwunden haben, lassen sie sich auf die Castingsituation ein. Sie stellen sich vor, interviewen sich gegenseitig und geraten immer mehr in einen Konkurrenzkampf, der in der folgenden Szene seinen Höhepunkt hat.

[…] **OV** Okay, Petra, interviewst du Lilly?
(Petra setzt sich, Jingle.)
Petra Unterstützen das deine Eltern, dass du dich beworben hast?
Lilly Vielleicht stell ich mich erst mal kurz vor. Ich bin Lilly Marie Teetz hier aus Hamburg, aber nenn mich einfach Lilly. Hallo, Petra.
Petra Hallo, Lilly.
Lilly Ich hab schon immer mit Medien zu tun gehabt, mein Vater ist Artdirector bei … ner ziemlich guten Adresse. Ich interessiere mich für Mode, ich mag Musik, das passt alles wunderbar zusammen, also, warum nicht.
Petra Hast du einen Freund?
Lilly Ich will mal in den Staaten Journalismus studieren. Da lohnt es sich nicht, hier noch ein Herz zu brechen, Long-Distance-Beziehungen, da hat keiner was von, höchstens die Telekom.
Petra Und was für Musik hörst du gerne?
Lilly *(zur Kamera)* Das ist doch ein bisschen öde, oder? Wollen wir nicht was Verrücktes machen, Petra?
Petra Ja, klar.

Lesen und Literatur – Umgang mit Texten und Medien

EXTRA

Lilly Machen wir es auf Englisch?

(Petra überlegt.)

20 **Petra** What music are you hearing?

Lilly At the moment I don't hear any music at all. But I like Triphop. Next question.

Petra Why do you think you do the job here good?

Lilly Because my English is good enough for outstanding interviews with 25 international superstars. Thank you.

OV Kein Problem, wir machen das später.

Wir haben da auch schon mal eine Menge Material, wir haben viel über euch erfahren.

Jetzt erst mal Päuschen.

30 Wenn ihr in die Kantine wollt, zweite Tür links und dann den Pfeilen nach, oder rechts runter, hinter der ersten Tür rechts haben wir ein bisschen frische Luft für euch besorgt. Hängt einfach mal ein bisschen ab, das ist ja alles auch irgendwie anstrengend, oder? Auch wenn es einen Riesenspaß macht, unter uns, mein Nikotinpegel hängt im Keller.

35 Baut euch auf, ihr seid super.

Ich drück euch, bis gleich.

(Stille)

Petra Warum hast du das gemacht?

Lilly Was denn? Das englische Interview?

40 Ganz einfach. Copy kills. Nur meine Fragen nachplappern ist ein bisschen arm.

Petra Warum lässt du es mich nicht auf meine Art machen? Es war meine Runde.

Lilly Musik, was? Was wäre denn dann gekommen? Lieblingsfarbe?

45 Schönstes Ferienerlebnis? Dann mach lieber „Einsame Herzen".

Petra Du wolltest mich doch nur …

Lilly Jetzt lass mal die gequälte Ossiseele stecken. Wenn du dir das Interview aus der Hand nehmen lässt, bist du falsch für den Job, alte Journalistenregel. Dranbleiben, es ist deine Nummer.

50 **Maren** Jetzt tu doch nicht so!

Lilly Mit dir rede ich gerade gar nicht.

Maren So eine Arroganz hab ich noch nie erlebt, so eine Gemeinheit, du eitle Schnepfe, Hauptsache du, egal was andere Leute machen …

Lilly *(laut)* Das ist ein Casting! Hier geht es um einen Job! Kriegt ihr das 55 nicht in die Birne?

Das ist keine Klassenfahrt mit Schnitzeljagd, das ist ein Job beim TV für Acht im Monat, Markenklamotten frei Haus, Home Stories, VIP-Lounge, Trips zu allen Events, das ist ein knallhartes Ding.

Was wollt ihr denn in der Sendung machen? Sackhüpfen?

60 Ihr müsst mal checken, dass ihr was bringen müsst!

Wiederholung und Vertiefung: Dramatische Texte erschließen

141

Maren Darum geht es doch nicht, du verlogenes Miststück, das weißt du genau!

Lilly Worum geht es denn? Worum?

Maren Diese Scheißfragen nach meiner Mutter, nach der Schule, du hast
65 mich reingeritten, mit voller Absicht.

Lilly *(schreit)* Du stehst doch auf Theater, dann mach doch einen auf Kelly Family, dann lüg doch.

Das ist denen doch scheißegal, ob deine Eltern geschieden sind oder nicht, lass doch die Psychokacke. Wo ist denn das Problem, wenn du ein Loser in
70 der Schule bist, ist das meine Schuld? Soll ich dich aufbauen? Ich? Nachdem du mich so übel angeschissen hast? Ich? […] Ist das mein Problem, wenn du kaputt bist?

(Maren geht auf Lilly los, ohrfeigt sie, Lilly schreit.
Petra geht dazwischen. Maren will wieder zuschlagen.)

75 **Petra** Aufhören, sofort!

(Petra trennt die beiden, Maren bricht zusammen, beginnt hysterisch zu heulen.)

Lilly Bist du verrückt? Du bist ja total verrückt!!

Du gehörst doch in die Klappse!!

80 **Petra** Halt die Schnauze! Hau ab! Lass sie doch in Ruhe!

Lilly Die soll mich in Ruhe lassen!

(Lilly schnappt ihre Tasche, setzt sich in die Ecke, wühlt in ihrer Tasche, holt den Player heraus, die Zigaretten, sucht das Feuerzeug u. ä.
Petra geht zu Maren.)

85 **Petra** Das kannst du doch nicht machen.

Maren Hau ab, lass mich in Frieden, das kapierst du nicht.

Petra Ich will ja nur …

Maren Das kapierst du nicht!

Petra Das ist doch nur … ich meine … klar, ich hab auch gedacht, dass ich
90 es bin … aber so voll ernst darf man das doch nicht nehmen, oder?

Maren Das geht schief, das weiß ich. Aus. Vorbei. Gelaufen. Kaputt … weg … fertig … erledigt … jetzt ist es passiert.

Oh Scheiße, und ich hab gedacht, ich schaff das noch. Jetzt ist es schlimmer, es ist noch schlimmer …

95 *(Sie beginnt zu hyperventilieren, ein Würgereiz.)*

Petra Ruhig, Mensch Maren, du musst ins Bett, leg dich hin oder so.

(Maren beginnt auf und ab zu laufen.)

Maren Mein Kopf, jetzt geht das wieder los.

(Petra geht zu Maren.)

100 **Petra** Komm, leg dich hier auf das Sofa, oder geh ein bisschen was raus an die frische Luft. Ich sag denen, dass du krank bist und dass du andermal kommst, oder so.

Lesen und Literatur – Umgang mit Texten und Medien

EXTRA

Maren Nein! Nein! Alles, bloß das nicht. Ich kann nicht noch mal … ich muss das heute. Unbedingt, sonst ist alles gelaufen.
105 Ich kann nicht zurück, wenn das heute nicht … ich zieh das durch und dann ist alles egal …
(Maren setzt sich aufs Sofa, schlägt sich mit beiden Händen auf den Kopf, immer stärker.)
Petra Hör sofort auf damit!
110 **Maren** Ich muss mal aufs Klo … muss mal gucken, wo das ist, muss hier ja eins sein … ich guck mal, wo das ist.
(Sie geht zur Tür.)
Maren Sag mir, wenn es weitergeht, ja? Unbedingt, du musst mir das sagen, bitte, ja?
115 **Petra** Ja, klar.
(Maren geht nach draußen. Stille. Lilly setzt den Kopfhörer ab, packt den MP3-Player ein.)
Petra Was hat die denn?
Lilly Kaputt im Kopf.
120 *(Stille.)*
[…]

1 Stelle fest, an welcher Stelle in dieser Szene die Spannung am höchsten ist.

2 Vergleiche diesen Auftritt der Mädchen mit ihrem Auftritt aus der ersten Szene. Beschreibe, wie sich die Mädchen verändert haben. Belege deine Aussagen mit Zitaten aus dem Text.

→ **Seite 250**, Textartenverzeichnis: Zitat/Ausspruch

→ **Seite 223**, Rechtschreibregel „Zeichensetzung beim Zitieren"

Wiederholung und Vertiefung: Dramatische Texte erschließen

143

9 Alles nur Theater?

Moment der letzten Spannung und Schluss

1 In den folgenden Abschnitten meldet sich Arno, die Stimme aus dem OV, zu Wort. Stelle fest, wie er die Mädchen anspricht.
Sammle in einer Tabelle auffällige Redewendungen und schreibe daneben, welche Wirkung damit erzielt werden soll.

[…] *(Helles Kameralicht, ein Jingle, die Offvoice/OV schaltet sich ein.)*

OV […] okay, ich bin Arno von der Regie, ich werde euch gleich mal erklären, wie das hier so läuft und was Sache ist. Wir gehen das alles ganz locker an, macht euch keinen Stress, wir müssen hier noch ein paar Sachen
5 checken, Tasten sortieren, die Regler durchzählen, things like that, Geduld, macht's euch gemütlich, cool bleiben.
(Maren sieht sich suchend um.) […]

[…] Erst mal Glückwunsch von uns allen, ich kann euch verraten, wir hatten eine Menge Demos, no shit, aber nur bei euch dreien haben wir alle
10 wow! gesagt. Ihr drei habt das, was wir brauchen, und das ist credibility. Wir wollen keine Hochglanzmodelabziehbilder, sondern Leben live, Leute, die ihre eigenen Styles flashen, die genauso sind wie die Posse da draußen, Generation@Personalities, die ihre eigene Denke haben, keine Spaßbremsen mit Plastikcharme, sondern Persönlichkeit und Präsenz. Und das
15 haben wir auf euren und nur auf euren Tapes gesehen. Dafür erst mal ein fetter Applaus.
(Applaus wird eingeblendet.)
Okay, wir probieren mal ein paar Sachen durch, ganz easy. Ich weiß, das ist irgendwie uncool, es nur mit 'ner Kamera zu machen, aber das ist der Job.
20 Wir sehen es uns hier auf dem Screen an, da muss es rüberkommen. Wenn die rote Kanne da leuchtet, läuft die MAZ, dann seid ihr auf Sendung. […]

Lesen und Literatur – Umgang mit Texten und Medien

EXTRA

[…] *(Die Offvoice ist zu hören, mitten in ein Gespräch reingeschnitten, jemand ist auf die Gegensprechtaste gekommen.)*

OV *(gackernd)* … oder unsere Hanseatenzicke, das Gesicht, close up, hey
25 Lilly of the valley, wir haben uns entschieden, wir drehen dir einen Henkel
in den Kopf und verklappen dich bei den Teletubbies, mach mal ah-oooh!!
… aber voll sexy. *(Gelächter)* Und wisst ihr was? Wenn das Vatertier mal
wieder die Leitung vollsülzt, sagen wir einfach: Herr Teetz, beruhigen Sie
sich, alles im grünen Bereich. Ihre Tochter ist gebucht, all down the Elb-
30 chaussee und der Frotteepuschel von Gucchi. *(Gelächter)* Super, super!!!! …

(Die Übertragung bricht abrupt ab. Stille. Keine der drei rührt sich.) […]

2 Beschreibe, was in der folgenden Szene geschieht.

[…] *Es folgt ein Trailer aus Zitaten des Castings, auch aus den Offzeiten,
kurze Clips der Moderationen, Tanznummern.
Die Ohrfeige von Maren, ihr Zusammenbruch, unterlegt von Petras wütender
Hassrede, alles sehr schnell geschnitten, geht langsam über in eine Remixver-
5 sion von ‚Drei Chinesen‘ dazwischen Schnipsel aus Dialogen, Lillys ‚Arno!‘-
Rufe.
Eine perfekte kurze Nummer über drei sehr coole Frauen, Liebe, Hass, State-
ments, Texteinblendungen etc.* […]

[…] *Gegen Ende des Clips wird der Schriftzug „Creeps" eingeblendet, dann
10 ein Mädchen, stilistisch zwischen Björk und Franca Potente.*

Ansage Hallo Leute, hier ist Kathleen, willkommen bei ‚Creeps‘, dem
neuen Livestylemagazin mit den etwas anderen Tipps.
Black.

OV Kommt gut, oder? Wartet mal ab, bis wir das richtig hochgetunt haben.
15 **Mädchen** *(Offvoice)* Hallo, Mädels, ich bin Kathleen, hi. Ich hab gerade
hier oben in der Regie den Rough cut angeschaut, den die gezaubert
haben, und ich muss sagen, ich bin total begeistert. Ihr seid so was von
authentisch. Das wird ein super Trailer für meine Sendung.

OV Okay, danke Kathleen. Ich sag euch, Mädels: Der Clip läuft vor jeder
20 Sendung und in jedem Werbeblock. Mit so 'nem Trailer und Kathleen als
Moderatorin: das zieht, das knallt, das toppt die Quote! […]

3 Dem Theaterstück wurde ein Ausspruch von Priscilla Presley vorangestellt: „Moments can change your life". Was denkst du, ist damit gemeint?
Notiere deine Überlegungen.

Wiederholung und Vertiefung: Dramatische Texte erschließen

9 Alles nur Theater?

Sprachformen als Stilmittel

Theaterstücke werden meist in der Hochsprache/Standardsprache verfasst. In den Theaterstücken „norway.today" und „Creeps" wird daneben auch die Jugendsprache verwendet.

1 Untersuche eine Szene aus einem dieser Stücke und schreibe Ausdrücke heraus, die du zur Jugendsprache zählst.

TIPP!
Ihr könnt auch eine Umfrage in anderen Klassen durchführen.

2 Tauscht euch darüber aus, warum die Autoren ihre Figuren vermutlich so sprechen lassen.

3 Übernehmt die folgende Tabelle in euer Heft. Einigt euch auf Ausdrücke für die leere Spalte.

→ **Seite 224,**
Arbeitstechnik „Eine Umfrage vorbereiten"

Jugendsprache im Wandel

Begriff	2000–2005	heute
Solarium	Münzmallorca	…
auf jemanden einreden	jemanden eintexten, volltexten, jemandem Koteletts ans Ohr reden, jemandem die Kassette einlegen, jemanden zufönen	…
dummer Mensch	Gollo, Spacko, Nullchecker, Nullpeiler, Flachzange, Hasenhirn, Spaten, Evolutionsbremse, Brotgehirn, Intelligenzallergiker, Klopskind, Pfosten	…
Eltern	Ellies, Erzeugerfraktion, Kohlebeschaffer	…
kleiner Hund	Fußhupe, Teppichporsche	…

→ **Seite 220,**
Sprachformen/ Sprachvarianten

Merke

Jugendsprache
Nicht einheitlich gebrauchte Bezeichnung für die recht unterschiedlichen Sprechweisen Jugendlicher, die sie meist untereinander und zur Abgrenzung gegenüber der Welt der Erwachsenen benutzen.
In der Jugendsprache werden hauptsächlich Wortbedeutungen verändert, Satzstrukturen jedoch nicht.
Wörter aus der Umgangssprache erhalten in neuen Zusammenhängen andere, besondere Bedeutungen (z. B. angraben, aufreißen, Schnecke) oder es werden neue Zusammenstellungen zur Übertreibung gewählt (z. B. heißer Ofen, oberaffengeil).

Rechtschreibung, Grammatik, Sprachbetrachtung

4 Lest den folgenden Text und besprecht, worum es darin geht.

Eine ganz alltägliche Geschichte

Deutschunterricht in der 10 b. Der Deutschlehrer Herr Klein beginnt: „Leute, ich weiß zwar, dass ihr keinen Bock auf Deutsch habt, aber ich will euch heute eine irre Story erzählen, die vor 200 Jahren gelaufen ist. Spannt eure Lauscher auf.“

5 Ferdinand von Walther, ein adliger Typ, ist spitz wie'n Rettich auf Luise, eine Sonne von einer Frau aus dem Bürgertum. Luise steht auch auf ihren Queenbody. Zu ihrem Standesunterschied meinen die beiden, das muss man ja nicht so verbissen sehen. Doch ihre Alten sagen: „Mit Highlife läuft hier nichts.“ Und sein Vater geht ihm laufend auf die Ketten, dass er 'ne
10 andere heiße Braut nehmen soll. Für die ist die Sache schon gebongt, denn sie fährt total auf Ferdinand ab. Doch er meint: „Die Platte brauchst du gar nicht erst aufzulegen.“
Inzwischen sind die Schüler leicht beunruhigt. „Ich denk, mir wächst 'ne Feder“, flüstert Marion, „wie spricht denn Herr Klein heute?“ „Das halt ich
15 *ja im Kopf nicht aus, hat er sich vielleicht 'n Knorpel angefeuchtet?“, murmelt Olaf. Herr Klein kommt zum Ende des Dramas.*
Ferdinand flippt vor Eifersucht total aus, weil so ein Dreher ihm 'ne verschärfte Lüge aufgetischt hat. Mit einer Giftpulle schleicht Ferdinand zu seiner Luise, lüpft eiskalt einen ein und dreht auch Luise einen an: „Hau
20 rein, Süße!“ Doch die Sache geht voll nach hinten los. Sterbend gesteht Luise: „Oh, Mann, was dieser Typ geflüstert hat, kannste vergessen!“ Doch zu spät. Der Junge klappt ab. Als sein alter Herr um Verzeihung anhaut, meint Ferdinand erst: „Geh mir vom Acker!“ Doch dann haucht er: „Normale Sache“, und reicht seinem Vater die Flosse.
25 *Es klingelt. […] Herr Klein verabschiedet sich mit folgenden Worten: „Das war ‚Kabale und Liebe‘“ von Friedrich Schiller, ganz mit euren Worten wiedergegeben.“*

5 Stellt fest, welche Sprachform Herr Klein verwendet.

6 Besprecht, warum der Deutschlehrer seinen Vortrag vermutlich auf diese Weise hält.

→ **Seite 220,**
Sprachformen/
Sprachvarianten

7 EXTRA Übertrage zwei Abschnitte aus dem Text ins Hochdeutsche. Bemühe dich dabei um eine möglichst genaue Wiedergabe.

8 EXTRA Erkläre, warum es sich bei diesem Text um eine Parodie handelt.

→ **Seite 191,**
Parodie

Sprachformen/Sprachvarianten

9 Alles nur Theater?

Alltagssprache?

→ Seite 220,
Sprachformen/
Sprachvarianten:
Standardsprache,
Dialekt, Umgangssprache, Jugendsprache, Fachsprache

In Medien und auf der Theaterbühne wird normalerweise die Hochsprache/Standardsprache gesprochen. In den Jugendtheaterstücken, die ihr in diesem Kapitel kennen gelernt habt, verwenden die Figuren jedoch neben der Standardsprache häufig auch Wörter und Wendungen aus anderen Sprachformen/Sprachvarianten sowie aus dem Englischen.

1 In unserem Alltag spielt das Englische eine recht große Rolle. Besprecht, in welchen Bereichen es besonders häufig verwendet wird.

2 Wenn unsere Alltagssprache zu stark mit englischen Wörtern durchmischt wird, spricht man von „Denglisch". Der folgende Songtext macht auf diese Sprachform aufmerksam.

Online-Link
Hörverstehen
313176-0148

→ Seite 240,
Autorenverzeichnis:
Daniel Dickopf (Dän)

→ Seite 248,
Textartenverzeichnis:
Liedtext/Songtext

→ Seite 231,
Arbeitstechnik „Ein
Gedicht erschließen"

Daniel Dickopf
Denglisch

Oh Herr, bitte gib mir meine Sprache zurück!
Ich sehne mich nach Frieden
und nem kleinen Stückchen Glück.
Lass uns noch ein Wort verstehn
5 *in dieser schweren Zeit,*
öffne unsre Herzen, mach die Hirne weit.

Ich bin zum Bahnhof gerannt und war a little bit toolate:
Auf meiner neuen Swatch war's schon kurz after eight.
Ich suchte die Toilette, doch ich fand nur ein „McClean",
10 ich brauchte noch Connection und ein Ticket nach Berlin.
Draußen saßen Kids und hatten Fun mit einem Joint.
Ich suchte eine Auskunft, doch es gab nur nen Service Point.
Mein Zug war leider abgefahrn – das Traveln konnte ich knicken.
Da wollt ich ein Hähnchen essen, doch man gab mir nur McChicken.

15 *Oh Herr, bitte gib mir meine Sprache zurück!*
Ich sehne mich nach Frieden
und nem kleinen Stückchen Glück.
Lass uns noch ein Wort verstehn
in dieser schweren Zeit,
20 *öffne unsre Herzen, mach die Hirne weit.*

148 Sprachformen/Sprachvarianten

Rechtschreibung, Grammatik, Sprachbetrachtung

TRAINING

Du versuchst, mich upzudaten, doch mein Feedback turnt dich ab.
Du sagst, dass ich ein Wellness-Weekend dringend nötig hab.
Du sagst. ich käm mit Good Vibrations wieder in Flow.
Du sagst, ich brauche Energy. Und ich denk: „Das sagst du so …"
25 Statt Nachrichten bekomme ich den Infotainment-Flash.
Ich sehne mich nach Bargeld, doch man gibt mir nicht mal Cash.
Ich fühl mich beim Communicating unsicher wie nie –
da nützt mir auch kein Bodygard. Ich brauch Security!

Oh Lord, bitte gib mir meine Language zurück,
30 *ich sehne mich nach Peace*
und nem kleinen Stückchen Glück.
Lass uns noch ein Wort verstehn
in dieser schweren Zeit,
öffne unsere Herzen, mach die Hirne weit.

35 Ich will, dass beim Coffee-Shop „Kaffeehaus" oben draufsteht,
oder dass beim Auto-Crash die „Lufttasche" aufgeht,
und schön wär's, wenn wir Bodybuilder „Muskel-Mäster" nennen
und wenn nur noch „Nordisch Geher" durch die Landschaft rennen …

Oh Lord, please help,
40 *denn meine Language macht mir Stress,*
ich sehne mich nach Peace
und a bit of Happiness.
Hilf uns, dass wir understand
in dieser schweren Zeit,
45 *open unsere Hearts und make die Hirne weit.*

Oh Lord, please gib mir meine Language back,
ich krieg hier bald die crisis, Mann,
it has doch keinen Zweck,
Let us noch a word verstehn,
50 *in dieser schweren Zeit,*
it goes me on the Geist,
und gib, dass „Microsoft" bald wieder „Kleinweich" heißt.

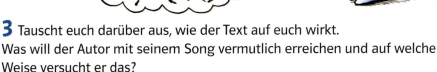

3 Tauscht euch darüber aus, wie der Text auf euch wirkt.
Was will der Autor mit seinem Song vermutlich erreichen und auf welche
Weise versucht er das?

→ **Seite 169**,
Ironie, Satire, Song

Sprachformen/Sprachvarianten

149

10 Teenager sind Fadensuchende

→ Seite 242,
Autorenverzeichnis:
Benjamin Lebert

Benjamin Lebert,
geboren 1982, hat mit zwölf Jahren angefangen zu schreiben. Mit 16 beendete er seine Schullaufbahn ohne Schulabschluss. 1999 erschien sein erster Roman, „Crazy", der in 33 Sprachen übersetzt und fürs Kino verfilmt wurde. 2003 holte er seinen Hauptschulabschluss mit der Note 1,3 nach.

Crazy (Ausschnitt)

[...] „Die Jugend ist scheiße", antwortet Kugli. „Man hat viel zu wenig Zeit. Immer muss man etwas machen. Warum eigentlich?"
„Weil man es sonst auf morgen verschieben würde", antwortet der dünne Felix. „Man kann das zu Erledigende aber nicht auf morgen verschieben.
5 Während man es aufschiebt, geht das Leben vorüber."
„Wo steht so etwas?", fragt Florian.
„In Büchern, denke ich", antwortet Felix.
„In Büchern?", fragt Florian. „Ich dachte, in Büchern steht, wann der Zweite Weltkrieg war oder so. Oder was der Unterschied zwischen einem
10 Haupt- und einem Nebensatz ist."
„Ja", antwortet Felix. „Das steht auch in Büchern. Aber in manchen Büchern steht einfach, wie das Leben so ist, glaube ich."
„Und wie ist das Leben?", fragt Kugli.
„Anspruchsvoll", antwortet Felix. Ein großes Grinsen macht die Runde.
15 „Sind wir auch anspruchsvoll?", will Janosch wissen.
„Das weiß ich nicht", erwidert Felix. „Ich glaube, wir befinden uns gerade in der Phase, wo wir noch den Faden finden müssen. Und wenn wir den Faden gefunden haben, sind wir auch anspruchsvoll."
„Das verstehe ich nicht", bemerkt Florian entrüstet. „Was sind wir denn,
20 bevor wir anspruchsvoll sind?"
„Vorher sind wir, so glaube ich, Fadensuchende. Die ganze Jugend ist ein einziges großes Fadensuchen." [...]

1 Besprecht, warum der Junge, der Kugli heißt, zu wenig Zeit hat und wie die Jungen, die sich hier unterhalten, das Leben empfinden.

→ Seite 168,
Metapher

2 Erklärt die Metapher „den Faden suchen und finden".

Lesen und Literatur – Umgang mit Texten und Medien

Flexible Gehirne

Was in Gehirnen von Jugendlichen vor sich geht, das interessiert Wissenschaftler schon sehr lange. Was sie bei Untersuchungen herausgefunden haben, erfährst du auf den folgenden Seiten.

1 Lies zunächst die Überschrift und den Leadtext des folgenden Artikels. Notiere dann in Stichworten, was du von dem Text erwartest.

→ **Seite 232,** Arbeitstechnik „Einen Sachtext lesen und verstehen"

2 Lies nun Abschnitt für Abschnitt, beantworte die Fragen am Rand.

Warum Teenager so hirnrissig sind

Teenager sind seltsam – aus triftigem Grund: All die Jahre, in denen wir uns das erste Mal verlieben und über so wichtige Dinge entscheiden wie unseren Beruf, ist unser Gehirn sehr instabil.

→ **Seite 161f.,** Leadtext

Anfangs glaubte Jay Giedd, er habe etwas falsch gemacht. Es war zu
5 Beginn der Neunzigerjahre, als Giedd, ein junger Arzt in den USA, zu verstehen versuchte, was in den Köpfen von Kindern schief lief, die hyperaktiv oder autistisch waren. Zu diesem Zweck legte er die jungen Patienten reihenweise in einen leistungsstarken Kernspintomografen, der ihre Gehirne Millimeter für Millimeter durchleuch-
10 tete. Ein Computer baute aus den Aufnahmen dreidimensionale Bilder, die Giedd auf seinem Bildschirm studierte.

Warum untersuchte Jay Giedd die Gehirne von auffälligen Kindern mit einem Kernspintomographen?

Bald aber merkte er, dass ihm diese Darstellungen trotz aller Detailtreue wenig verrieten – er brauchte Aufnahmen von gesunden Kindern, mit denen er sie vergleichen konnte. Das war der Moment,
15 in dem die Dinge anfingen, sonderbar zu werden. Denn was Giedd sah, wenn er gesunde Jugendliche in den Tomografen steckte, schien wenig sinnvoll zu sein.

Warum benötigte der Arzt Aufnahmen von unauffälligen Kindern?

Die Lehrbücher jener Tage besagten, dass das menschliche Gehirn mit etwa sechs Jahren nahezu ausgewachsen und mit etwa zwölf
20 Jahren alles vollendet sein würde, was mit Wahrnehmungs- und Erkenntnisfähigkeit zu tun hat. Und die Gehirnforscher glaubten, dass spätestens ab dem Teenageralter alle rund 100 Milliarden Neuronen an ihrem Platz säßen, sämtliche Verbindungen zwischen ihnen fertig ausgebildet wären und was noch käme beim Älterwerden – eine
25 Ausweitung des Wortschatzes etwa oder soziale Umgangsformen –, wäre eine Sache von Übung und Erfahrung. Das Wissen der Gehirnforscher stammte zu einem großen Teil aus Autopsien an Leichen.

Welche Vorstellung zur Gehirnentwicklung hatten die Forscher vor diesen Untersuchungen?

Wiederholung und Vertiefung: Sachtexte erschließen

151

10 Teenager sind Fadensuchende

Was entdeckte Giedd im Laufe seiner Untersuchungen?

Doch was Giedd an lebenden Jugendlichen erblickte, waren Gehirne, die sich von einem Lebensjahr zum nächsten veränderten. Kurzum:
30 Was Giedd sah, waren keine ausgereiften Gehirne. Es waren Organe, die veränderlich, instabil, noch auf der Suche nach ihrer endgültigen Form waren.

Giedds Durchleuchtungsstudien, an denen sich im Laufe der Zeit Kollegen von mehreren Instituten beteiligten, sorgten für Aufsehen.
35 Sie verrieten, was die Wissenschaftler nie vermutet hätten:

Wie verändert sich das Gehirn in der Pubertät?

Nach dem Ende der Kindheit durchläuft das Hirn des Menschen noch einmal einen drastischen Wachstums- und Reorganisationsschub, der jenem im Embryo- und Babyalter ähnelt. Ab dem sechsten Lebensjahr sprießen unzählige neue Verbindungen zwischen
40 den Nervenzellen. Diese Synapsenwucherung erreicht ihren Höhepunkt bei Mädchen mit ungefähr elfeinhalb Jahren, bei Jungen etwas später.

Ähnlich wie es im Gehirn nach der Geburt geschieht, beginnt der Körper, die neu gesprossenen Nervenbahnen wieder vehement
45 auszudünnen und die überlebenden mit einer fettreichen Substanz zu isolieren. „Das Gehirn bekommt weniger, aber dafür schnellere Verbindungen", fasst Giedd zusammen. Was die Gehirnforscher beschäftigt, ist die Frage, ob die Baustelle im Kopf das Verhalten von Teenagern erklären kann – etwa, warum sie so oft unberechenbar
50 und unbedacht handeln.

Welche Rolle spielen Hormone in der Pubertät?

Bislang machten Wissenschaftler und Eltern gerne Hormone für das kopflose Tun des Nachwuchses verantwortlich. Mit dem Einsetzen der Pubertät überfluten Östrogene und Testosterone die Körper der Heranwachsenden. Die Sexualbotenstoffe sind nicht nur für das
55 körperliche Wachstum und die Ausreifung der Geschlechtsorgane zuständig, sondern sie wirbeln auch die Emotionen auf.
Sie machen Teenager verliebt, überschwänglich, hitzköpfig und wild auf Nervenkitzel. Manche Forscher vermuten, dass sich dieser Mechanismus in der Evolution entwickelt hat, um Heranwachsenden
60 den Sprung aus dem geschützten Familienverband zu erleichtern.

Welche neue Erkenntnis scheint sich in der Hirnforschung zu bestätigen?

Nun scheint es, als ob das Gehirn bei diesem wilden Treiben eine Komplizenrolle übernähme. Seine Umbauarbeiten beginnen nicht nur mit Macht gerade vor der Pubertät, sondern ziehen sich vermutlich bis deutlich jenseits des 20. Geburtstags hin.

Lesen und Literatur – Umgang mit Texten und Medien

3 Arbeitet den Text in Gruppen noch einmal durch. Klärt gemeinsam die Bedeutung von Fachbegriffen, die euch unbekannt sind, z. B.:

→ **Seite 233,** Arbeitstechnik „Wörter aus dem Zusammenhang erschließen"

hyperaktiv ➡ Hyperaktivität ist ein von Betroffenen nicht hinreichend kontrollierbares, überaktives Verhalten. Es zeigt sich in Form von motorischer Unruhe …

autistisch ➡ …

TIPP!
Ihr könnt auch in einem Wörterbuch nachschlagen.

4 Notiert zu jedem Abschnitt die wesentliche Information, z. B:

1. **Abschnitt:**
Ein junger Kinderarzt in den USA untersuchte auffällige Kinder und Jugendliche mithilfe eines Kernspintomographen.

2. **Abschnitt:**

…

5 Lies den Lexikonartikel zum Stichwort „Pubertät" und fasse den wesentlichen Inhalt in wenigen Sätzen zusammen (maximal 40 Wörter).

Pubertät, *die* (von lateinisch *pubertas* „Geschlechtsreife"), der Entwicklungsabschnitt zwischen Kindheit und Erwachsensein. Zwischen dem 11. und dem 15. Lebensjahr tritt unter dem Einfluss von Hormonen der Hirnanhangdrüse die Geschlechtsreife, verbunden mit verstärktem körperlichen Wachstum, ein. In dieser Zeit bilden sich die äußeren (sekundären) Geschlechtsmerkmale aus wie Scham- und Achselbehaarung; beim Mädchen entwickelt sich die Brust, beim Jungen setzen Bartwuchs und Stimmbruch ein. In die Zeit der Pubertät fällt auch die Ausreifung der inneren Geschlechtsorgane, was beim Mädchen zur Regelblutung (Menstruation), beim Jungen zur Bildung befruchtungsfähiger Samenfäden (Sperma) führt. Die Pubertät bringt daneben auch Veränderungen im seelischen Bereich und im Verhalten mit sich; Unsicherheit, Minderwertigkeitsgefühle, Unausgeglichenheit, Stimmungsschwankungen sowie Auseinandersetzungen mit der Umwelt sind Kennzeichen dieser Reifungsphase.

6 EXTRA Vergleiche den Artikel „Warum Teenager so hirnrissig sind" auf S. 151 f. mit diesem Lexikonartikel. Stelle fest,
– welche Aussagen übereinstimmen
– welche unterschiedlich sind oder sich sogar widersprechen
– wo von neuen Erkenntnissen die Rede ist.
Schreibe deine Ergebnisse auf.

Wiederholung und Vertiefung: Sachtexte erschließen

10 Teenager sind Fadensuchende

Achterbahn der Gefühle

→ **Seite 232,**
Arbeitstechnik
„Einen Sachtext
lesen und verstehen"

→ **Seite 233,**
Arbeitstechnik
„Wörter aus dem
Zusammenhang
erschließen"

1 Hier findest du den zweiten Teil des Artikels „Warum Teenager so hirnrissig sind". Lies ihn zügig durch. Überfliege dabei schwierige Wörter und Textabschnitte und versuche, die wesentlichen Aussagen zu verstehen.

2 Lies den Text nun Abschnitt für Abschnitt. Gehe dabei so vor:

1. Kläre unbekannte Begriffe.
2. Stelle Fragen zum Inhalt und beantworte sie.
3. Notiere deine Antworten.

> „Der Prozess verläuft nicht gleichmäßig, sondern in Schüben", erklärt Giedd. Warum all dies die Denkprozesse verändern sollte, ist den Forschern noch nicht ganz klar. „Ich stelle mir das so vor, dass diese zusätzlichen Nervenbahnen die Dinge komplizierter machen – mehr
> 5 Hirnzellen sind mit mehr anderen Hirnzellen verbunden", spekuliert Giedd. Dabei mehren sich die Hinweise, dass ein Teenagergehirn tatsächlich anders funktioniert als das eines Erwachsenen.
> So scheinen es Jugendliche schwierig zu finden, die Konsequenzen ihres Tuns vorauszusehen. Das ergab eine Studie einer Forscherin
> 10 aus den USA. Sie konfrontierte Testpersonen mit Szenarien, die mit unterschiedlichen Risiken verbunden waren. Die dargestellten Situationen reichten vom harmlosen „Salat essen" bis zum Adrenalin ankurbelnden „mit Haien schwimmen". Jugendliche benötigten nicht nur länger, um zu entscheiden, dass Ersteres unbedenklich, Letzteres
> 15 aber gefährlich ist – sie setzten dafür auch andere Gehirnregionen ein. Die Forscherin, die die Köpfe der Testpersonen mit einem Tomografen überwachte, sah, dass bei den Teenagern vor allem das Vorderhirn aktiv wurde. Das deutet darauf hin, dass sie stärker auf logische Schlussfolgerungen setzten. Bei den Erwachsenen dagegen meldeten
> 20 sich verstärkt die Basalganglien. Sie sind eine Art Vorzimmer zum Stirnhirn, in dem schon vorab einige Dinge intuitiv entschieden und gar nicht erst in die Hirnzentrale vorgelassen werden. Dies lässt auf eine eher automatische Reaktion schließen.
> Das auf den ersten Blick beeindruckend erwachsen scheinende Vor-
> 25 gehen der Jugendlichen – ihr rationales Abwägen der Risiken – ist tatsächlich ein Nachteil. Während ältere Menschen fast instinktiv vor Gefahren zurückzuschrecken scheinen, müssen Jugendliche offenbar ernsthaft über sie nachdenken – und genau dafür nehmen sie sich im Eifer des Gefechts meist keine Zeit. […]

Lesen und Literatur – Umgang mit Texten und Medien

EXTRA

30 Selbst bei so simplen Transaktionen wie Kauf- und Verkaufsent-
scheidungen, zeigte eine andere Studie, lassen sich Jugendliche ihr
Tun viel mehr von Gefühlen diktieren als Ältere. Beinahe scheint
es, als verbündeten sich Hormone und Hirn: Die einen stürzen die
Teenager in emotionale Tumulte – und das andere ist noch nicht
35 reif genug, um sie zu bremsen. Es ist, „als ob man den Motor eines
Wagens anspringen lässt, ohne einen ausgebildeten Fahrer ans Steuer
zu setzen", sagt Steinberg. […]
Die neu gewonnenen Erkenntnisse trugen jüngst dazu bei, den
US Supreme Court zu überzeugen, die Todesstrafe für Minderjährige
40 abzuschaffen. Jugendliche könnten nicht im gleichen Maße für ihre
Taten verantwortlich gemacht werden wie Erwachsene, urteilte eine
Mehrheit der Richter.
Ungeklärt ist auch die große Lücke, die heute zwischen dem Hor-
monfeuerwerk der Pubertät und der vollendeten geistigen Reife
45 klafft. Aus Gründen, über die noch gestritten wird – zu denen aber
zweifellos die besser gewordene Nahrung zählt –, beginnt die Geschlechtsreife zumindest in den reichen Industriestaaten dieser Tage
merklich früher als einst. „Noch Mitte des 19. Jahrhunderts setzte die
Pubertät mit etwa 16 Jahren ein", sagt Psychologe Steinberg. „Damit
50 fiel sie vermutlich grob mit dem Reifen des Stirnlappens zusammen."
Heute dagegen findet man […] viele siebenjährige US-Amerika-
nerinnen, die schon einen BH tragen. Was genau den Startschuss
zur Geschlechtsreife – also auch zum Umbau des Gehirns – gibt, ist
noch nicht geklärt. „Doch beide Prozesse scheinen nicht aneinander
55 gekoppelt zu sein", sagt Giedd.
Der Kinderpsychiater wird weiterhin Jugendliche überreden, sich in
die enge Röhre des Kernspintomografen zu legen und die giganti-
sche Maschine ihr Gehirn summend in Scheiben zerlegen zu lassen.
[…] „Anfangs glaubten wir, wir müssten den Jugendlichen nur bis
60 16 folgen. Dann erhöhten wir auf 18, jetzt sind wir bei 25", lacht er.
„Derzeit planen wir, sie bis zum Alter von 30 Jahren zu begleiten –
vielleicht auch noch länger."

3 Fasse den Inhalt des gesamten Artikels „Warum Teenager so hirnrissig
sind" (S. 151 f. und 154 f.) schriftlich zusammen. So kannst du beginnen:

*Das Gehirn eines Menschen beginnt vom Zeitpunkt der Geburt an zu lernen
und ist im Alter von etwa zwölf Jahren nahezu fertig – so dachten Hirn-
forscher jedenfalls bis vor Kurzem. Neue Forschungen beweisen dagegen,
dass …*

10 Teenager sind Fadensuchende

Sprachen im Kontakt

1 Tragt möglichst viele Fremdwörter aus dem Artikel „Warum Teenager so hirnrissig sind" (S. 151 ff.) zusammen. Besprecht:

1. Warum werden in der Fachsprache oft Fremdwörter verwendet?
2. Woran erkennt man, welches Wort ein Fremdwort ist?

2 Was bedeuten die Wörter über dem Zeitstrahl? Ordne die Erklärungen aus dem gelben Kasten unter dem Zeitstrahl zu, z. B.:

1. Fenster – von lateinisch fenestra, Öffnung in der Wand

Fenster	Girokonto	Restaurant	Skateboard
Mauer	Bank	Dessert	Bookcrossing
Keller	Kasse	Champagner	Inlineskaten
Ziegel	brutto/netto	Camembert	Surfen
			Rap
Antike	**15./16./17. Jh.**	**18./19. Jh.**	**Gegenwart**

- (engl.) Sprechgesang
- (ital.) Geldinstitut
- von lateinisch *cellarium*, Vorratsraum
- (engl.) Rollbrett
- (ital.) Geldbehälter
- (engl.) kostenlose Weitergabe von Büchern an Unbekannte
- von lateinisch *tegula*, dies von *tegere*, decken

- (ital.) Gegenüberstellung von bargeldlosen Ein- und Auszahlungen bei einem Geldinstitut
- (engl.) Wellenreiten
- (engl.) Laufen mit Rollschuhen, deren Rollen in einer Reihe angeordnet sind
- (frz.) Speisegaststätte

- von lateinisch *fenestra*, Öffnung in der Wand
- (frz.) Nachspeise
- (ital.) ohne/mit Abzug von Kosten und Steuern
- von lateinisch *murus*, Wall, Mauer
- (frz.) Schaumwein
- (frz.) Edelschimmelkäse

3 Ordne die folgenden Wörter dem Zeitstrahl aus Aufgabe 2 zu:
Zement, Gourmet, Volleyball, Diskont.

4 Ordne die Wörter auf Seite 157 oben nach Fachgebieten, z. B.:

Medizin: Infektion, Therapie, …
Sprachwissenschaft: Dialekt, …
…: Marketing, …

Nutze gegebenenfalls ein Wörterbuch.

Rechtschreibung, Grammatik, Sprachbetrachtung

Infektion – Dialekt – Therapie – Transistor – Anamnese – Protein – Lymphknoten – Marketing – Gentechnik – Controlling – Induktivität – Lexikon – Syntax – Cashflow – Grammatik – Phonetik – Dialyse – Kondensator – Synapse – Parallelschaltung – Computertomografie – Diode – Bilanz – Just-in-time-Produktion – Fotosynthese

5 In die deutsche Sprache wurden im Laufe der Geschichte viele Wörter aus anderen Sprachen aufgenommen. Dabei gab es Zeiten, in denen besonders viele Wörter aus einer bestimmten Sprache übernommen wurden, z. B. aus dem Lateinischen, Französichen oder aus dem Englischen. Schreibe mögliche Gründe dafür auf.

6 Hier findest du Neubildungen aus jüngster Zeit:

Servicepoint – Piercing – Blog – Podcasting – chillen – Onlinebanking – simsen – Euro – Ampelkoalition – hundertpro – Techno – Turbokapitalismus – Jobmaschine – Dentaldiscounter – Onlinevoting – Antikollisionswarnsystem

1. Erkläre die Bedeutung der Wörter.
2. Stelle Vermutungen darüber an, warum diese Wörter gebildet wurden.
3. Wie gefallen dir diese Neubildungen? Begründe.

7 EXTRA Trage möglichst viele Fremdwörter zusammen, die mit deiner Freizeitbeschäftigung zu tun haben. Verwende jedes Wort in einem Satz.

> **Merke**
>
> Unter einem **Fremdwort** versteht man ein Wort, das aus einer anderen Sprache übernommen wurde. Ein Fremdwort weist Besonderheiten in der Aussprache, in der Schreibung oder in seiner Grammatik auf und wird deshalb als fremd empfunden, z. B.: Amüsement (aus frz. *amusement* Unterhaltung, Belustigung).
>
> Unter einem **Lehnwort** versteht man ein Wort, das aus einer anderen Sprache übernommen/entlehnt wurde. Das Wort wurde in der Aussprache, in der Schreibung und in seiner Grammatik angepasst. Deshalb wird es nicht mehr als Fremdwort empfunden, z. B.: Film (aus engl. *film* – dünne Schicht), Fenster (aus lat. *fenestra*).

Wiederholung und Vertiefung: Gebrauch von Fremdwörtern

10 Teenager sind Fadensuchende

Fremdwörter nachschlagen und üben

→ **Seite 222,**
Rechtschreibstrategie
„Das Schreiben von
Fremdwörtern üben"

1 Welche der folgenden Wörter kennst du?

> Geisha – Rikscha – Taverne – Kiosk – Geysir – Chalet –
> Rodeo – Statue – Samowar – Tschador – Veloziped – Paella –
> Kimono – Sari – Canyon – Torero – Bistro – Poncho –
> Ukulele – Gecko – Fjord – Espresso

2 Notiere die Wörter aus Aufgabe 1 alphabetisch geordnet in einer
Tabelle. Schlage in einem Wörterbuch nach und ergänze:

Wort	Artikel	Plural	Herkunfts-sprache	Bedeutung
Bistro	das	Bistros	französisch	kleines Lokal
...	...	...	...	...

3 Markiere die Pluralformen in deiner Wörterliste. Werte aus:
1. Welche Wortendungen gibt es im Plural?
2. Welche Endung ist am häufigsten?
3. Leite eine Faustregel ab: Welche Pluralformen bilden meistens die
   Wörter, die im Singular auf die Vokale -*a* und -*o* enden?

4 Bei manchen Fremdwörtern kann man zwischen dem Plural, wie
er in der Herkunftssprache gebildet wird, und der eingedeutschten
Pluralform wählen. Schlage nach und ergänze die Tabelle, z. B.:

Fremdwörter	Plural aus der Herkunftssprache	Plural eingedeutscht
der Atlas	die Atlanten	die Atlasse
der Globus	die Globen	...
...	...	die Lexiken
...	die Lifts	...
die Pizza	...	...
...	...	die Ballone
das Konto	...	...

Rechtschreibung, Grammatik, Sprachbetrachtung

TRAINING

5 Kreuze in deiner Tabelle von Aufgabe 4, Seite 158, an, welche Pluralform du als gebräuchlicher empfindest.

6 Von einigen der folgenden Wörter kann man Verben auf *-ieren*
ableiten, z. B.:

Offerte – Transfer – Katalog – Information – Standard …

Hotelier – Qualifikation – Saison – Offerte – Rhythmus – Service –
Kabine – Kontinent – Safe – Büfett – Terrasse – Skizze – Massage –
Plantage – Transfer – Tourist – Standard – Event – Lektüre –
Medaille – City – Pyramide – Weekend – Etage – Expedition –
Exkursion – Bungalow – Fotografie – Information – Lawine – Ski –
Region – Passage – Prospekt – Camp – Klub – Paradies – Katalog –
Animation – Center – Zentrum – Tour – Route – Attraktion –
Reservierung – Appartement – Termin – Ticket

Bilde solche Verben und verwende einige davon in Sätzen, mit denen
Reiseveranstalter in Prospekten werben könnten, z. B.:

Offerte ➜ offerieren ➜

Wir **offerieren** Ihnen gerne erlebnisreiche Tagestouren.

7 Arbeitet zu zweit. Diktiert euch gegenseitig zehn Wörter aus der
Fremdwörtersammlung von Aufgabe 6. Geht dabei so vor:
1. Beobachtet euren Partner beim Schreiben genau:
   An welchen Stellen ist die richtige Schreibung schwierig?
2. Überlegt, warum es hier zu Problemen kommen kann.
3. Kontrolliert die diktierten Wörter und korrigiert sie, falls nötig.
4. Sprecht über das, was euch aufgefallen ist.

8 Präge dir die Schreibung von Fremdwörtern ein, indem du Wortfamilien zusammenstellst, z. B.:

Qualifikation	…	…
qualifizieren	…	reservieren
qualifiziert	informativ	…
Qualifizierung	…	…
Qualität	…	…
qualitativ	…	…

TIPP!
In Wörterbüchern
kannst du unter einem
Stichwort verwandte
Wörter finden; manch-
mal stehen auch
vor und nach dem
Stichwort verwandte
Wörter.

➜ **Seite 208,**
Wortfamilien/Wort-
felder

Wiederholung und Vertiefung: Gebrauch von Fremdwörtern

159

11 Schon die Zeitung gelesen?

Im folgenden Kapitel wird von einem Braunbären berichtet, der vor einigen Jahren die Medien auf Hochtouren gebracht hat. Ihr erfahrt, wie Presseagenturen und Zeitungsredaktionen arbeiten, um aktuelle Informationen möglichst schnell zum Leser zu „befördern".

Online-Link
weitere Informationen zu diesem Ereignis
313176-0160

JJ1 war ein Braunbär, der im Mai 2006 über Vorarlberg und Tirol nach Bayern eingewandert war. Bekannt wurde er zunächst deshalb, weil er der erste frei lebende Bär war, der nach über 170 Jahren
5 wieder in Deutschland gesichtet wurde. Der noch relativ junge und unerfahrene Bär wurde jedoch rasch zum Problembären, da er sich auf seinem Weg in der Nähe menschlicher Siedlungen mit Nahrung versorgte. Seine Eltern sind Vater Joze (ge-
10 boren 1994) und Mutter Jurka (geboren 1998). Als Erstgeborener erhielt er aus deren Anfangsbuchstaben den Namen JJ1. [...]
Mit hohem Aufwand versuchte man, JJ1 lebendig zu fangen. Nach zwei erfolglosen Wochen wurde er am Morgen des 26. Juni 2006 gegen 4:50 Uhr erschossen.

Interview mit einem Zeitungsredakteur

Schüler: Herr Hansen, wie kommt der Bär in Ihre Zeitung?
Redakteur: Ich erinnere mich noch genau an die erste Meldung der *dpa*. Wir lasen sie und waren uns einig: Das muss in unsere Zeitung!
Schüler: *dpa* – was ist das?
Redakteur: Nun, es gibt so genannte Presseagenturen. Das sind Unternehmen, die für Geld den Zeitungen oft in der ganzen Welt Nachrichten anbieten. Und „*dpa*" heißt Deutsche Presseagentur.

Schüler: Und woher stammt das Foto?
Redakteur: In diesem Falle hat das ein Amateurfotograf geschossen. Er hat es einer Agentur verkauft und die wiederum hat es den Zeitungen angeboten.
Schüler: Was tun Sie sonst noch?
Redakteur: Wir stellen jede Nacht eine neue Zeitung zusammen, wir entscheiden, welche Meldungen aufgenommen werden und wo sie erscheinen. Wir schreiben oft aber auch die Schlagzeile und den Leadtext dazu.

Lesen und Literatur – Umgang mit Texten und Medien

1 Beantworte diese Fragen zum Inhalt des folgenden Textes.

1. Was bedeuten Kürzel bei den Meldungen der Nachrichtenagenturen?
2. Was versteht man unter einem Leadtext?
3. Was erfährt man über den Umfang von Meldungen?
4. Welche Vor- und Nachteile haben Nachrichtenagenturen?
5. Welche Dringlichkeitsstufen werden bei Meldungen unterschieden?

Vom Ereignis zur Meldung

Nachrichtenagenturen schreiben grundsätzlich für alle Medien und werden auch von allen genutzt. Neben Tageszeitungen, Fernsehen und Rund-
5 funkanstalten nutzen auch sehr viele Verbände und politisch engagierte Menschen die Nachrichtenagenturen zur Informationsbeschaffung. Die Agenturen entscheiden darüber,
10 welche Ereignisse mitteilenswert sind und welche nicht oder zu welchen Ereignissen es nötig ist, Korrespondenten oder Reporter zu schicken. Sie treffen eine Vorauswahl.
15 Die Meldungen werden nach Ressorts sortiert, die verschiedenen Ressorts tragen bei den Nachrichtenagenturen verschiedene **Kürzel**, z.B. pl für Politik, wi für Wirtschaft.
20 Der erste Satz einer Agenturmeldung wird als **Lead** bezeichnet. Er soll zum Weiterlesen anregen, den Inhalt des Artikels in höchstens 30 Wörtern wiedergeben und im Perfekt gehalten sein.
25 Eine **Nachricht** sollte grundsätzlich nicht mehr als 700 Zeichen umfassen, eine Reportage zwischen 4000 und 5000 Zeichen. Üblicherweise werden zunächst Zehn-Zeilen-Meldungen
30 zeitnah herausgeschickt und innerhalb der nächsten Stunden durch ausführlichere Zusammenfassungen ergänzt.

Vorteile von Nachrichtenagenturen sind Aktualität, Universalität und
35 die schnelle Lieferung von Berichten über aktuelle Ereignisse. Ein Nachteil ist, dass Nachrichtenagenturen als Nachrichtengroßhändler eigene Schwerpunkte setzen. Dadurch kann
40 es dazu kommen, dass z.B. Meldungen über wissenschaftliche Ergebnisse oder über Ereignisse in der Dritten Welt in den Medien stark unterrepräsentiert sind. Das bedeutet, dass
45 bestimmte Sachverhalte einseitig dargestellt werden können.
Bei **Meldungen** gibt es verschiedene Dringlichkeitsstufen: Als höchste wird die **Blitzmeldung** eingestuft.
50 Diese wird jedoch selten und nur für außerordentliche Ereignisse (Beginn eines Krieges, Tod sehr wichtiger Persönlichkeiten) verwendet. Die nächste Stufe ist die **Eilmeldung**.
55 Sie berichtet über außerordentliche politische Entscheidungen oder Ereignisse, aber z.B. auch über Naturkatastrophen.
Als dritte Stufe wird die **Schnell-**
60 **meldung** bezeichnet. Dabei handelt es sich um eine knappe und sehr genau formulierte Meldung.
Die meisten Meldungen werden als „dringend" oder „normal" eingestuft.

2 Erkläre mit eigenen Worten, wie Informationen über Ereignisse in eine Tageszeitung kommen.

Wiederholung und Vertiefung: Journalistische Texte erschließen

11 Schon die Zeitung gelesen?

Nachrichten rund um Bruno

WWF bestätigt: Tiroler Bär ist JJ1

Die genetische Analyse der am 10. Mai 2006 in St. Gallenkirch in Vorarlberg gefundenen Bärenhaare zeigt eindeutig, dass der Bär in Tirol JJ1 ist. Es handelt sich hierbei um den Bruder des Bären JJ2, der im
5 August 2005 in der Schweiz und in Tirol aufgefallen ist. Beide Tiere stammen aus demselben Wurf im Jahr 2004. Sie zeichnen sich durch extreme Wanderbereitschaft und geringe Scheu vor Menschen aus. Dies wird auch in der großen Häufung an Schäden und Begegnungen in Menschennähe deutlich.

Hauptzeile
Schlagzeile

Vorspann
Lead

Ort
Spitzmarke

Grundtext
beantwortet W-Fragen

„JJ1" alias „Bruno" gestellt und entkommen

Der seit Wochen gesuchte Braunbär ist in der Nacht zum Freitag in Oberbayern erstmals von finnischen Bärenfängern gestellt worden, konnte jedoch in der Dunkelheit entkommen.

Lenggries ▪ Das finnische Jägerteam, das „JJ1" alias „Bruno" seit knapp einer Woche nachstellt, kam in der Nacht zum Freitag nahe Lenggries vermutlich bis auf
5 600 Meter an das Tier heran. Wegen der Dunkelheit war den Experten nach Worten des bayerischen Bärenbeauftragten Manfred Wölfl jedoch das Risiko zu hoch, sich weiter an den Vierbeiner her-
10 anzupirschen, so dass die Hatz scheiterte.

„So nahe waren wir ihm noch nie": Finnische Bärenfänger mit Elchhund auf der Suche nach Bruno

In den Morgenstunden war der Bär den Angaben zufolge in einem beliebten Wandergebiet an einer bewirtschafteten Almhütte vorbeigestreift und von einem Ehepaar mit lauten Geräuschen verscheucht worden.
15 Den Aufenthaltsort des seit Wochen im deutsch-österreichischen Grenzgebiet umherstreunenden Bären hatten Wandersleute gemeldet. Laut Wölfl schlugen die speziell zur Bärenjagd ausgebildeten Hunde der Finnen an, als sie „JJ1" kurz nach Mitternacht witterten. Inzwischen tauchte das Tier wieder ab. Die tagsüber zunehmende
20 Hitze macht es den Hunden unmöglich, die Spur des Gesuchten aufzunehmen.

WELT.de/rtr, 16. Juni 2006

Lesen und Literatur – Umgang mit Texten und Medien

Herr Bruno Is Having a Picnic, but He's No Teddy Bear

Published: June 16, 2006 – INNSBRUCK, Austria, June 15

Blumen und Kreuze für „Bruno"
Abschussort des Bären wird Gedenkstätte

Bayrischzell. Der Abschussort von Braunbär „Bruno" im Rotwandgebiet der bayerischen Alpen wird zur Gedenkstätte. Bisher unbekannte „Verehrer" haben an jenem Ort, wo das aus Norditalien stammende Tier vor eineinhalb Wochen von Jägern getötet wurde,
5 zwei Kreuze aufgestellt. Auch Blumen und ein Teddy wurden niedergelegt.   *dpa*

Merke

Nachricht
Die Nachricht ist als kurze Meldung oder als längerer Bericht das Herzstück einer Zeitung. Im Mittelalter hatte das Wort „Zeitung" die Bedeutung „Nachricht", „Neuigkeit".
Die Nachricht informiert über etwas, das geschehen ist, oder sie kündigt an, was geschehen wird.
Eine Nachricht gibt Auskunft darüber, *wer* etwas getan oder erlebt hat, *was* geschehen ist, *wann* es geschehen ist, *wo*, *wie* und *warum* es passiert ist und aus welcher Quelle die Information stammt.

---

1 Lest die Meldungen auf dieser Doppelseite. Stellt euch gegenseitig W-Fragen zum Inhalt und beantwortet sie.

→ **Seite 161, 248,** Textartenverzeichnis: Meldung

2 Eine Meldung soll immer mit dem Wichtigsten beginnen, mit dem Ereignis. Überprüft, ob das in den abgedruckten Texten so ist.

→ **Seite 245,** Textartenverzeichnis: Bericht

3 Seht euch die 2. Meldung auf Seite 162 an. Stellt fest, wie diese aufgebaut ist. Prüft, ob auch alle anderen Meldungen so aufgebaut sind.

→ **Seite 248,** Textartenverzeichnis: Nachricht

Wiederholung und Vertiefung: Journalistische Texte erschließen

11 Schon die Zeitung gelesen?

Meinungen rund um Bruno

KOMMENTAR

Ausgabe vom 12. Juni 2006

Problembär „JJ1"
VON MARIO ZENHÄUSERN

Innsbruck (OTS) • Ein zwei Jahre alter Braunbär hält Tirol in Atem. „JJ1", wie das Tier nach seinen Eltern Jurka und Joze heißt, wandert wie ein Extremsportler durch alle Teile des Landes und versetzt nicht nur die Jägerschaft in helle Aufregung.

5 Weil Meister Petz bei seiner Tour durch Tirol Spuren in Form von gerissenen Schafen bzw. Hasen, aufgebrochenen Hühnerställen und geplünderten Bienenstöcken hinterlässt, hält sich da und dort die Freude über den bärigen Besuch in Grenzen. Die Meinungen sind geteilt: Die einen halten „JJ1" für gefährlich und wollen ihn töten, für
10 die anderen ist der Braunbär ein Wildtier, mit dem auch wir Tiroler umzugehen lernen sollten.

Richtig überzeugend klingt keine der beiden Ansichten. Tatsache ist, dass der Braunbär sich auffallend oft in die Nähe menschlicher Siedlungen wagt. Ihm fehlt scheinbar die anderen Artgenossen angebo-
15 rene Scheu, außerdem hat er rasch gelernt, dass es immer dort, wo Menschen sind, auch etwas zu fressen gibt. Dieses Verhalten macht das Tier gefährlich – und rechtfertigt den Tötungsbefehl: Zu groß ist die Gefahr, dass „JJ1" einmal einem Menschen zu nahe kommt.

Aber der Braunbär deckt auch die Schwachstelle derartiger Wieder-
20 ansiedlungsprogramme auf: Der Mensch kommt damit nicht klar. Bären halten sich nicht an Spielregeln. Schon gar nicht in freier Natur. Wenn das für einen Tötungsbefehl ausreicht, dann ist das das Ende aller Bestrebungen, Wildtieren ihren angestammten Lebensraum zurückzugeben.

25 Die Überlebenschancen für „JJ1" in Tirol sind minimal: Weil er seinem Instinkt folgend immer wieder Schafe reißen und Bienenstöcke plündern wird, wird er irgendwann vor einen Gewehrlauf tappen. Bleibt zu hoffen, dass es ihm vorher gelingt, den Alpenhauptkamm in Richtung seiner italienischen Heimat zu überqueren.

→ **Seite 247 f.,**
Textartenverzeichnis:
Glosse, Kommentar

Merke

Neben den informierenden Textarten gibt es in der Zeitung auch meinungsäußernde Texte (Kommentar, Glosse, Leserbrief).

Lesen und Literatur – Umgang mit Texten und Medien

1 Lies den Kommentar und nenne Textstellen, in denen der Journalist seine Meinung zum Geschehen äußert.

2 Suche aus dem Kommentar bildhafte Ausdrücke heraus,
z. B.: *„in Atem halten"* …

3 Stelle fest, wie der Autor zu dem „Problembären" steht.

4 Wie stehen die Verfasser der folgenden beiden Leserbriefe zu dem Abschuss des Bären? Belege deine Antwort mit Textstellen.

→ **Seite 223,**
Rechtschreibregel „Zeichensetzung beim Zitieren"

→ **Seite 247,**
Textartenverzeichnis: Glosse

❶ *Michael Schmidt am 18.06.2006*

Nicht nur einfach so

Meiner Meinung nach ist die Handlungsweise der Minister vollkommen korrekt. Sollte auch nur ein Mensch durch den Bären verletzt werden, so sind die zur Rechenschaft zu ziehen, die sich mit aller
5 Macht gegen die Tötung von Meister Petz ausgesprochen haben. Die Bären sind in den vergangenen Jahrhunderten nicht einfach aus Spaß erlegt worden. Das verfolgte Ziel war der Schutz der Bevölkerung, und dieses Ziel haben unsere Vorfahren gut erreicht. Mein Fazit ist, jeder, der für den Schutz der Bären in diesen frei zugänglichen
10 Regionen ist, ist für mich genauso eine Gefahr für die Menschen wie die Tiere möglicherweise selbst.

❷ *Tasso J. Martens am 27.06.2006*

Jäger und Beute

Der Bär ist tot. Eine notwendige Maßnahme, ja oder nein, sei dahingestellt. Befremdlich, ja traurig macht nur, dass seitens der Jäger wiederum dieses „Jäger-Beute-Verhalten" offensichtlich wird. Der
5 Bär wird ausgestopft und der gaffenden Öffentlichkeit präsentiert. Da ist nichts von Pietät zu spüren, von der angeblichen Ehrfurcht des Jägers vor dem erlegten Tier. Diese Ungeheuerlichkeit kann verbildlicht werden, wenn man sich vorstellt, nach dem natürlichen Ableben des Jägers auch ihn ausgestopft, neben seiner Beute, zu
10 präsentieren. Ein weiterer Kommentar erübrigt sich.

5 ᴱˣᵀᴿᴬ Verfolge die Berichterstattung zu einem aktuellen Thema in der Presse. Sammle dazu informierende und kommentierende Texte und Bilder. Verfasse selbst einen Leserbrief.

Wiederholung und Vertiefung: Journalistische Texte erschließen

11 Schon die Zeitung gelesen?

→ **Seite 245,**
Textartenverzeichnis:
Bericht

Weitere Informationen über den Bären

Finnische Hunde für „JJ1"?

06. Juni 2006 Der im Grenzgebiet zwischen Bayern und Österreich herum-
streunende Bär ist offenbar wieder spurlos abgetaucht. Seit dem Riss von
drei Schafen am Lautersee bei Mittenwald nahe der Grenze zu Österreich in
der Nacht zum Montag sei der Bär wieder verschwunden, sagte ein Sprecher
5 des bayerischen Umweltministeriums am Dienstag.
„Das macht er immer so: Er reißt einige Tiere und verschwindet dann", er-
gänzte er. […]

Tot oder lebendig Der vermutlich aus Italien stammende Braunbär wandert seit Wochen im deutsch-österreichischen Grenzgebiet umher. Es ist seit
10 mehr als 170 Jahren der erste Braunbär, der in Deutschland in freier Wild-
bahn aufgetaucht ist. Da der Bär Dutzende von Tieren gerissen hat und sich
anders als üblich menschlichen Siedlungen nähert, haben die Behörden das
Tier zum Abschuss freigegeben. Allerdings versuchen Bären-Experten parallel,
den mehrere hundert Kilogramm schweren Koloss lebend zu fangen. […]

15 **Betäubung gilt als schwierig** Geplant ist, dass die erfahrenen Bärenjäger aus
Finnland die Fährte des „JJ1" genannten Bären aufnehmen und ihn mit Hunden verfolgen. Ein aus Österreich kommender Experte soll den Bären dann
mit einem gezielten Schuss betäuben, so der Plan. Doch gilt eine Betäubung
als schwierig, da aus Sicherheitsgründen aus großer Entfernung geschossen
20 werden muss, der Betäubungspfeil aber viel langsamer und instabiler fliegt als
eine Kugel bei einem scharfen Schuss.

Falls die Situation zu gefährlich wird, soll der Bär erschossen werden. Die
Menschen in der Region hätten Angst, sagte der Sprecher des Ministeriums
und verwies auf eine an Pfingsten entdeckte Fußspur des Bären unmittelbar
25 an einem Haus. […]

Ein ziemlicher Herumtreiber Nach Einschätzung der WWF-Experten, die
mit einem Team seit Wochen versuchen, den Bären in eine Falle zu locken,
ist der jetzige Aufenthaltsort des Tieres vollkommen unklar. „Er ist ein ziemlicher Herumtreiber und sehr spontan, was seine Wanderungen angeht",
30 sagte WWF-Sprecher Ehlers. Daher könne nicht gesagt werden, ob der Bär
wieder ins österreichische Tirol gewandert sei oder sich auf deutschem Gebiet aufhalte. […]

1 Schreibe die wichtigsten Informationen aus den einzelnen Abschnitten
in Stichworten auf.

2 Die Sprache dieses Berichts ist nicht nur nüchtern und sachlich. Suche
Beispiele dafür heraus.

166 Wiederholung und Vertiefung: Journalistische Texte erschließen

Lesen und Literatur – Umgang mit Texten und Medien — EXTRA

3 Mit welchen sprachlichen Mitteln bringt der Verfasser dieses Leserbriefes seine Meinung zum Ausdruck? Nenne Beispiele.

→ **Seite 223**, Rechtschreibregel „Zeichensetzung beim Zitieren"

Standpunkt

Lieber Bruno, wir hätten gern mit dir zusammen gelebt. Es hat uns schon sehr gefallen, wie du als Rebell im Gefühl der Freiheit die Unseren an der Nase herumgeführt hast. Du warst zwar gefährlich, aber doch nur ein Teil unserer Natur und Umwelt. Ob deiner großen
5 Gefährlichkeit konnten nun doch sieben tapfere Jägerlein, nicht in Schwaben, nein in Bayern, gefunden werden, dir todesmutig aus sicherer Entfernung die zum Glück sofort tödliche Kugel zu verpassen, nachdem ein Motorradfahrer weit weniger geschützt ein letztes Lebendfoto von dir geschossen hatte. […] Bei der Großwildjagd schoss
10 ein Waidmännlein aus Tirol, Landeshauptmann Herwig van Staa, den Vogel ab: „Mir tut auch das Schaf leid, das der Bär gerissen hat." Der Jäger sprach's und ließ sich genüsslich ein Stück Hammelbraten auf der Zunge zergehen.

Dietrich Schwang, Saarbrücken   (Saarbrücker Zeitung, 7. Juli 2006, Seite A4)

4 Erläutere schriftlich, welche Meinung zu dem Geschehen deiner Meinung nach durch die folgende Karikatur zum Ausdruck gebracht wird.

→ **Seite 247**, Textartenverzeichnis: Karikatur/Bildgeschichte/Cartoon

Wiederholung und Vertiefung: Journalistische Texte erschließen   167

11 Schon die Zeitung gelesen?

Bildlich gesprochen

In vielen Artikeln wird eine sehr bildhafte Sprache verwendet, aber nicht immer sind die sprachlichen Bilder gut gewählt.

1 Suche aus den Schlagzeilen die sprachlichen Bilder heraus und erkläre sie, z.B.: *„... wirbelt viel Staub auf" bedeutet, dass eine Sache große Aufregung in der Öffentlichkeit verursacht.*

Braunbär wirbelt viel Staub in Tirol auf

JJ1 erneut aus dem Auge verloren – Polizei tappt nach wie vor im Dunkeln

Ist der Bär schon längst über alle Berge?

Hat man uns da einen Bären aufgebunden?

Nach 170 Jahren frei lebender Bär in Deutschland gesichtet

Bruno hält alle zum Narren

Bruno erschossen – das geht unter die Haut!

Wer liegt hier auf der Bärenhaut?

2 Welche Tierbezeichnungen sind hier gemeint? Ergänze und ordne zu, z.B.: 1. c) Drahtesel ➜ Fahrrad

1. Draht ...
2. Fleisch ...
3. Wetter ...
4. Schaukel ...
5. Frech ...
6. Dreck ...

a) Meteorologe
b) Kinderspielzeug
c) Fahrrad
d) Küchengerät
e) unartiges Kind
f) schmutziger Mensch

> **Merke**
>
> **Metapher**, *die*: bildhafte Übertragung; ein Ausdruck wird von seiner ursprünglichen Bedeutung abgelöst und auf einen neuen Zusammenhang oder Gegenstand bezogen, z.B. *„das Haupt" der Familie.* Der Leser kann aus dem Textzusammenhang entnehmen, dass das Gesagte nicht wörtlich gemeint ist.

Metaphern und Ironiesignale erkennen

Rechtschreibung, Grammatik, Sprachbetrachtung

Sagen und meinen

1 Stelle fest, worum es in den Cartoons geht und wie die Aussagen jeweils gemeint sind.

→ **Seite 247**, Textartenverzeichnis: Karikatur/Bildgeschichte/Cartoon

2 Gibt es Situationen, in denen du ähnlich reagierst? Nenne Beispiele. Erkläre, weshalb man in solchen Situationen verstanden wird, obwohl man etwas anderes sagt, als man meint.

3 EXTRA Erkläre anhand der folgenden Cartoons, warum eine Formulierung, die das Gegenteil des Gemeinten sagt, noch nicht ironisch wirkt.

> **Merke**
>
> **Ironie**, *die*: versteckter Spott; sich über etwas lustig machen. Man versucht z. B. etwas anzuprangern, indem man es scheinbar billigt. Man sagt also das Gegenteil von dem, was man meint.

Metaphern und Ironiesignale erkennen

11 Schon die Zeitung gelesen?

Bilder am laufenden Band

1 Ordne den acht Redewendungen die entsprechenden Bedeutungen zu, z. B.:

1. in der Klemme sitzen ➔ a) in Schwierigkeiten sein

1. in der Klemme sitzen
2. wissen, wie der Hase läuft
3. für jemanden den Kopf hinhalten
4. jemandem auf die Nerven gehen
5. die Flügel hängenlassen
6. sein Fett abkriegen
7. den Mantel nach dem Wind hängen
8. sich etwas zu Herzen nehmen

a) in Schwierigkeiten sein
b) sehr enttäuscht und niedergeschlagen sein
c) über den Ablauf einer Sache Bescheid wissen
d) ausgeschimpft werden
e) jemandem sehr lästig werden
f) sich der jeweils herrschenden Meinung anschließen
g) sich vornehmen, etwas künftig in seinem Handeln stets zu beachten
h) für jemanden die Strafe bzw. die Unannehmlichkeiten auf sich nehmen

2 Suche drei Redewendungen aus Aufgabe 1 heraus und erfinde dazu Situationen, in denen sie gebraucht werden, z. B.:

1. Ich habe gesagt, dass ich mein Heft mit dem Aufsatz vergessen hätte. Er hat mich nach Hause geschickt, um das Heft zu holen. Nun sitze ich in der Klemme, denn ich habe den Aufsatz noch gar nicht geschrieben.

➔ **Seite 168,**
Metaphern
(sprachliche Bilder)

3 Die folgenden Metaphern werden oft im Alltag verwendet. Erkläre sie, z. B.:

1. Lehrlinge mussten früher ihrem Meister „Lehrgeld" für ihre Ausbildung bezahlen. Hier ist jedoch damit gemeint, dass jemand aus einem Missgeschick eine Lehre zieht, dass er danach klüger ist.

1. Sie haben verloren, mussten halt Lehrgeld zahlen.
2. Sie ist eine richtige Leseratte geworden.
3. Er verschlang das Buch an einem Wochenende.
4. Eine Welle der Begeisterung rollte durch den Saal.
5. Er ist ein richtiger Überflieger.
6. Jetzt ging es ans Eingemachte.
7. Er hat ein Auge auf sie geworfen.
8. Sie ist wie immer sehr gut in Form.

Rechtschreibung, Grammatik, Sprachbetrachtung **TRAINING**

Versteckter Spott

1 Ordne den folgenden Situationen die ironischen Bemerkungen zu, z. B.: → **Seite 169,** Ironie
1. b)

1. Du kommst ins Zimmer deines Bruders und findest es viel zu schmutzig.
2. Ihr singt in der Gruppe ein Lied. Eine Freundin singt völlig falsch.
3. Du bist zu Gast bei den Eltern eines Freundes. Das Essen riecht und schmeckt sehr stark angebrannt.
4. Deine Freundin zeigt dir ihre neue Hose. Sie ist ihr viel zu eng, findest du.
5. Ein Mitschüler versteht den Witz, den du ihm erzählst, nur sehr langsam.
6. Ein Freund ist schlecht gelaunt und nicht zu Späßen bereit.
7. Ihr hattet verabredet, gemeinsam Schnee im Schulpark zu fegen. Eine Mitschülerin drückt sich und produziert nur flotte Sprüche.
8. Dein Freund ist wieder mal total unpünktlich.

a)
> Erstaunlich! Ich dachte gar nicht, dass du das in dieser Blitzeseile verstehst! Schlaues Kerlchen!

b)
> Hallo, unter uns ist eine Nachtigall! Klara, du solltest Sängerin werden!

c)
> Mensch, Brüderchen, ist es bei dir wieder gemütlich! Und so schön sauber! Man könnte glatt vom Fußboden essen!

d)
> Mandy, du bist echt eine tolle Hilfe, wie du uns durch deine Sprüche vorantreibst! Hoffentlich übernimmst du dich nicht!

e)
> In diese Hose könntest du ja glatt noch jemanden mit hineinnehmen. Mir scheint sie viel zu weit zu sein, aber sonst toll!

f)
> Hm, es schmeckt mal wieder irre! Wie machen Sie das nur, Frau König? Ich liebe diesen leicht angesetzten Rotkohl!

g)
> Was hast du denn heute erlebt, dass du wieder mal so glänzende Laune hast? Du könntest ruhig etwas ernster sein!

h)
> Dass du so zeitig bist, hätte ich nicht gedacht! Wunderbar, jetzt haben wir glatt unseren Bus verpasst!

2 Ironische Bemerkungen können lustig oder aber auch unhöflich oder verletzend sein. Beurteile die Formulierungen aus Aufgabe 1: Welche sind lustig und welche eher unangebracht? Begründe.

Metaphern und Ironiesignale erkennen **171**

12 Ein Lied von Liebe und Gewalt

Liebe, Betrug, Machtgier, Verrat, Mord und gnadenlose Rache sind die Zutaten einer Geschichte, die man das Nibelungenlied nennt.
Sie wurde lange Zeit mündlich weitererzählt, vor etwa 800 Jahren von einem unbekannten Dichter aufgeschrieben, dann vergessen und vor 250 Jahren wiederentdeckt. Dieser Dichter stellte seine Geschichte nach ähnlichen Rezepten zusammen, wie sie die Autoren Hollywoods verwenden. Er vermischte mehrere Sagenkreise, ließ historische Helden darin aufeinandertreffen, er veränderte Personen und Motive[1] und erfand eine fantasievolle Handlung, die viele noch heute in ihren Bann zieht.

[1] Motiv, das: Beweggrund, Antrieb zum Handeln; in der Literatur auch: ein Schema des Handlungsstranges

1 Siegfrieds Tarnkappe, das Schwert Balmung und der Schatz der Nibelungen sind sicher vielen bekannt. Tragt zusammen, was ihr über die Nibelungen wisst.

2 Betrachtet den Ausschnitt aus einer berühmten Handschrift, der auf dieser Seite abgedruckt wurde. Beschreibt eure Eindrücke.

Mittelhochdeutsche literarische Texte kennen lernen

Lesen und Literatur – Umgang mit Texten und Medien

3 Vergleiche die beiden unterschiedlichen Fassungen der ersten Strophe des Nibelungenliedes miteinander.

→ **Seite 182 ff.,** Entwicklung der deutschen Sprache

Online-Link
Hörverstehen
313176-0173

Die Geschichte von den Nibelungen

(Übertragung des mittelhochdeutschen Textes in Strophenform)
Uns ist in alten mæren   wunders vil geseit:
von heleden lobebaeren,   von grozer arebeit,
von freude und hochgeciten,   von weinen unde klagen,
von küener recken striten   muget ir nu wunder hoeren sagen.

(Übertragung ins Neuhochdeutsche)
In alten Sagen wird uns viel Wunderbares erzählt: von berühmten Helden, von großer Mühsal, von Freude und Festen, von Weinen und Klagen, vom Kampf tapferer Recken – von all dem könnt ihr jetzt Erstaunliches hören.

4 Stelle fest, in welcher Zeile der unbekannte Dichter erklärt, woher er den Stoff für seine Geschichte nimmt.

5 Lies den mittelhochdeutschen und den neuhochdeutschen Text. Beachte beim mittelhochdeutschen Text die Aussprache: *ei* wird einzeln als *e* und *i* gelesen, das *a* bei *klagen* und *sagen* wird kurz gesprochen und der Konsonant danach verdoppelt, also *klaggen, saggen*.

6 EXTRA Übe den Vortrag des mittelhochdeutschen Textes. Trage ihn in der Klasse vor.

TIPP!
Ihr könnt euch den Text auch anhören. Nutzt dazu den Online-Link.

Online-Link
zur berühmten Handschrift in der Badischen Landesbibliothek
313176-0173

> **Merke**
>
> **Stoff**, *der*: Unter dem Stoff eines erzählenden Textes versteht man die Wirklichkeitselemente, die im Text vorkommen. Sie werden neu miteinander verbunden und erzählerisch gestaltet, z. B.: die Lebenswelt der Figuren, gesellschaftliche und politische Themen, Beziehungen zwischen den Menschen.

Mittelhochdeutsche literarische Texte kennen lernen

12 Ein Lied von Liebe und Gewalt

Kriemhild und Siegfried

Ein Alptraum wird wahr

Noch ist sie heil, die Welt der jungen Kriemhild, Prinzessin von Burgund.
Sie lebt am Hof zu Worms mit ihren Brüdern, König Gunther, Gernot und
Giselher, und denkt an schöne Prinzen und starke Helden. Doch eines
Nachts träumt sie, wie ihr Falke, den sie liebevoll pflegt, von zwei Adlern
5 gerissen wird. Ihre Mutter Ute deutet den Traum: Der Falke, den sie zähme
und aufziehe, sei ein vortrefflicher Mann, aber sie verliere ihn, wenn Gott
ihn nicht behüte.
Kriemhild erschrickt und schwört, die Liebe zu meiden. Doch damit ist im
ersten Abenteuer schon angedeutet, was dann in 38 weiteren Abenteuern
10 in Strophenform erzählt wird. Sie wird weder der Liebe noch dem Leid
entkommen. Schlimmer noch: Von grausamer Rache angetrieben, werden
alle Helden und sie selbst in einem blutigen Gemetzel untergehen.

> Ez wuohs in Buregonden   ein vil edel magedin,
> daz in allen landen   niht schoeners mohte sin,
> Chriemhilt geheizen.   diu wart ein schoene wip;
> darumbe muosin degene   vil verliesen den lip.
>
> Es wuchs im Burgundenland ein hochadliges Mädchen heran, schö-
> ner als alle anderen auf der Welt, sie hieß Kriemhild. Später wurde
> sie eine schöne Frau; ihretwegen mussten viele Kämpfer ihr Leben
> verlieren.
>
> „der valche, den du ziuhest,   daz ist ein edel man.
> in welle got behüeten,   du muost in schier vloren han.“
>
> „Der Falke, den du aufziehst, ist ein adliger junger Mann: Wenn Gott
> ihn nicht beschützt, wirst du ihn bald wieder verlieren.“

Kurze Zeit später kommt der junge Prinz Siegfried an den Königshof zu
Worms, nachdem er einen schrecklichen Drachen getötet und den riesigen
15 Schatz der Nibelungen erobert hat.
Er ist viel bewundert, hat Geld und Macht und will Kriemhild heiraten. So
nebenbei gewinnt er einen Krieg für die Burgunder und niemand wundert
sich, dass die schöne Kriemhild und der strahlende Held ein Paar werden.
König Gunther stimmt dieser Heirat auch zu, denn Siegfried hat als Ge-
20 genleistung seine Unterstützung versprochen. Gunther will die mit über-
natürlichen Kräften ausgestattete Brünhild, Königin von Island, zur Frau
gewinnen. Diese nimmt aber nur den zum Mann, der sie in drei Wett-

Online-Link
Hörverstehen
313176-0174

→ **Seite 231,**
Arbeitstechnik
„Einen erzählenden
Text erschließen"

174   Mittelhochdeutsche literarische Texte kennen lernen

Lesen und Literatur – Umgang mit Texten und Medien

kämpfen besiegt. Gunther verfügt jedoch nicht über die nötigen Eigenschaften.
25 Siegfried kann mithilfe einer Tarnkappe, die er von den Nibelungen erbeutet hatte, Brünhild an Gunthers Stelle besiegen. Brünhild erkennt Gunther als ihren Gatten an und zieht mit ihm nach Worms. Allerdings verweigert sie Gunther den Vollzug der Ehe und Siegfried muss wieder mit seiner Tarnkappe helfen. Er ringt Brünhild im Ehebett nieder, sodass Gunther sie
30 entjungfern kann. Dabei nimmt Siegfried heimlich ihren Ring und ihren Gürtel an sich und schenkt beides seiner Frau Kriemhild.

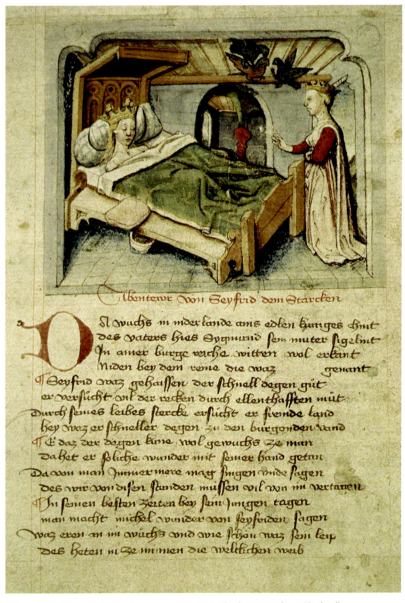

Kriemhilds Traum, Miniatur aus dem „Hundeshagenschen Kodex"

Mittelhochdeutsche literarische Texte kennen lernen

12 Ein Lied von Liebe und Gewalt

[1] Lehnsmann: im Mittelalter ein Adliger, der von seinem Lehnsherren (einem anderen Adligen) ein Stück Land (ein Lehen) erhielt. Dafür musste er sich zu Diensten und Treue verpflichten. Ein Lehnsmann war damit ein Leibeigener des Lehnherren

Zehn Jahre vergehen, mittlerweile leben Siegfried und Kriemhild als König und Königin am Hof in Xanten. Brünhild kann nicht verstehen, dass sich Siegfried Gunther nicht unterordnet, obwohl er ihr doch bei der Brautwerbung auf Island als Gunthers Lehnsmann[1] vorgestellt worden war. Misstrauisch geworden drängt sie darauf, dass Siegfried und Kriemhild als Gäste nach Worms kommen.
Die beiden Königinnen streiten um die Rangordnung. In einer erregten Auseinandersetzung holt Kriemhild Ring und Gürtel hervor und behauptet, Siegfried habe zuerst mit Brünhild geschlafen. Brünhild erkennt das ganze Ausmaß des Betrugs, sie versinkt in Scham und Hass.
Hagen von Tronje, Gunthers mächtigster Berater, will seine in der Öffentlichkeit gedemütigte Herrin rächen. Er entlockt Kriemhild, unter dem Vorwand, Siegfried schützen zu wollen, das Geheimnis des Lindenblatts: Beim Bad im Blut eines erschlagenen Drachens war Siegfried unverwundbar geworden, bis auf eine Stelle, die durch ein Lindenblatt abgedeckt gewesen war.
Auf einem Jagdausflug stößt Hagen Siegfried heimtückisch seinen Speer zwischen die Schulterblätter.
Kriemhild ist sich sicher, wer ihren Mann getötet hat. Sie geht aber nicht an ihren Hof in Xanten zurück, sondern sie bleibt als trauernde Witwe in Worms, weil sie mithilfe des Nibelungenschatzes, den Siegfried ihr geschenkt hatte, ihre Macht und ihren Einfluss stärken und ihre Rache vorbereiten will.

Siegfrieds Tod. Hagen von Tronje ersticht Siegfried hinterrücks mit dem Speer. Farblithografie nach einem Gemälde von Rudolf Mahn (um 1911)

Lesen und Literatur – Umgang mit Texten und Medien

55 Doch Hagen von Tronje erkennt die Gefahr. Deshalb versenkt er den Schatz heimlich im Rhein.

Wieder vergehen mehr als 10 Jahre. Kriemhild heiratet den mächtigen Hunnenkönig Etzel, der in Ungarn lebt, und bringt ihn dazu, ihre Brüder Gunther, Gernot und Giselher an seinen Hof einzuladen.

60 Hagen warnt eindringlich vor der Rache Kriemhilds, doch der Vorwurf der Feigheit und das Gefühl der Ehre sorgen dafür, dass viele berühmte Ritter zur Etzelburg ins ferne Ungarn ziehen.

Dort entfesselt Kriemhild ein grausames Gemetzel zwischen allen Beteiligten, bis das Blut die Treppen hinunter in den Hof läuft. Zuletzt sind von

65 den Gästen nur noch Gunther und Hagen am Leben.

Kriemhild verlangt von Hagen den Schatz zurück. Solange sein Herr noch lebe, werde er das Versteck nicht verraten, meint der wehrlose Ritter. Daraufhin lässt Kriemhild ihrem Bruder Gunther den Kopf abschlagen – doch Hagen triumphiert: nur er kenne das Versteck – und er werde es niemals

70 verraten!

Kriemhild enthauptet den wehrlosen Gefesselten. Doch diese Schande kann ihr Mann, König Etzel, nicht billigen, eine Frau hat den besten Ritter getötet. Er lässt den alten Waffenmeister Hildebrand gewähren, der die Königin „in Stücke schlägt".

1 Sprecht über den Inhalt des Nibelungenliedes. Beantwortet dabei die folgenden Fragen:

1. Was hat Kriemhild geträumt?
   Wie deutet ihre Mutter diesen Traum?
2. Welche Fehler machen Kriemhild, Gunther, Brünhild und Siegfried?
   An welchen Stellen verhalten sie sich nicht richtig?
   Wie ist das Verhalten dieser Figuren aus heutiger Sicht einzuschätzen?
3. In Zeile 48 f. heißt es: „Auf einem Jagdausflug stößt Hagen Siegfried heimtückisch seinen Speer zwischen die Schulterblätter.". Wieso war diese Tat heimtückisch?

2 Man erfährt im Nibelungenlied nur aus Hagens Bericht etwas über Siegfrieds Kampf mit dem Drachen. Was weißt du aus anderen Sagen darüber?

Forsche nach, welche Abenteuer Siegfried erlebte, bevor er nach Worms kam und Kriemhild kennen lernte.

3 EXTRA   Ehre, Treue und Stolz spielen in diesem Epos[1] eine große Rolle. Weise das an der Handlung nach, belege deine Aussagen mit Textstellen.

[1] Epos, das: Großform der erzählenden Dichtung in Versform

→ **Seite 223,** Rechtschreibregel „Zeichensetzung beim Zitieren"

Mittelhochdeutsche literarische Texte kennen lernen   **177**

Zickenkrieg

Karl Schmoll von Eisenwerth, Empfang Brünhilds durch Kriemhild in Worms, Reproduktion der colorierten Entwurfszeichnung (1912)

14. Abenteuer
(aus der Übertragung von Uwe Johnson und Manfred Bierwisch)[1]

[...]

Wie die Königinnen miteinander stritten

An einem Nachmittag vor der Vesper[2] herrschte auf dem Hof das fröhliche Treiben der ritterlichen Übungen, und immer mehr Zuschauer fanden sich ein. Die Königinnen saßen beieinander und hatten zwei Helden im Sinn, die beide rühmenswert waren.

5 Da sagte Kriemhilt[3]: „Ich habe einen Mann, dem alle diese Reiche Untertan sein sollten."

Prünhilt versetzte: „Wie kann das sein? Wenn niemand auf der Welt wäre außer ihm und dir, dann könnte er die Länder beherrschen. Solange aber Günther lebt, ist daran gar nicht zu denken."

10 Kriemhilt antwortete: „Sieh doch nur, wie er dasteht und vor den Rittern einhergeht wie der Mond vor den Sternen! Warum sollte ich da nicht glücklich sein?"

Aber Prünhilt sagte: „Wie schön und tapfer dein Mann auch sein mag, so mußt du doch Günther den Vorzug lassen. Der steht über allen Königen,
15 das weißt du recht gut."

Online-Link
Hörverstehen
313176-0178

[1] Aus lizenzrechtlichen Gründen ist dieser Text nicht in reformierter Rechtschreibung gedruckt

[2] Vesper, die: kirchliches Abendgebet

[3] Die Autoren verwenden die Schreibweise der Namen aus einer anderen überlieferten Handschrift

Lesen und Literatur – Umgang mit Texten und Medien

EXTRA

„Mein Mann ist so angesehen, daß ich mit gutem Grund seine Frau geworden bin. In vielen Taten hat er sich höchste Ehre erworben. Glaube nur, er
ist Günther ebenbürtig", sagte Kriemhilt.

„Nimm es nicht übel auf ", sagte Prünhilt, „denn ich habe auch nicht ohne
20 Grund so gesprochen. Sie sagten es beide, als ich sie zum erstenmal sah;
als der König mich besiegte und meine Liebe so ritterlich verdiente, da hat
Sifrit selbst gesagt, er sei ein Dienstmann des Königs, und deshalb halte ich
ihn für leibeigen."

Da sagte Kriemhilt: „Dann wäre mir übel geschehen. Wie hätten meine
25 Brüder gehandelt, wenn sie mich einem Unfreien zur Frau gegeben hätten?
Sprich nicht so, Prünhilt, mir zuliebe."

„Ich kann es nicht lassen", sagte die Königin. „Dann müsste ich ja auf alle
Ritter verzichten, die uns Lehensdienste schuldig sind."

Kriemhilt erzürnte sich. „Du mußt darauf verzichten, daß er dir überhaupt
30 Dienste leistet. Er ist mächtiger als mein Bruder. Verschone mich mit deinen Reden. Mich wundert nur, daß er dir so lange keine Abgaben gezahlt
hat, wenn er dir doch leibeigen ist und du so viel Gewalt über uns hast. Ich
bin deinen Hochmut leid."

„Du überhebst dich", sagte Prünhilt. „Ich will doch sehen, ob man dich so
35 ehrenvoll behandelt wie mich."

Nun waren beide zornig.

„Das soll sofort geschehen", sagte Kriemhilt. „Du hast behauptet, mein
Mann sei leibeigen, und nun sollen alle sehen, ob ich vor Günthers Frau
die Kirche betrete.
40 Heute wirst du merken, daß ich aus freiem Geschlecht bin und daß mein
Mann mächtiger ist als deiner. Ich lasse mir das nicht bieten, und du wirst
ja sehen, wie deine Leibeigene heute vor allen Rittern zu Hof geht. Ich
möchte doch wissen, ob ich nicht vornehmer bin als jede Königin, die
jemals hier die Krone getragen hat."

45 Sie waren furchtbar erbittert.

„Wenn du nicht unfrei sein willst", sagte Prünhilt, „so mußt du dich mit
deinem Gefolge von meinem trennen, wenn wir zur Kirche gehen." –

„Das will ich gewiß tun", sagte Kriemhilt. Sie befahl ihren Frauen, die reich-
ste Kleidung anzulegen. „Ich muß hier ohne Makel bleiben, und Prünhilt
50 soll zurücknehmen, was sie gesagt hat." Die kostbarsten Kleider wurden
herausgesucht, und die schöne Kriemhilt kam mit ihrem Gefolge, das waren
dreiundvierzig Mädchen, die leuchtende Stoffe aus Arabien trugen.
So gelangten sie zur Kirche, vor der Sifrits Männer warteten. Jedermann
verwunderte sich, wie es gekommen sein mochte, daß die Königinnen
55 nicht zusammen gingen wie vorher.

Die Ritter sahen die Trennung mit Besorgnis.

Prünhilt und ihr Gefolge standen bei ihnen vor der Kirche und unterhiel-
ten sich. Da kam Kriemhilt mit ihrer prächtigen Schar. Alle Kleider, die

Mittelhochdeutsche literarische Texte kennen lernen

Rittertöchter je getragen haben, waren ein Nichts vor Kriemhilts Gefolge.
60 Sie war so reich, daß dreißig Königinnen nicht aufbringen konnten, was Kriemhilt an Staat vorwies – Sie hätte es unterlassen, wenn sie nicht Prünhilt hätte kränken wollen.
Vor der Kirchentür trafen sie zusammen.
Prünhilt befahl Kriemhilt in scharfem Ton, stehen zu bleiben.
65 „Eine Unfreie soll nicht vor einer Königin eintreten."
Zornig sagte Kriemhilt: „Du hättest besser geschwiegen. Du hast selbst Schande über dich gebracht. Wie kann wohl die Geliebte eines Unfreien je die Frau eines Königs werden?"
„Wen hast du mit der Geliebten gemeint?" fragte Prünhilt.
70 „Dich", entgegnete Kriemhilt. „Sifrit war es, der deinen schönen Leib zuerst geliebt hat. Nicht Günther hat dich entjungfert. Wo hattest du deinen Verstand? Das war doch ein wohlausgedachter Plan. Warum ließest du denn zu, daß er dich liebte, wenn er doch unfrei ist?
Du beklagst dich ohne Grund", sagte Kriemhilt. „Das werde ich Günther
75 sagen," drohte Prünhilt. –
„Was soll mich das stören? Dein Hochmut hat dich verleitet. Du hast mich zu deiner Dienerin erklären wollen, und du kannst sicher sein: ich werde deine Geheimnisse nicht mehr verschweigen."
Prünhilt weinte.
80 Kriemhilt wartete nicht länger und trat vor ihr mit dem Gefolge in die Kirche. Und strahlende Augen wurden trüb vor Haß. [...]

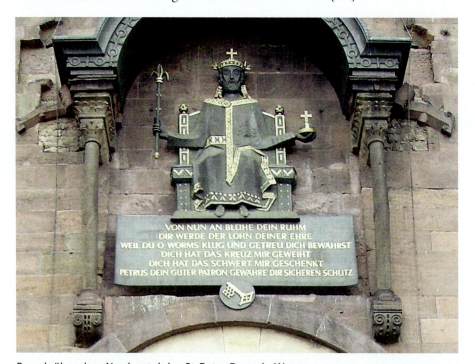

Spruch über dem Nordportal des St. Peter Doms in Worms

Lesen und Literatur – Umgang mit Texten und Medien

EXTRA

1 Beantworte die folgenden Fragen zum Inhalt schriftlich.
1. Wann und wo treffen sich die Königinnen?
2. Was sagt Kriemhild über ihren Mann zu Brünhild?
3. Warum ist Brünhild der Ansicht, dass Siegfried ein Dienstman ihres Mannes ist?
4. Was wissen die Königinnen von den Machenschaften ihrer Männer?
5. Was passiert vor der Kirche? Was sagt Kriemhild zu Brünhild?
6. Ein Streitpunkt ist, wer Brünhild zuerst körperlich geliebt hat. Warum wird das zum Problem?
7. Welche Textstelle aus dem Text „Ein Alptraum wird wahr" auf Seite 174 ff. entspricht diesem 14. Abenteuer?

→ **Seite 176,** Worterklärung „Lehnsmann"

2 Sieh dir die folgende Textstelle aus der Originalhandschrift (und aus der Übertragung ins Neuhochdeutsche) an. Suche die entsprechende Textstelle in der Übertragung von Uwe Johnson und Manfred Bierwisch (Seite 178 bis 180). Vergleiche die Fassungen miteinander:
- Stelle fest, ob die Autoren den Inhalt der Sage so wiedergegeben haben, dass er dem Original entspricht.
- Erkläre, warum die Geschichte von Johnson und Bierwisch viel länger ist als die Originalhandschrift.

Do sprach aber Chriemhilt   „nu sihstu, wier stat,
wie rehte herrenliche   er vor den recken gat,
alsam der liehte mane   vor den sternen tuot!
des muoz ich wol von schulden   tragen vrolichen muot."

Da sagte Kriemhild: „Siehst du, wie er dasteht, wie herrschaftlich er den Recken vorangeht, wie der helle Mond vor den Sternen! Ich habe allen Grund, darüber glücklich zu sein."

„Du ziuhest dich ze hohe,"   sprach aber des kuniges wip,
„nu wil ich sehn gerne,   ob man den dinen lip
habe ze solhen eren,   als man den minen tuot."
die frowen waren beide   harte zornich gemuot

„Du gehst wirklich zu weit", rief König Gunthers Frau. „Nun will ich doch einmal sehen, ob man dir die gleiche Ehre zugesteht wie mir."
Die beiden adligen Frauen waren mächtig in Zorn geraten.

Online-Link
Hörverstehen
313176-0181

3 Beurteile das Verhalten der beiden Frauen in ihrer Zeit und aus heutiger Sicht. Beantworte dazu die folgenden Fragen:
1. Welche Werte sind für Kriemhild und Brünhild wichtig?
2. Ist ein vergleichbares Verhalten heute denkbar? – Begründe.

Mittelhochdeutsche literarische Texte kennen lernen

181

12 Ein Lied von Liebe und Gewalt

Auch Sprachen entwickeln sich

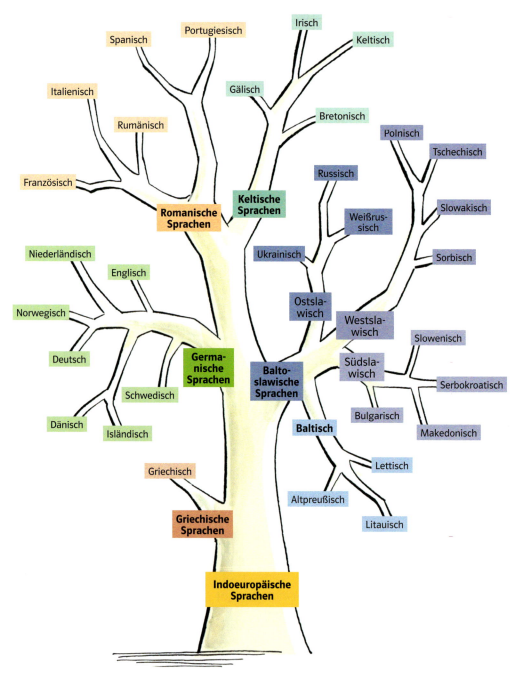

1 Der „Stammbaum" zeigt, wie die indoeuropäischen Sprachen miteinander verwandt sind. Versucht, den „Stammbaum" zu „lesen". Stellt euch dazu gegenseitig Fragen, z. B.:
– Mit welchen Sprachen ist Spanisch eng verwandt?
– Welche Sprachen gehören zu den slawischen Sprachen?

Rechtschreibung, Grammatik, Sprachbetrachtung

2 Lies den folgenden Text über die Entwicklung der deutschen Sprache. Notiere zu jedem Abschnitt in Stichworten, worum es darin im Einzelnen geht.

3 Stelle die wichtigsten Etappen in der Entwicklung der deutschen Sprache in einem Zeitstrahl dar.

4 EXTRA Gestaltet in Gruppenarbeit ein Lernplakat zur Entwicklung der deutschen Sprache. Nutzt dazu die Informationen von Seite 182 bis 184.

Die Entwicklung der deutschen Sprache

Indoeuropäisch (auch Indogermanisch genannt) ist der Name einer Sprachfamilie, die sich zunächst über Europa und weite Teile Südasiens ausbreitete und deren Abkömmlinge heute aufgrund des Kolonialismus auf der ganzen Welt zu finden sind.

5 Die indoeuropäischen Sprachen werden heute (vor allem wegen der weltweiten Bedeutung des Englischen) von mehr als zwei Milliarden Menschen gesprochen und bilden damit die am weitesten verbreitete Sprachfamilie der Welt.
Etwa vom Jahr 2000 v. Chr. an entstanden allmählich aus der gemeinsamen
10 Ursprache der indoeuropäischen Völkerfamilie die germanischen Sprachen.
Das **Urgermanische** blieb noch etwa 1500 Jahre der indoeuropäischen Sprache ähnlich, bis sich dann etwa zwischen 600 und 200 v. Chr. ein wichtiger Wandel bei den Lauten vollzog. Man spricht von der so genann-
15 ten *ersten (oder germanischen) Lautverschiebung*. Fast jedes Wort war in irgendeiner Form betroffen. Auch die Betonung der Wörter änderte sich.
Im **Germanischen** wurde die Stammsilbe eines Wortes betont, und das ist meistens die erste Silbe. Zwei germanische Texte sind erhalten:
Die „Merseburger Zaubersprüche", welche erst 1841 in der Dombibliothek
20 zu Merseburg gefunden wurden.
Bis etwa 750 n. Chr. entstand nach und nach die deutsche Sprache, indem immer öfter lateinische Endungen an germanische Wortstämme angehängt wurden oder lateinische Wörter für alles, wofür es keine germanischen Wörter gab, übernommen wurden (Lehnwörter, z. B. Fenster, Keller,
25 Pfeffer, Kümmel, Ziegel, Mauer, Markt).
In einer *zweiten großen Lautverschiebung* ab ca. 600 n. Chr. trennten sich die niederdeutschen von den hochdeutschen Dialekten (Perd = Pferd, Water = Wasser, ik = ich …).

→ **Seite 185,** Merseburger Zaubersprüche

→ **Seite 156, 219,** Erklärung zu Fremd- und Lehnwörtern

Einblicke in die Entwicklung der deutschen Sprache gewinnen

12 Ein Lied von Liebe und Gewalt

Die Sprache in der Zeit von 750 bis 1100 n. Chr. nennt man **„Althoch-**
30 **deutsch"**. Wie sich die Sprache zu dieser Zeit entwickelt hat, kann man gut
an Versen aus dem *Vaterunser* erkennen:

Um 825 schrieb ein Mönch im Kloster Fulda:	**Um 1200 lautete derselbe Text im Kloster Milstatt in Kärnten:**
si giheilagot thin namo, *queme thin rihhi, si thin willo,* *so her in himile ist, so si her in erdu.*	*geheiliget werde din name,* *zuchom uns din rich. din wille* *werde hie uf der erde als da ze* *himele.*

Für die Zeit des **„Mittelhochdeutschen"** (etwa bis 1500) haben wir schon
viele schriftliche Zeugnisse, z. B. das Nibelungenlied oder das herausragende lyrische Werk von **Walther von der Vogelweide** (1170–1230).
35 Entscheidend für die Entwicklung der **neuhochdeutschen** Sprache war
Martin Luther (1483–1546).
Und so steht es auch heute noch, mit geänderter Rechtschreibung, in den
Ausgaben der Luther-Bibel:

→ **Seite 186 f.,** Walter von der Vogelweide

→ **Seite 172 ff.,** Das Nibelungenlied

Online-Link
zu Martin Luthers Bibel
313176-0184

In Luthers Bibeldruck von 1544 heißt es:
Dein Name werde geheiliget. *Dein Reich kome. Dein Wille geschehe auff Erden wie im Himel.*

Die Sprache an den deutschen Fürstenhöfen in der Zeit des Absolutismus
40 war Französisch. Das „Hochdeutsch" wurde vornehmlich von protestan-
tischen Geistlichen, Gelehrten und Dichtern gepflegt. Daher ist es nicht
verwunderlich, dass zu dieser Zeit die erste deutsche Sprachgesellschaft
entstand, die versuchte, die „Reinheit" der deutschen Sprache zu erhalten
und Fremdwörter einzudeutschen. Als dann die „Grundlegung einer deut-
45 schen Sprachkunst" des Leipziger Professors **Johann Christoph Gottsched**
(1700–1766) auch in Österreich als **Lehrbuch der deutschen Sprache** an-
erkannt wurde, war der Weg zu einer einheitlichen deutschen Schriftsprache geebnet. Zu ihrer vollen Ausbildung trugen dann Dichter und Denker
wie **Gotthold Ephraim Lessing** (1729–1781) und **Johann Wolfgang**
50 **Goethe** (1749–1832) am meisten bei. Sie und ihre Zeitgenossen legten den
Grundstein zu der allgemeinen Schriftsprache des 19. Jahrhunderts.

Rechtschreibung, Grammatik, Sprachbetrachtung

Germanisch

1 Es wurden zwei „Merseburger Zaubersprüche" überliefert. Bei dem ersten handelt es sich um einen Spruch (Segen), durch den Gefangene befreit werden sollen. Der zweite Spruch soll helfen, den verrenkten Fuß eines Pferdes zu heilen.
Lies den Text zunächst laut.

2 Stelle fest, welches Wort die Germanen für „Wald" verwendeten.

Originalseite aus den „Merseburger Zaubersprüchen"

TIPP!
Du kannst dir den Text auch anhören. Nutze dazu den Online-Link.

Online-Link
Hörverstehen
313176-0185

Der zweite Merseburger Zauberspruch

Phol ende Wuodan   vourun zi holza.
du wart demo Balderes volon   sin vuoz birenkit.
thu biguol en Sin<th>gunt,   Sunna era swister;
thu biguol en Friia,   Volla era Swister;
thu biguol en Wuodan,   so he wola conda:

sose benrenki,   sose bluotrenki,
    sose lidirenki:
ben zi bena,   bluot zi bluoda,
lid zi geliden,   sose gelimida sin.

Phol und Wodan ritten ins Holz.
Da wurde dem Fohlen Balders der Fuß verrenkt. Da besprach ihn Sinthgunt und Sunna, ihre Schwester; da besprach ihn Frija, und Volla, ihre Schwester; da besprach ihn Wodan, wie nur er es verstand: sei es Blutrenke, sei es Knochenrenke, sei es Gliedrenke: Glied zu Gliedern, Knochen zu Knochen, Blut zu Blut, als ob geleimt sie seien.

3 Bei der Übersetzung wurden Wodans Worte in der falschen Reihenfolge wiedergegeben. Schreibe den Text richtig auf.

4 EXTRA Forsche nach, wie der andere Zauberspruch lautet, und stelle ihn in der Klasse vor.

Online-Link
weitere Informationen zu den Merseburger Zaubersprüchen
313176-0185

Einblicke in die Entwicklung der deutschen Sprache gewinnen

Mittelhochdeutsch

Die „Manessische Handschrift" ist mit ihren Liedern die größte und vollständigste Sammlung mittelalterlicher Minnelyrik, die überliefert wurde. Sie ist gleichzeitig die wichtigste Quelle deutscher Dichtkunst aus dieser Zeit. Außerdem ist die Handschrift Zeugnis einer hochentwickelten Buchillustration, denn fast allen Texten wurde ein ganzseitiges, zierlich gemaltes Bild vorangestellt. Darauf wird der Name und der Stand des Minnesängers, von dem der Text jeweils stammt, genannt.
Das folgende Gedicht wurde von dem wohl bekanntesten deutschsprachigen Lyriker des Mittelalters, Walther von der Vogelweide, verfasst und in der „Manessischen Handschrift" veröffentlicht.

→ **Seite 244**, Autorenverzeichnis: Walther von der Vogelweide

→ **Seite 246**, Textartenverzeichnis: Gedicht

Walther von der Vogelweide

Ich saz ûf eime steine
und dahte bein mit beine.
Dar ûf satzt ich den ellenboggen
ich hete in mîne hant gesmogen
5 daz kinne und ein mîn wange.
Dô dâhte ich mir vil ange
wie man zer werlte solte leben:
deheinen rât kond ich gegeben
wie man driu dinc erwurbe
10 der keines niht verdurbe.
diu zwei sint êre und varnde guot,
daz dicke ein ander schaden tuot:
daz dritte ist gotes hulde,
der zweier übergulde.
15 die wolte ich gerne in einen schrîn:
jâ leider desn mac niht gesîn,
daz guot und weltlich êre
und gotes hulde mêre
zesamene in ein herze komen.
20 stîg unde wege sint in benomen;
untriuwe ist de sâze,
gewalt vert ûf der strâze,
fride unde reht sint sêre wunt.
Diu drui enhabent geleites niht,
25 diu zwei enwerden ê gesunt.

Rechtschreibung, Grammatik, Sprachbetrachtung

1 Das Mittelhochdeutsche ist dem Allemannischen (Schweizer-Deutsch) sehr verwandt. Versuche, den Originaltext auf Seite 186 laut zu lesen.

2 Nenne die Wörter, die du auch ohne die Übersetzung verstehst.

3 Erschließe den Inhalt des Gedichts. Nutze dazu die Übersetzung auf dieser Seite. Beantworte die folgenden Fragen:

1. Welche drei Dinge sind für den Dichter erstrebenswert?
2. Was spricht dagegen, sie gleichzeitig zu erlangen?
3. Welche Gedanken des Dichters sind auch heute noch aktuell?

4 EXTRA Lies dir noch einmal den Originaltext auf Seite 186 durch. Stelle fest, welches Reimschema darin verwendet wurde.

> **TIPP!**
> Du kannst dir das Gedicht auch anhören. Nutze dazu den Online-Link.
>
> **Online-Link**
> Hörverstehen
> 313176-0187

→ **Seite 231,** Arbeitstechnik „Ein Gedicht erschließen"

Walther von der Vogelweide

Ich saß auf einem Stein,
und schlug ein Bein über das andere,
darauf stütze ich meinen Ellenbogen
In meine Hand legte ich
5 mein Kinn und meine Wange
Da dachte ich lange darüber nach,
wie man in der Welt leben sollte.
Ich konnte keinen Rat finden,
wie man drei Dinge erwerben könnte,
10 so dass keines verderbe.
die [ersten] zwei sind Ehre und vergängliche Güter [Besitz],
die einander ziemlich schaden:
das dritte ist die Huld [Gnade] Gottes,
das die beiden [anderen] übertrifft.
15 Die drei hätte ich gerne in einem Schrein:
ja leider wird das wohl nicht möglich sein,
dass weltliches Gut und Ehre
und Gottes Huld
zusammen in ein Herz kommen.
20 Stege und Wege sind ihnen verwehrt,
Untreue liegt im Hinterhalt,
Gewalt herrscht auf der Straße,
Frieden und Recht sind sehr verletzt,
die drei haben keinen Schutz,
25 bevor die beiden nicht genesen.

Einblicke in die Entwicklung der deutschen Sprache gewinnen

Neuhochdeutsch

1 Im Jahre 1522 erschien das Neue Testament, das Martin Luther aus dem Lateinischen ins Deutsche übersetzt hatte.
Informiere dich über die wichtigsten Lebensdaten Martin Luthers und stelle sie zu einem kurzen Informationstext zusammen.

2 Erkläre, welche Bedeutung Martin Luther für die Entwicklung der deutschen Sprache hat.

→ **Seite 246,**
Textartenverzeichnis:
Fabel

3 Lest die Fabel „Vom wolff und lemlin" zunächst leise.
Tauscht euch anschließend darüber aus, was ihr verstanden habt und wo es Schwierigkeiten gab.

Online-Link
Hörverstehen
313176-0188

→ **Seite 242,**
Autorenverzeichnis:
Martin Luther

Martin Luther
Vom wolff und lemlin

Ein wolff und lemlin kamen on geferd / beide an einen bach zu trink-
ken / Der wolff tranck oben am bach / Das lemlin aber / fern unden /
Da der wolff des lemlins gear ward / lief er zu yhm / und sprach /
warumb truebestu mir das wasser das ich nicht trincken kan / Das
5 lemlin antwortet wie kann ich dirs wasser truben / trinckest du doch
ober mir / und mochtest es mir wol truben. Der wolff sprach / Wie?
Fluchtestu mir noch dazu? Das lemlin antwortet / Ich fluche dir nicht.
Der wolff sprach / Ja Dein Vater thet mir fur sechs monden auch ein
solchs / du wilt dich Vetern. Das lemlin antwortet / Bin ich (doch)
10 dazu nicht geborn gewest / wie sol ich meins Vaters entgelten? Der
wolff sprach / So hastu mir aber / meine wisen und ecker abgenaget
und verderbet / Das lemlin antwortet / Wie ist (das) muglich / hab ich
doch noch keine zeene? Ey sprach der wolff / Und wenn du gleich viel
aüsreden und schwetzen kanst / wil ich dennoch heint nicht ungefres-
15 sen bleiben / Und wurget also das unschuldige lemlin und fras es.

4 Diskutiert darüber, welche Lehre die Fabel eurer Meinung nach den Lesern vermitteln soll.

→ **Seite 226,**
Arbeitstechnik
„Ein Feedback
geben"

5 EXTRA Übersetze den Text in unsere heutige Sprache. Lege die Übersetzung einem Partner vor und lass dir ein Feedback geben.

6 EXTRA Stelle deine Übersetzung in der Klasse vor.

Rechtschreibung, Grammatik, Sprachbetrachtung

Der Einfluss anderer Sprachen

1 Viele Wörter in unserer Sprache wurden aus dem Englischen übernommen und in ihrer Aussprache, Schreibweise und Flexion an das Deutsche angeglichen.
Suche solche Lehnwörter in den Bereichen:

→ **Seite 219,** Fremdwörter, Lehnwörter

– Sport: starten, spurten, …
– Unterhaltung/Freizeit: Film, Rekorder, Bar, TV, …
– Handel/Verkehr: Supermarkt, Lokomotive …

2 Es gab in der Vergangenheit und gibt auch heute immer wieder Bestrebungen, die deutsche Sprache zu vereinheitlichen und sie von fremdsprachlichen Einflüssen zu reinigen.
Suche die heute noch allgemein gebräuchlichen Wörter
1. für das veraltete Wort *Liberey*
2. für das Fremdwort *Distanz*
3. für das Fremdwort *Gusto*
4. für das Fremdwort *observieren*.

3 Manchmal wurde für längst eingedeutschte Lehnwörter künstlicher Ersatz erfunden. Finde heraus, welche Gegenstände/Zustände mit den folgenden „Eindeutschungen" gemeint sind:
1. Tagleuchter
2. Meuchelpuffer
3. Gesichtserker
4. Zitterweh
5. Liege

4 EXTRA Stelle eine Liste mit Wörtern zusammen, die erst in letzter Zeit in unseren heutigen Sprachgebrauch übernommen wurden. Schreibe dazu, was sie bedeuten und aus welcher Sprache sie stammen.

5 EXTRA Erläutere schriftlich, was man unter „Denglisch" versteht.
Du kannst dazu die folgenden Beispiele nutzen:

→ **Seite 148 f.,** „Denglisch", Song von Daniel Dickopf

Ich habe die Software upgedatet. – Der Flug wurde gecancelt. –
Ich hab dir noch gestern gemailt.
Schreibe auch, wie du zum Gebrauch solcher Wortschöpfungen stehst.

6 EXTRA Erkläre die Bedeutung und Entstehung der folgenden Begriffe:

Hotline   Callcenter   Bodyguard   uncool

Einblicke in die Entwicklung der deutschen Sprache gewinnen   189

13 Unsere Schulzeit im Zeitraffer

1 Auf Schulfesten oder Abschlussfeiern wird häufig in Spielszenen die gemeinsame Schulzeit humorvoll betrachtet.
Arbeitet in Gruppen. Sammelt Ideen für die Gestaltung eurer Abschlussfeier in einem Cluster, z. B.:

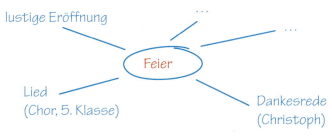

Projektarbeit: Kreatives Schreiben

Schreiben

2 Stellt eure Ideen in der Klasse vor.

3 Tauscht euch darüber aus, was ihr über Kabarett, Comedy, Parodie, Satire, Song, Sketch und Pantomime wisst:
- Was kennt ihr, z. B. aus dem Fernsehen?
- Habt ihr so etwas schon einmal „live" erlebt oder sogar selbst gestaltet?

Comedy Die Kleinkunstform Comedy, auch als Stand-up-Comedy bezeichnet, ist mit dem Kabarett verwandt; allerdings verzichtet sie im Allgemeinen auf einen gesellschaftskritischen Anspruch. Die Comedy wurde in den 1990er Jahren populär.

Kabarett Kleinkunstbühne zum Vortrag von Chansons, Parodien, Sketchen, Tänzen. Darbietung in Vers und Prosa, die stets witzig, satirisch, politisch aktuell die kleinen und großen gesellschaftlichen Schwächen verspottet. Es hält der Gesellschaft einen Spiegel vor, verletzt und beleidigt aber niemanden persönlich.

Pantomime Eine Urform des Theaters, die ohne Sprache, nur mit Gestik und Mimik auskommt und traditionellerweise keine Requisiten und Kulissen benötigt.

Parodie Verspottende, verzerrende Nachahmung eines schon vorhandenen ernst gemeinten Werkes. Dabei wird die äußere Form beibehalten, aber ein anderer, nicht dazu passender Text verwendet.

Satire Die Satire entlarvt und kritisiert Missstände und Fehlentwicklungen in der Gesellschaft. Sie tritt in allen Textsorten auf und bedient sich unterschiedlicher Stilmittel, z. B. humorvolle Schilderungen, Verfremdungen, Verspottungen und Ironie.

→ **Seite 169,** Ironie

Song (deutsch: Lied) ist gegliedert nach Strophen und Refrain und enthält Elemente aus den unterschiedlichsten Formen der Volks- und Unterhaltungsmusik, z. B. Bänkelsang, Schlager, Jazz und Tanzmusik.

→ **Seite 148 f., 196,** Beispiele für Songs

Sketch Kurze humoristische Bühnenszene mit wenigen Figuren, die mit einer Pointe endet.

4 Überlegt gemeinsam, welche Talente in eurer Klasse „schlummern" und welchen Beitrag sie zu der Abschlussfeier leisten könnten.

Projektarbeit: Kreatives Schreiben

13 Unsere Schulzeit im Zeitraffer

Ein Kabarettprogramm gestalten

> **TIPP!**
> Ihr könnt eure Ideen in einer Mind-Map oder in einem Cluster sammeln.

1 Viele kleine Szenen ergeben ein Programm.
Sicher erinnert ihr euch noch an besondere Vorkommnisse, Lustiges oder Besinnliches aus eurer Schulzeit.
Sammelt in einem Brainstorming Ideen zum Thema „Unsere Schulzeit im Zeitraffer".

2 Hier findet ihr einige Vorschläge zum Erarbeiten von kleinen Szenen. Am besten gelangt ihr zu ersten Textentwürfen, wenn ihr in Kleingruppen arbeitet. Lest zunächst alle Vorschläge durch, bevor ihr Gruppen bildet.

A Gebrauchstexte verändern (Seite 193)
B Comedy-Nachrichten erfinden (Seite 194)
C Parodien schreiben (Seite 195)
D Personen imitieren (Seite 195)
E Besondere Ereignisse in Szene setzen (Seite 196)
F Den Text eines bekannten Liedes umschreiben (Seite 196)

Schreiben

A Gebrauchstexte verändern

1 Alltagstexte wie Rezepte, Beipackzettel, Gebrauchsanweisungen, Anzeigen, Lexikonartikel, Zeugnisse und Mathematikaufgaben lassen sich gut verfremden. Das bedeutet, dass man etwas Vertrautes, etwas Altbekanntes so darstellt, dass es als Gegenstand zwar noch erkannt wird, aber gleichzeitig fremd erscheint.
Vergleicht die folgenden zwei Beispiele miteinander. Was ist gleich, wo wurde etwas verändert?

> **Ich, 51, 164** – brünett, zierlich, selbstständig, suche unternehmungslustigen Partner für eine gemeinsame Zukunft. Gibt es ihn, ca. 55, niveauvoll und gepflegt, der meine Vorlieben mit mir teilt?

> **Ich, 16, 172** – sportlich modern, suche guten Realschulabschluss für den weiteren Lebensweg. Gibt es ihn, Notendurchschnitt ca. 2,5, der meine Bewerbung ziert?

2 Sammelt selbst geeignete Alltagstexte und verfremdet sie.
So könnt ihr z. B. vorgehen:

1. Sätze belassen, nur Substantive / Nomen austauschen, z. B.:

> **Zusammensetzung:**
> Eine Tablette enthält …

> **Zusammensetzung:**
> Ein Brötchen aus unserer Cafeteria enthält …

2. Satzstrukturen nur teilweise verändern, z. B.:

> **Wechselwirkungen mit anderen Medikamenten:**
> Die gleichzeitige Einnahme von … mit

> **Wechselwirkungen mit anderen Nahrungsmitteln:**
> Der gleichzeitige Verzehr eines Brötchens mit einem Schokoriegel, Eis und einem Rollmops …

3. Typische Formulierungen belassen, Wörter austauschen, z. B.:

„Befragen Sie hierzu bitte Ihren Arzt oder Apotheker." –
Befragen Sie hierzu Ihren Klassenlehrer oder Schulleiter.

Projektarbeit: Kreatives Schreiben

13 Unsere Schulzeit im Zeitraffer

B Comedy-Nachrichten erfinden

1 Untersucht, wie diese Nachricht aufgebaut ist.

> ## Nachrichten aus der Region
>
> **Tirol** *Bär „Bruno" an einer Skihütte gesichtet.* Der Braunbär „Bruno" hält sich nach jüngsten Beobachtungen weiter in Tirol auf. Am Mittwochabend tauchte er bei Scharnitz nahe der österreichisch-deutschen Grenze auf, wie die Naturschutzorganisation WWF in Frankfurt am Main mitteilte. Am späten Abend machte er sich an der Skihütte Solsteinhaus in 1805 Meter Höhe des Karwendelgebirges bemerkbar. Das berichtete der Hüttenwirt R. Fankhauser der österreichischen Nachrichtenagentur APA …

2 Sammelt besondere Vorkommnisse, die sich in letzter Zeit in eurer Schule oder in eurem Ort ereignet haben. Überlegt, welche als Nachrichten „gesendet" werden könnten, z. B.:

Oberursel: Der Schüler P. wurde am Montagmorgen, kurz nach dem Klingeln, man schätzt etwa 25 bis 30 Minuten, auf dem Weg zu seinem Klassenzimmer gesichtet. Gelangweilt …

3 Nachrichtensendungen enden üblicherweise mit dem Wetterbericht. Diese Berichtsform eignet sich besonders gut, um das Schulklima zu „beschreiben".

> **Wetterbericht**
> Vom Atlantik nähert sich erneut ein Tiefdruckgebiet, das ergiebigen Regen und Starkwind mit sich bringt. Die ersten Vorboten erreichen Süddeutschland am Vormittag. Eine Wetterberuhigung tritt erst in der Nacht ein.

Achtet darauf, dass man auch hier das Original noch erkennen kann, z. B.:

Seit Beginn der ersten Stunde kann man die sich nähernde Gewitterfront in Gestalt von … Wie eine Windhose bricht …

4 Ihr könnt am Ende der „Sendung" auch etwas prämieren, z. B. die besten Ausreden:

Den Oscar für die besten Ausreden erhielten in diesem Jahr … für …
„Ich konnte leider nicht pünktlich erscheinen, mein Hund hatte Zahnschmerzen. …"

Projektarbeit: Kreatives Schreiben

Schreiben

C Parodien schreiben

1 Untersucht den Ausschnitt aus einer Schulordnung auf typische Formulierungen.

Schulordnung

1. Alle am Schulleben beteiligten Personen gehen rücksichtsvoll und freundlich miteinander um. Sie tragen gemeinsam Verantwortung für das Gebäude und die Einrichtungen der Schule. Gewaltakte und Rücksichtslosigkeiten werden bestraft. [...]

2. Das Schulhaus und die Klassenräume dürfen morgens vor Unterrichtsbeginn in eigener Verantwortung betreten werden. [...]

10. Jeder ist für die Sauberkeit seines Platzes verantwortlich und hilft mit, Schulhaus und Schulgelände in Ordnung zu halten. Abfall ist soweit wie möglich zu vermeiden. Dennoch anfallender Müll wird sortiert entsorgt. [...]

13. Geld und Wertsachen dürfen nicht in Kleidungsstücken auf dem Flur aufbewahrt werden. [...]

2 Schreibt eure Schulordnung so um, dass sie ironisch wirkt. Ihr könnt dazu

→ **Seite 169,** Ironie

1. Anweisungen übertrieben darstellen, z. B.:
   Die Kleidung ist an der jeweiligen Garderobe aufzuhängen, damit andere die Reißfestigkeit der Aufhänger prüfen können.
2. Anweisungen ins Gegenteil verkehren, z. B.:
   Wer fünf Minuten zu spät kommt, muss dafür fünf Minuten eher gehen!

D Personen imitieren

1 Denkt darüber nach, ob es in eurer Schule Personen gibt, die an bestimmten Verhaltensweisen zu erkennen sind, wie typische Tätigkeiten, typische Redewendungen, typische Aussprache, typische Kleidung, z. B.:
Herr Meyer ordnet zu Beginn einer Unterrichtsstunde immer erst alle Gegenstände auf dem Lehrertisch.

2 Besprecht, welche eurer Mitschüler oder Mitschülerinnen ihr imitieren könntet. Wenn ihr euch dafür entscheidet, dann achtet jedoch darauf, dass ihr den Personen nicht zu nahe tretet oder sie gar beleidigt.

Projektarbeit: Kreatives Schreiben

13 Unsere Schulzeit im Zeitraffer

E Besondere Ereignisse in Szene setzen

1 Sammelt für einen „Schulrückblick" witzige Anekdoten, Pannen und Streiche. Notiert sie stichwortartig.

2 Ordnet die Ereignisse in der zeitlichen Reihenfolge, in der sie vorgefallen sind. Überlegt, wie der „Schulrückblick" auf die Bühne gebracht werden kann, z. B.:

Alle stehen im Halbkreis auf der Bühne. Jeder hält eine Entlassungsschultüte in den Händen. Der Erste holt einen Gegenstand aus der Tüte und beginnt mit einem Satz, der Zweite führt den Gedanken weiter …

> **Anekdoten**
>
> **Einschulung**
> Igor weinte fürchterlich …
>
> **Streit Frau Müller – Nadia**
> Müller: „Das ist eine Null!"
> Nadia: „Nein, das ist ein Ei." …

F Den Text eines bekannten Liedes umschreiben

→ **Seite 248,**
Textartenverzeichnis:
Liedtext/Songtext

1 Ein Lied, das viele Menschen kennen, eignet sich gut dafür, es auf andere Situationen umzuschreiben, z. B.:
„Weine nicht, wenn die 10 a geht, dam-dam, dam-dam …"

→ **Seite 242,**
Autorenverzeichnis:
Günter Loose

Marmor, Stein und Eisen bricht

Weine nicht, wenn der Regen fällt,
   dam-dam, dam-dam
Es gibt einen der zu dir hält,
   dam-dam, dam-dam

Marmor, Stein und Eisen bricht
Aber unsere Liebe nicht
Alles, alles geht vorbei
Doch wir sind uns treu

Kann ich einmal nicht bei dir sein,
   dam-dam, dam-dam
Denk daran, du bist nicht allein,
   dam-dam, dam-dam

Marmor, Stein und Eisen bricht
Aber unsere Liebe nicht
Alles, alles geht vorbei
Doch wir sind uns treu

Nimm den goldenen Ring von mir
   dam-dam, dam-dam
Bist du traurig, dann sagt er dir,
   dam-dam, dam-dam

(Refrain …)

Text: Rudolf Günter Loose, © 1965 by Nero Musikverlag G. Hämmerling OHG

> **TIPP!**
> Der Refrain kann erhalten bleiben.

2 Schreibt jetzt einige Strophen des von euch ausgewählten Liedes neu.

3 Stellt in der Klasse eure ersten Ergebnisse vor. Vielleicht haben die anderen dann noch weitere gute Ideen für eure Szenen.

Projektarbeit: Kreatives Schreiben

Schreiben

Probenarbeit

1 Diskutiert darüber, wer in welchen Kabarettbeiträgen mitwirken soll und wer sich für welche Rolle oder Darbietung eignet.

→ **Seite 226,** Arbeitstechnik „Einen Rollentext auswendig lernen"

2 Arbeitet die einzelnen Szenen aus, indem ihr mit dem Spielen beginnt. Der Text entsteht dabei nach und nach, er wird so lange verändert, bis alle damit zufrieden sind.

> **Tipps und Übungen zum Aufwärmen während der Probenarbeit und vor der Aufführung**
>
> **Gestik und Mimik**
> Mit dem ganzen Körper spielen. Je deutlicher die Körperhaltung, desto klarer die Aussage.
>
> *Übung:*
> Pantomimisch eine Banane, eine Orange, Erdnüsse u. Ä. essen, eine schwere Tasche tragen, …
>
> **Sprache**
> Laut, deutlich und nicht zu schnell sprechen, aber nicht schreien. Die Stimme muss den Saal füllen.
>
> *Übung:*
> Worte wachsen: Alle Spieler und Spielerinnen liegen auf dem Boden und haben die Augen geschlossen. Der Spielleiter gibt ein Wort vor (Apfelsine, Coladose, …), das alle leise vor sich hinsprechen sollen. Vom Liegen über das Knien, Hocken, Sitzen, Stehen und Recken verändert sich auch die Intensität, mit der das Wort ausgesprochen werden soll. Beim Recken entwickelt jeder die größte Kraft. Anschließend wird der Vorgang umgekehrt.
>
> **Bewegung im Raum**
> Viele Anfänger ziehen sich unwillkürlich auf den hinteren Teil der Bühne zurück. Dadurch kommt vieles nicht „rüber".
>
> *Übung:*
> Die Bühne wird in drei hintereinanderliegende Felder aufgeteilt. Eine Person stellt sich nacheinander in jedes Feld und spricht den Text: „Zehn Jahre Schule! Das war's – und was kommt jetzt?" Die anderen sagen, wie der Satz jeweils wirkt. Die Übung kann mit einem erfundenen oder bereits erarbeiteten Text wiederholt werden.

Projektarbeit: Kreatives Schreiben

13 Unsere Schulzeit im Zeitraffer

Programmzusammenstellung

1 Aus den vielen einzelnen Kleinszenen muss nun noch das vollständige Programm entstehen.

So könnt ihr vorgehen:

1. Dem Programm einen Leitfaden geben:
– Überlegt, welchen Grundgedanken die Zuschauer erkennen sollen, z. B.:
  – glücklich und traurig zugleich,
  – Optimismus für die Zukunft …
– Legt fest, wann welche Szene gespielt werden soll.
– Entscheidet, welchen Titel das Programm erhalten soll.

2. Einen Zeitplan aufstellen:
– Prüft, wie lang die einzelnen Beiträge sind.
– Legt fest, wie lange euer Kabarettprogramm dauern soll und an welchen Stellen ihr noch Änderungen vornehmen könnt.

3. Die eigentliche Inszenierung[1] vorbereiten:
– Stellt eine Liste der benötigten Requisiten zusammen.
– Entscheidet, wo ihr aufführen wollt.
– Erkundigt euch nach den technischen Möglichkeiten, die euch zur Verfügung stehen.

[1] Inszenierung, die: Vorbereitung, Bearbeitung und Einstudieren eines Theaterstücks

4. Die Musik zusammenstellen:
– Entscheidet, welche Musikstücke zum Gesamtprogramm passen, z. B.:
  „Freiheit" von M. Müller-Westernhagen …
– Wählt Lieder aus, die einzelne Programmpunkte verstärken können.
  Wenn z. B. jemand bei der Schulleitung erscheinen muss:
  „You never walk alone" interpretiert von Frank Sinatra, „The Peacemakers",
  den „Toten Hosen" u. v. a. …

5. Programmzettel gestalten:
– Entscheidet, wer für den Entwurft (Inhalt und Gestaltung) verantwortlich sein soll.
– Erkundigt euch, welche technischen Voraussetzungen für die Gestaltung und das Drucken es an eurer Schule gibt.

6. Die Verantwortlichkeiten festlegen:
– Legt fest, wer jeweils für die einzelnen Aufgaben verantwortlich ist.
– Wählt ein Organisationsteam, das für die Vorbereitung der Veranstaltung insgesamt verantwortlich ist.

Projektarbeit: Kreatives Schreiben

Schreiben

2 Erstellt nach Abschluss der Vorbereitungsarbeiten einen Ablaufplan, nach dem sich alle richten müssen, z. B.:

Ablaufplan			
Szenen	Personen	Musik (Igor)	Licht (Rebecca)
Einstiegsszene	Tobias „Weine nicht, wenn die 10 a geht …"	die Melodie von „Marmor, Stein und Eisen bricht"	ein Scheinwerfer als Verfolger
Zwischenmusik	…	…	…
Der Chor der zu Entlassenden	alle Alles begann mit einer Schultüte	…	alles
…	…	…	…

3 Wenn ihr ein Kabarettprogramm vorbereitet habt, braucht ihr als Kabarettgruppe einen Namen. Er sollte zu eurem Programm passen, z. B.:

TIPP!
Beachtet: Auch bei der Namensgebung dürfen gewisse Rechte nicht vernachlässigt werden, z. B. von bereits eingetragenen Theater- oder Kabarettgruppen.

4 Formuliert zum Schluss die Ankündigung eures Programms, z. B. wie auf dem Plakat rechts.
Jetzt benötigt ihr nur noch ein verständiges Publikum, das es verträgt, wenn man ihm „einen Spiegel vors Gesicht hält".

Projektarbeit: Kreatives Schreiben

Teste dich!

Extremsport

Stell dir vor, du sollst ein Referat zum Thema „Extremsport" vorbereiten. Du hast aus Zeitungen, Büchern und dem Internet eine Menge Material zusammengetragen. Nun willst du auf dieser Grundlage den „Fahrplan" für dein Referat erarbeiten.

1 Schau dir die Ausschnitte aus den Materialien genau an und notiere, welche Schwerpunkte in deinem Referat berücksichtigt werden sollten.

Bungeejumping – Die Ursprünge dieses Sports gehen auf die Lianenspringer von Pentecôte zurück. Von diesem Ritual fasziniert, experimentierte der *Oxford University Dangerous Sports Club* in den 1970er Jahren mit Gummibändern, die das Springen ungefährlicher und somit auch für westliche Waghalsige möglich machen sollten. Am 1. April 1979 sprangen vier Klubmitglieder in Bristol von einer 76 m hohen Brücke – der erste moderne Bungeesprung.

Canyoning – Immer mehr Männer und Frauen begeben sich auf die Suche nach extremen Erlebnissen. Doch nicht immer gehen diese Abenteuer gut aus. Beim Canyoning, einer Mischung aus Klettern und Schwimmen, kamen im Juni bei einer Tour in der Schweiz mehr als 20 Touristen ums Leben.

Die Sehnsucht nach dem Risiko – was ist das?
Dr. Rolf Speier, Facharzt für Psychiatrie und Psychotherapie, erklärt: „Die scheinbare Gefahrlosigkeit in der westlichen Welt treibt Menschen dazu an, sich bewusst realen Gefahren auszusetzen. Männer und Frauen, die im täglichen Leben sonst recht vernünftig handeln, nehmen dabei lustvoll Strapazen auf sich." Sie wollen herausfinden, wo die eigenen Grenzen liegen.

Das Ritual – *Die Lianenspringer von der Südseeinsel Pentecôte gehören zum Volk der Sa und gelten als indirekte Erfinder des modernen Bungeespringens. Jedes Jahr zwischen April und Juni stürzen sie sich von hohen Sprungtürmen in die Tiefe, nur gesichert durch Lianen[1].*
Ein Mythos[2] besagt, dass eine junge Frau auf Pentecôte von ihrem eifersüchtigen Mann verfolgt wurde. Verzweifelt erklomm sie einen hohen Baum, doch er folgte ihr, bis sie die Spitze erreichte, und da er ihr dicht auf den Fersen war, sprang sie in die Tiefe – in den vermeintlich sicheren Tod. Als ihr Mann dies sah, sprang er ihr hinterher, da er ohne sie nicht mehr leben wollte. Die Frau hatte ihn jedoch getäuscht und vor dem Sprung schnell Lianen um ihre Knöchel gebunden. Dadurch blieb sie am Leben, er überlebte seinen Sprung nicht.

[1] Liane, die: Schlingpflanze in den Tropen

[2] Mythos, der: sagenhafte Geschichte, Mär

200 Lernbereich: Sprechen, Zuhören, Spielen

Kannst du einen Verlaufsplan für ein Referat anfertigen?

„Glücksdroge" Endorphin – Wer sich bewusst einer riskanten Situation aussetzt, will meist ein Rauschgefühl erleben: den „Kick", den „Thrill". Diese erregende Empfindung wird durch verschiedene Phänomene ausgelöst, z. B. durch die Geschwindigkeitsmanie, den Sprung ins Nichts, den extremen Nervenkitzel, das Gleiten und Schweben. Verantwortlich für das Hochgefühl ist das Endorphin …

Wildwasser-Rafting, Freeclimbing …

Neben dem Canyoning garantieren Wildwasser-Rafting und Freeclimbing den Nervenkitzel in Verbindung mit wahrem Naturerleben. Beim Freeclimbing bezwingen Frauen und Männer ohne jegliche Absicherungen Felswände und hohe Gebäude. Paraglider stürzen sich mit Gleitschirmen steile Hänge hinunter. Apnoe-Taucher suchen den Kick beim Versuch, ohne Sauerstoffgerät in größtmögliche Tiefen zu gelangen …

Base-Jumping

*Base-Jumper springen von Klippen, Brücken und Hochhäusern mit einem Fallschirm, der sich innerhalb sehr kurzer Zeit öffnen muss. Oft prallen sie dabei sehr hart am Boden auf. „Verletzte gibt es fast nie, nur Tote."
… Im vergangenen Jahr starben dabei fast 40 Springer.*

2 Entscheide, wie du das Referat gliedern willst. Verfasse eine Gliederung.

3 Schreibe eine kurze Einleitung für dein Referat.

4 Notiere, welche Möglichkeiten zur Veranschaulichung deiner Aussagen du nutzen könntest.

5 Fertige einen Verlaufsplan für den Hauptteil deines Referats. Übernimm dafür folgende Tabelle in dein Heft und fülle sie aus:

TIPP! Du kannst natürlich auch andere inhaltliche Gesichtspunkte ergänzen sowie in einem Gliederungspunkt deinen Standpunkt zum Extremsport oder deine Erfahrungen darlegen.

Gliederungspunkt	Mittel zur Veranschaulichung
…	…

6 Formuliere einen Schlusssatz für dein Referat.

Lernbereich: Sprechen, Zuhören, Spielen

Teste dich!

Perspektiven

1 Lies den folgenden Text und analysiere ihn anschließend. Bearbeite dazu die Aufgaben 2 bis 14.

Wolfdietrich Schnurre
Beste Geschichte meines Lebens (1978)

Beste Geschichte meines Lebens. Anderthalb Maschinenseiten vielleicht. Autor vergessen: in der Zeitung gelesen. Zwei Schwerkranke im selben Zimmer. Einer an der Tür liegend, einer am Fenster. Nur der am Fenster kann hinaussehen. Der andere keinen größeren Wunsch, als das Fenster-
5 bett zu erhalten. Der am Fenster leidet darunter. Um den anderen zu entschädigen, erzählt er ihm täglich stundenlang, was draußen zu sehen ist, was draußen passiert. Eines Nachts bekommt er einen Erstickungs-anfall. Der an der Tür könnte die Schwester rufen. Unterlässt es; denkt an das Bett. Am Morgen ist der andere tot; erstickt. Sein Fensterbett wird
10 geräumt; der bisher an der Tür lag, erhält es. Sein Wunsch ist in Erfül-lung gegangen. Gierig, erwartungsvoll wendet er das Gesicht zum Fenster. Nichts; nur eine Mauer.

2 Bestimme die Textart und nenne kurz deren Merkmale.

3 Schreibe einen Einleitungssatz für eine Inhaltsangabe. Denke dabei an Textart, Titel und Verfasser. Schreibe auch kurz auf, worum es in der Ge-schichte geht.

4 Benenne die Stellen im Text, an denen etwas über den Ort und die Zeit der Handlung gesagt wird. Beachte, dass dies auch indirekt geschehen kann: Es werden z. B. Gegenstände genannt, die es nur an einem be-stimmten Ort und zu einer bestimmten Zeit gibt/gab.

5 Untersuche den Aufbau des Textes. Kennzeichne darin einzelne Sinnabschnitte. Kläre den Spannungsverlauf und suche nach einem Höhe- oder Wendepunkt. Analysiere die Ausgangs- und Endsituation.
Fasse als Ergebnis den Inhalt der Geschichte mit eigenen Worten zusam-men.

Kannst du eine Kurzgeschichte analysieren und die Ergebnisse darlegen?

6 Bestimme die Erzählperspektive und stelle fest, welche Haltung der Erzähler zum Geschehen hat. Beachte dabei insbesondere die ersten drei Sätze. Notiere.

7 Beschreibe die Merkmale und Besonderheiten der sprachlichen Gestaltung des Textes (z. B. Wortwahl, Satzbau, Länge der Sätze, Tempus, Figurenrede). Notiere auch, wie die sprachliche Gestaltung wirkt.

8 Der Mann, der am Fenster liegt, erzählt dem anderen, was angeblich draußen passiert. Denke dir eine seiner Reden aus und schreibe sie auf.

9 Überlege, was der Mann, der zuerst an der Tür lag, über den anderen denken könnte. Verfasse einen inneren Monolog.

10 Schreibe – ebenfalls als inneren Monolog – auf, was der Kranke, der ans Fenster gelegt wurde, denken könnte, nachdem er die Mauer erblickt hat.

11 Beschreibe die beiden Figuren:

- die Eigenschaften des Schwerkranken am Fenster,
- die Eigenschaften des Schwerkranken an der Tür.

12 Schreibe auf, welche Absicht der Autor deiner Meinung nach mit der Geschichte verfolgt.

13 Stelle einen Zusammenhang zwischen dem Inhalt des Textes und dem Titel „Beste Geschichte meines Lebens" her. Überlege dazu,

- was dich eventuell irritiert oder überrascht hat,
- welche Überschrift die Geschichte auch haben könnte,
- ob das Thema der Geschichte aktuell und die Botschaft, die sie transportiert, noch gültig ist.

Notiere deine Überlegungen.

14 Werte die Aufzeichnungen zu den Aufgaben 1 bis 12 aus. Unterscheide zwischen Wichtigem und Nebensächlichem. Fasse die Ergebnisse deiner Analyse in einem geschlossenen Text zusammen. Stelle darin auch einen Zusammenhang zwischen Inhalt und Form (Stil) des Textes her. Beschreibe, wie der Text auf dich wirkt.

Lernbereich: Schreiben

Teste dich!

Die Wirkung eines Bildes

1 Lies die folgende Geschichte und notiere zu jedem Textabschnitt den wesentlichen Inhalt.

Kain[1] und Abel

Einer der großen Künstler aller Zeiten hatte sich einmal vorgesetzt, ein Bild aus der Geschichte der ersten Menschen zu malen: die Brüder Kain und Abel in ihrem Widerstreit. Nun pflegte er, wann immer es galt, eine Gestalt aus vergangenen Tagen darzustellen, unter den Mitmenschen
5 Umschau zu halten, bis er einen gefunden hatte, der seiner Vorstellung entsprach.
Eines Tages nun erblickte er einen Jüngling so kindlichen und rechtschaffenen Gemüts und mit einem unschuldigen Antlitz, welches die Unschuld einer reinen Seele widerspiegelte, dass er bei dem Anblick beglückt ausrief:
10 „Hier habe ich das Urbild für den sanften Abel!"
Und er machte sich sogleich ans Werk und bildete die Figur so edel und gut, wie sie im Leben war.
Nun galt es für den Meister, das Gegenbild zu finden, den bösen Kain.
Aber das war kein leichtes Ding, und Jahre um Jahre suchte er vergeblich.
15 Freilich, da waren der Bösewichter genug, die ihm den Eindruck machten, sie wären auch eines Brudermordes fähig; und unter diesen auch mehr als einer, dem der Trotz zuzutrauen gewesen wäre, mit dem Kain dem Schöpfer zu antworten: „Soll ich meines Bruders Hüter sein?"
Aber er fand keinen, der jenem unglücklichen Frevler geglichen hätte, wel-
20 cher in der Verzweiflung seines Herzens ausrufen sollte: „Zu groß ist meine Schuld, als dass sie vergeben werden könnte!"
Zehn Jahre, sagt man, hat der Meister gesucht. Dann fügte es der Zufall, dass er auf einen Landstreicher stieß, dessen Erscheinung ihn bannte. In dem verwüsteten Gesicht des Fremden stand alles zu lesen, was einmal in
25 den Zügen eines Kain geschrieben sein musste: Eifersucht, Hass, Mordlust und Trotz, aber auch Trübsal, Herzeleid und Reue.
So lud er den Obdachlosen in sein Haus und gedachte ihn zu malen und sein Gemälde zu vollenden.
Als aber der Unglückliche der Leinwand gegenüberstand und das Abbild
30 des sanften Jünglings sah, brach er in Tränen aus. Der Meister stutzte, starrte den Weinenden an und erschrak – in diesem Augenblick öffnete Kain den Mund und sprach: „Der hier vor dir steht, hat schon einmal, vor zehn Jahren, vor dir gestanden. Damals hast du mich als den unschuldigen Abel gemalt, und inzwischen bin ich zum Kain geworden!"

[1] Kain ist gemäß der Erzählung der Bibel und des Korans der erste Sohn von Adam und Eva, den beiden ersten Menschen, die Gott auf der Erde erschaffen hatte. In der biblischen Darstellung erschlug Kain seinen jüngeren Bruder Abel

204   Lernbereich: Lesen – Umgang mit Texten und Medien

Kannst du einen erzählenden Text erschließen?

2 Notiere, ob die folgenden Aussagen zum Inhalt der Geschichte richtig oder falsch sind.
1. Ein Künstler wollte Kain und Abel malen.
2. Zuerst fand er einen Menschen, der Abel verkörperte, kurz danach einen, der das Modell für Kain sein sollte.
3. Der Künstler lud den Landstreicher in sein Haus ein, um ihn zu malen.
4. Nachdem er Abel gemalt hatte, malte er Kain.

3 Welchen Wörtern in der Geschichte entsprechen folgende Synonyme? Gib sie mit der Zeilennummer an.
1. Gesicht   2. junger Mann   3. Verbrecher   4. Traurigkeit

4 Erkläre die folgenden Ausdrücke aus dem Textzusammenhang:
1. „einen Jüngling kindlichen und rechtschaffenen Gemüts" (Zeile 7 f.)
2. „die Unschuld einer reinen Seele" (Zeile 8 f.)
3. „In dem verwüsteten Gesicht des Fremden stand alles zu lesen" (Zeile 23 f.)
4. „Der Meister stutzte" (Zeile 30 f.)

5 Gib den Inhalt der folgenden Zitate mit eigenen Worten wieder:
1. „Einer der großen Künstler … hatte sich vorgesetzt, ein Bild … zu malen." (Zeile 1 f.)
2. „Nun pflegte er … unter den Mitmenschen Umschau zu halten …" (Zeile 3 ff.)
3. „Dann fügte es der Zufall, dass er auf einen Landstreicher stieß, dessen Erscheinung ihn bannte." (Zeile 22 f.)
4. „So lud er den Obdachlosen in sein Haus und gedachte ihn zu malen …" (Zeile 27)

6 Bearbeite eine der vier Aufgaben:

A Warum brach der Landstreicher in Tränen aus, als er erkannte, dass er vor Jahren als Abel gemalt worden war? – Erörtere verschiedene Möglichkeiten.

B Beschreibe den Werdegang und den Charakter des Landstreichers.

C Nimm schriftlich Stellung zu diesem Text.

D Schreibe eine Fortsetzung der Geschichte.

Teste dich!

Es war einmal?

1 Lies die Parodie des bekannten Märchens „Der Wolf und die sieben Geißlein" aufmerksam durch.

Doris Mühringer

Der Wolf und die sieben Geißlein

Muss einmal, sagte der Wolf zu seiner Frau (aber nicht das, was ihr denkt, ihr Lieben, sondern:) muss einmal wieder was Ordentliches in den Magen kriegen. Werde mich nach den sieben Geißlein umschauen. Ging also und schaute sich nach den sieben jungen Ziegen um. Ging und ging und
5 schaute und schaute und es waldete und waldete immer mehr und immer dunkler und dichter, und als es endlich so dunkel und dicht war, dass man vor lauter Bäumen den Wald nicht mehr sehen konnte, dachte der Wolf: Wenn's mit rechten Dingen zugeht im Märchen, so muss jetzt die Wiese kommen, und auf der Wiese muss das Haus stehen, und in dem Haus
10 müssen die sieben jungen Geißlein hübsch artig um den Tisch herum sitzen und darauf warten, dass ich komme, und das jüngste schaut sich schon nach dem Uhrkasten um. Und so war's auch.
Hielt sich also nicht lang mit Denken auf, der Wolf, ging darauflos auf das Haus zu (hatte Kreide mitgebracht für die Stimme und Teig für die Pfote,
15 denn er kannte das Märchen) und fraß von sieben Geißlein sechs auf. Das siebte ließ er im Uhrkasten sitzen: erstens, weil er satt war, zweitens, damit es seiner Mutter alles erzählen konnte, drittens, damit es mit dem Märchen seine Richtigkeit hatte. Überlegte es sich's aber dann doch, legte sich also nicht auf die grüne Wiese draußen unter den Kirschbaum, um ein-
20 zuschlafen und von der alten Ziege aufgeschlitzt, mit Steinen gefüllt und zugenäht zu werden wie im Märchen, sondern trollte sich nach Hause, der Wolf. Und wenn er nicht später einmal doch noch gestorben wäre, weil er zu viele Hasen gefressen hatte, die zu viel Kohl gefressen hatten, der mit zu viel Insektengift gespritzt war, so lebte er noch heute.

2 Prüfe, ob du den Text aufmerksam gelesen hast. Welche Wortart vermisst man beim Lesen des Textes in vielen Sätzen?

a) Verb
b) Substantiv/Nomen
c) Personalpronomen
d) Artikel

206   Lernbereich: Rechtschreibung, Grammatik, Sprachbetrachtung

Kannst du dein sprachliches Wissen anwenden?

3 In dem folgenden Satz wurden zwei Substantive/Nomen unterstrichen:
„… so muss jetzt die Wiese kommen, und auf <u>der Wiese</u> steht das Haus, und in <u>dem Haus</u> müssen …" (Zeile 8 f.).
In welchem der folgenden Beispiele wurden diese Substantive/Nomen durch die richtigen Pronomen ersetzt?

a) … und auf ihm steht das Haus, und in ihm müssen …
b) … und auf ihr steht das Haus, und in ihr müssen …
c) … und auf ihr steht das Haus, und in ihm müssen …

4 Welche Bedeutung hat die Redewendung
„… vor lauter Bäumen den Wald nicht mehr sehen …" (Zeile 7)?

a) der Wald ist sehr dicht
b) viele Bäume versperren die Sicht
c) jemand weiß den richtigen Weg nicht
d) jemand erkennt etwas nicht, obwohl es sehr deutlich ist

5 Eine Stammform ist hier falsch, welche?

a) wählen – wählte – gewählt
b) überlegen – überlegte – überlegen
c) lassen – ließ – gelassen
d) spritzen – spritzte – gespritzt

6 Bestimme in dem Satz „…, die zu viel Kohl <u>gefressen hatten</u>, …"
(Zeile 23) Person, Numerus, Genus, Modus und Tempus.

a) 3. Person Plural Aktiv Indikativ Plusquamperfekt
b) 1. Person Plural Aktiv Indikativ Plusquamperfekt
c) 3. Person Singular Passiv Indikativ Präteritum
d) 1. Person Plural Passiv Indikativ Perfekt

Lies dazu den gesamten Satz durch.

7 Welche grammatische Funktion hat in dem folgenden Teilsatz der unterstrichene Ausdruck „…, dass man vor lauter Bäumen <u>den Wald</u> nicht mehr sehen konnte, …" (Zeile 6 f.)?

a) Subjekt
b) Dativobjekt
c) Akkusativobjekt
d) Adverbialbestimmung

Lernbereich: Rechtschreibung, Grammatik, Sprachbetrachtung

Schlaue Seiten

Grammatik, Rechtschreibung und Sprachbetrachtung

Wörter

→ **Seite 24 ff., 72, Wiederholung aus Klasse 7**

Woraus bestehen Wörter? (Wortbildung)

- Wörter bestehen aus Sprachlauten. Man unterscheidet Vokale (*Selbstlaute: a, ä, e, i, …*) und Konsonanten (*Mitlaute: b, c, d, f, g, h, …*).

- Wörter bestehen aus Sprechsilben (*Bü - cher - schrän - ke, Klei - dun - gen, le - sen, schö - ner*).

- Wörter bestehen aus einem oder mehreren Wortbausteinen. Man unterscheidet zwischen den Wortstämmen (*schön + er, Kleid + ung + en, ich les + e*), den Vorbausteinen (*ver + stehen, be + stehen, ent + stehen*), den Endbausteinen (*Kleid + ung, Krank + heit, ess + bar*) und verschiedenen Endungen (*les + e, schön + er, Kleid + ung + en*).

Die beiden wichtigsten Verfahren der Wortbildung sind die **Zusammensetzung** und die **Ableitung**. Bei der Zusammensetzung werden zwei oder mehrere Wörter zu einer Einheit verbunden.

- Zusammengesetzte Substantive/Nomen bestehen aus einem Grundwort (*Berufs**schule**, Bücher**tasche**, Fuß**ball***) und einem Bestimmungswort (***Berufs**schule, **Bücher**tasche, **Fuß**ball*).

- Zusammengesetzte Verben bestehen aus einem vorangestellten Wortbaustein und dem Verb; sie können trennbar (*herkommen – du kommst her; weitersprechen – du sprichst weiter; abschreiben – du schreibst ab*) oder nicht trennbar zusammengesetzt sein (*übersetzen – du übersetzt, vollbringen – du vollbringst; wetteifern – du wetteiferst*).
  Bei der Ableitung wird ein Wortstamm mit Vorbausteinen oder/und Endbausteinen verbunden (*unverständlich:* Vorbausteine *un-, ver-* Endbaustein *-lich*). Der letzte Endbaustein bestimmt die Wortart.

→ **Seite 84 ff., 159, Wiederholung aus Klasse 7**

Wortfamilien – Wortfelder

- Wörter, die denselben Wortstamm enthalten, gehören zur selben Wortfamilie (*lehren, Lehrer, Lehre, lehrhaft, Lehrling, Lehrbuch, …*).

- Wörter mit ähnlicher Bedeutung bilden ein Wortfeld (*gehen, laufen, rennen, schlendern, spazieren, schleichen, …*).

- Die einzelnen Wörter eines Wortfeldes gehören in der Regel ein und derselben Wortart an.

- Der übergeordnete Begriff eines Wortfeldes heißt **Oberbegriff** (z. B. Obst), die darunter stehenden Begriffe heißen **Unterbegriffe** (z. B. Äpfel, Birnen, Pflaumen …).

- Synonyme sind Wörter mit gleicher (oder ähnlicher) Bedeutung (z. B. Apfelsine – Orange).

- Antonyme sind Wörter mit gegensätzlicher Bedeutung (z. B. sprechen – schweigen, arm – reich).

Wortarten

Die wichtigsten Wortarten sind Substantiv/Nomen, Verb, Adjektiv, Adverb, Artikel, Pronomen, Präposition und Konjunktion.

→ **Seite 24 ff., 71 ff., 80, 150, Wiederholung aus Klasse 5**

Wortarten	Beispiele	Merkmale
Substantive/Nomen	Kind, Hund, Tisch, Feuer, Beginn, Idee, Rechnung, Freude, Energie	– bezeichnen Lebewesen, Dinge, Gedanken, Zustände – stehen im Singular → *Hund* oder im Plural → *Hunde* – werden im Satz oft von Artikeln begleitet (*der Hund, ein Hund*) – haben ein Genus (grammatisches Geschlecht): maskulin (männlich) → *der Hund*; feminin (weiblich) → *die Rechnung*; Neutrum (sächlich) → *das Feuer* – stehen im Satz in einem bestimmten Kasus: Nominativ → *der Tisch*; Genitiv → *des Tisches*; Dativ → *dem Tisch*; Akkusativ → *den Tisch* – können von einem Adjektiv begleitet werden (*der neue Tisch, ein kleines Kind*)
Verben	lachen, schwimmen, regnen, liegen, lassen, vergessen, können, haben	– bezeichnen Tätigkeiten, Vorgänge oder Zustände – Hilfsverben (*haben, sein, werden*) und Modalverben (*wollen, sollen, können, müssen, dürfen, mögen*) (siehe Seite 214), treten überwiegend in Verbindung mit Vollverben (*geben, helfen, sehen usw.*) auf – werden konjugiert (gebeugt): *ich lache, du lachst, er/sie/es lacht, wir lachen, ihr lacht, sie lachen* – können verschiedene Zeitformen bilden: *ich lache, ich lachte, ich habe gelacht, ich hatte gelacht, ich werde lachen* (siehe Seite 211, 234 f.) – Viele Verben können Aktiv- und Passivformen bilden (siehe Seite 212, 234 f.). Man unterscheidet zwischen Indikativ-, Konjunktiv- und Imperativformen (siehe Seite 213, 236 f.).
Adjektive	groß, süß, ängstlich, spät, essbar, rot, rund	– bezeichnen Eigenschaften oder Merkmale – können zwischen Artikel und Substantiv/Nomen stehen: *der süße Apfel, ein heiterer Film* – haben Beugungsendungen: *der süße Apfel, ein heiterer Film* – können meist gesteigert werden: Grundform/Positiv: *klein*; erste Vergleichsform/Komparativ: *kleiner*; zweite Vergleichsform/Superlativ: *der kleinste (Baum), am kleinsten*

Schlaue Seiten

Wortarten	Beispiele	Merkmale
Adverbien	heute, immer, dort, gestern, einmal, gern, mittwochs, darauf	– sind nicht veränderbar – können an den Anfang eines Satzes gestellt werden: *Sie kommt heute.* ➜ *Heute kommt sie.* – können mit einem W-Fragewort erfragt werden: *Wann kommt sie? Sie kommt heute.*
Artikel	der, die, das, dem, den, ein, eine, einen, einem	– begleiten ein Substantiv/Nomen: *der* Hund, *einem* Hund – können bestimmt (*der, die, das*) oder unbestimmt sein (*ein, eine* …) – passen sich dem Geschlecht, der Zahl und dem Fall des Substantivs/Nomens an
Pronomen	ich, du, mein, alle, man, Wer? Was? Welcher?	**Es gibt verschiedene Arten von Pronomen.** Manche Pronomen stehen für ein Substantiv/Nomen: – Personalpronomen (*der Hund* ➜ *er*) – Anredepronomen (*Kommst du mit? Kommen Sie mit? Ist das Ihr Hund?*) – Fragepronomen (*der Hund* ➜ *Wer?*) – Relativpronomen (*der Hund, der dort bellt; der Hund, welcher dort bellt; der Hund, mit dem ich unterwegs bin*) – Indefinitpronomen (unbestimmte Pronomen): *manche, alle, etwas, nichts* Manche Pronomen begleiten ein Substantiv/Nomen: – Demonstrativpronomen (hinweisendes Pronomen): *der, die, das, dieser, diese, dieses; dieser Hund, dieses Jahr, diese Straße* – Indefinitpronomen (unbestimmte Pronomen): *manche Kinder, alle Spieler, etwas Besonderes, nichts Neues* – Possessivpronomen (besitzanzeigende Pronomen): *mein Hund, unser Verein*
Präpositionen	in, auf, nach, von, mit, wegen, bis, statt	**Präpositionen** (Verhältniswörter) fordern einen bestimmten Kasus (vergleiche Seite 238 f. „Verben mit festen Präpositionen"). Es gibt: – Präpositionen, die immer den Akkusativ fordern: *für die Klasse, durch das Gebäude, ohne seine Eltern, wider (gegen) das Vergessen, bis nächste Woche, um die Ecke* – Präpositionen, die immer den Dativ fordern: *aus der Stadt, bei meinem Freund, mit dem Fahrrad, nach dem Spiel, seit unserem Fest, von diesem Tag an, zu deinem Geburtstag* – Präpositionen, die mal den Akkusativ (Frage: „Wohin?"), mal den Dativ (Frage: „Wo?") fordern: **Akkusativ** ➜ *Ich gehe in unseren Jugendklub.* (Wohin gehe ich?) **Dativ** ➜ *Ich bin in unserem Jugendklub.* (Wo bin ich?) Ebenso: an, auf, hinter, neben, über, unter, vor, zwischen
Konjunktionen	und, aber, denn, sondern, weil, wenn, dass, damit, sodass, bevor	– **Die nebenordnenden Konjunktionen** können Hauptsätze oder gleichrangige Satzteile miteinander verbinden: *Ich suche ein Hemd und ein T-Shirt. Ich lerne Englisch und ich gehe in den Fußballverein.* – **Die unterordnenden Konjunktionen** können einen Hauptsatz und einen Nebensatz miteinander verbinden: *Unterbrechen Sie die Stromversorgung, bevor Sie die Rückwand öffnen.*

Zeitformen des Verbs

→ **Seite 234 f.**

Verben haben verschiedene Formen:

- einen Infinitiv (eine Grundform): *fragen, springen, heimkommen*
- ein Partizip I und ein Partizip II: *fragend/gefragt; springend/gesprungen; heimkommend/heimgekommen*
- Personalformen: *ich frage, du springst, er kam heim, …*

Verben bilden Zeitformen:

Präsens	Perfekt	Präteritum
ich frage du fragst	ich habe gefragt du hast gefragt	ich fragte du fragtest
ich springe du springst	ich bin gesprungen du bist gesprungen	ich sprang du sprangst
ich komme heim du kommst heim	ich bin heimgekommen du bist heimgekommen	ich kam heim du kamst heim

Plusquamperfekt	Futur I	Futur II[1]
ich hatte gefragt du hattest gefragt	ich werde fragen du wirst fragen	ich werde gefragt haben du wirst gefragt haben
ich war gesprungen du warst gesprungen	ich werde springen du wirst springen	ich werde gesprungen sein du wirst gesprungen sein
ich war heimgekommen du warst heimgekommen	ich werde heimkommen du wirst heimkommen	ich werde heimgekommen sein du wirst heimgekommen sein

Im **Präsens** und **Präteritum** bilden die Verben **einfache Formen**:

[1] heute selten gebrauchte Zeitform

(ich) frag-	e	(ich) frag-	te
Verbstamm	Endung	**Verbstamm**	Endung
(du) frag-	st	(du) frag-	test
Verbstamm	Endung	**Verbstamm**	Endung

Im **Perfekt**, **Plusquamperfekt** und **Futur** bilden die Verben **zusammengesetzte Formen**:

(ich) habe/bin	gefragt/gesprungen	
Präsens von haben/sein	**Partizip II**	
(ich) hatte/war	gefragt/gesprungen	
Präteritum von haben/sein	**Partizip II**	
(ich) werde	fragen/springen	
Präsens von werden	**Infinitiv**	
(ich) werde	gefragt/gesprungen	haben/sein
Präsens von werden	**Partizip II**	**Infinitiv von haben/sein**

Schlaue Seiten

→ **Wiederholung aus Klasse 7**

Zeitstufen

Man kann über Ereignisse auf den Zeitstufen Gegenwart, Zukunft und Vergangenheit sprechen:

Gegenwart:
- *Manuel **kauft** gerade eine CD.* (Präsens)

Zukunft:
- *Manuel **kauft** morgen die CD.* (Präsens)
- *Manuel **wird** morgen die CD **kaufen**.* (Futur I)
- *Manuel **wird** morgen die CD **gekauft haben**.* (Futur II)

Vergangenheit:
- *Manuel **hat** gestern die CD **gekauft**.* (Perfekt)
- *Manuel **kaufte** gestern die CD.* (Präteritum)
- *Manuel **hatte** die gleiche CD, die Moritz ihm gestern zum Geburtstag schenken wollte, vorgestern schon **gekauft**.* (Plusquamperfekt)

→ **Wiederholung aus Klasse 7**

Handlungsart: Aktiv und Passiv

Man verwendet das Passiv
- in Aussagen, in denen das handelnde Subjekt unbekannt ist oder unbekannt bleiben soll: *Das Bild wurde aus dem Museum gestohlen.*
- in Aussagen, in denen die Handlung im Vordergrund stehen soll und nicht das handelnde Subjekt, z. B. in Gebrauchsanleitungen, Rezepten, Versuchsprotokollen: *Nun wird der Eischnee vorsichtig unter den Teig gehoben.*

Aktiv	Passiv
Die Kosmetikerin `reinigt` die Haut.	Die Haut `wird` (von der Kosmetikerin) `gereinigt`.
Die Kosmetikerin `reinigte` die Haut.	Die Haut `wurde` (von der Kosmetikerin) `gereinigt`.
Die Kosmetikerin `hat/hatte` die Haut `gereinigt`.	Die Haut `ist/war` (von der Kosmetikerin) `gereinigt worden`.
Die Kosmetikerin `wird` die Haut `reinigen`.	Die Haut `wird` (von der Kosmetikerin) `gereinigt werden`.
Man `reinigt` die Haut fachgerecht.	Die Haut `wird` fachgerecht `gereinigt`.

212

Aussageweise (Modus): Indikativ und Konjunktiv

→ **Seite 83, 85, 92 ff., 236 f., Wiederholung aus Klasse 9**

Verbformen können im **Indikativ** (Wirklichkeitsform) und im **Konjunktiv** (Möglichkeitsform) gebildet werden. Indikativ und Konjunktiv sind **Aussageweisen** (Modi) des Verbs.

Modus	Gebrauch	Beispiele
Indikativ	– zur Darstellung tatsächlicher Ereignisse	*Es ist kalt.*
	– zur Darstellung von Vermutungen und Erwartungen	*Wahrscheinlich hast du das Fenster offen gelassen.* *Schick den Brief!*
Konjunktiv I	– Wiedergabe fremder Aussagen, insbesondere in der indirekten Rede	*Sie behauptet, sie habe das Fenster geschlossen.*
Konjunktiv II	– als Ersatzform für Konjunktiv I	*Er sagte, viele wüssten zu wenig.*
	– Formulierung unrealistischer und unmöglicher Annahme (unerfüllte Bedingung)	*Wenn ich es doch nur rückgängig machen könnte!* *Wenn die Haifische Menschen wären, …*
	– als Höflichkeitsform	*Könntest du bitte …?*
	– bei Wünschen, Ratschlägen und Vermutungen	*Ich hätte gern …* *Du solltest … Er könnte …*
Ersatzform mit würde	– als Ersatzform für Konjunktiv II	
	· bei Gleichheit mit dem Indikativ Präteritum	*Ich fragte, ob sie den Brief möglichst bald schicken würden.*
	· im mündlichen Sprachgebrauch	*Darüber würde ich mich freuen.*

Der **Konjunktiv I** wird vom Infinitivstamm des Verbs gebildet, z. B.:
er komm - e, werd - e, geh - e, wiss - e.
Der **Konjunktiv II** wird vom Präteritumstamm des Verbs gebildet, z. B.:
er kam → er käme, er ging → er ginge, er wusst - e → er wüsst - e
(siehe Seite 236 f.).

Außer dem Indikativ und dem Konjunktiv gibt es noch eine dritte Aussageweise des Verbs, den **Imperativ** (Aufforderungsform / Befehlsform), z. B.: *Komm! Lies! Steht auf!*

213

Schlaue Seiten

→ **Wiederholung aus Klasse 8**

Modalverben

Es gibt sechs Modalverben: *dürfen, können, mögen, müssen, sollen* und *wollen*.
Das Modalverb *mögen* wird heute meist ohne Vollverb verwendet (*Ich mag dich.*).
Wenn ein Bedürfnis ausgedrückt werden soll, wird heute anstelle von *mögen* die
Form *möchten* verwendet; *möchten* ist eigentlich der Konjunktiv II von *mögen*, wird
heute aber im Präsens als eigenständiges Modalverb (für die Vergangenheits-
formen: *wollen*) verwendet.
Modalverben verändern (modifizieren) den Inhalt eines Vollverbs, dabei wird das
Vollverb im Infinitiv gebraucht, z.B.:

1. Du *kannst* ins Kino **gehen**. (Möglichkeit)
2. Ich *will* mit dir **reden**. (Bestreben)
3. Sie *sollen* nicht so viel Lärm **machen**. (Forderung)
4. Er *darf* nicht **fehlen**. Sie *darf* abends **weggehen**. (Verbot/Erlaubnis)
5. Ihr *mögt/möchtet* den Salat nicht **essen**? (Bedürfnis)
6. Wir *müssen* das **diskutieren**. (Verpflichtung)

→ **Seite 82 f.**

Direkte/wörtliche Rede und indirekte Rede

Wenn man ausdrücken möchte, dass eine andere Person etwas meint oder gesagt
hat, kann man wählen: direkte/wörtliche Rede oder indirekte Rede.

Direkte Rede/wörtliche Rede: Die Fee sagt: „Du darfst dir etwas wünschen."

→ **Seite 82, 85, Wiederholung aus Klasse 8**

Indirekte Rede:
Die Fee sagt, er dürfe sich etwas wünschen. (Konjunktiv I)
Die Fee sagt, er dürfte sich etwas wünschen. (Konjunktiv II)
Die Fee sagt, dass er sich etwas wünschen darf/dürfe/dürfte. (Nebensatz mit der
Konjunktion *dass*)
Nach Versprechungen der Fee darf er sich etwas wünschen. (Formulierung mit Aus-
drücken wie: der Fee zufolge, nach Meinung der Fee, wie die Fee sagt)
Der bevorzugte Modus für die Wiedergabe direkter/wörtlicher Rede ist der
Konjunktiv I (*er sagte, das sei ein gutes Angebot*), teilweise auch der Konjunktiv II
(*er sagte, das wäre ein gutes Angebot*).
Man kann allerdings nicht sagen, dass Sätze im Indikativ generell falsch sind
(*er sagte, dass das ein gutes Angebot ist*). Eindeutig falsch allerdings ist der Indikativ,
wenn die Redeeinleitung fehlt (*Das ist ein gutes Angebot*).
Bei der Umwandlung der direkten Rede in eine indirekte Rede werden die Pronomen
sowie die Zeit- und Ortsangaben der Perspektive des Sprechers/Schreibers angepasst, z.B.: *Der Freund sagt: „Ich komme morgen zu dir."* → *Der Freund sagte gestern,
er komme heute zu mir.*

→ **Seite 40, 55, Fragesatz: Wiederholung aus Klasse 5**

Wenn man einen **Fragesatz** in die indirekte Rede umformt, leitet man den Satz entweder mit dem Fragewort ein (*„Was ist passiert?"* → *Sie fragte mich, **was** passiert sei.*)
oder, bei Entscheidungsfragen, mit dem Wort *ob* (*„Willst du mitkommen?"* →
*Wir fragten, **ob** sie mitkommen wolle.*).

Bei einem **Aufforderungssatz** kann man in der indirekten Rede eine Form des Modalverbs *sollen* verwenden (*Wir baten ihn: „Erzähl uns alles!"* → *Wir baten ihn, dass er uns alles erzählen solle. Wir baten ihn, er solle uns alles erzählen.*).

→ Seite 40, 55, Aufforderungssatz: Wiederholung aus Klasse 5

Für die Zeichensetzung bei der direkten/wörtlichen Rede gelten folgende Regeln:

→ Wiederholung aus Klasse 9

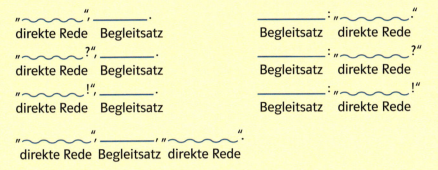

Satzglieder

→ Seite 38 f., Wiederholung aus Klasse 7

Die Wörter im Satz, die beim Umstellen zusammenbleiben, bilden ein Satzglied. Mithilfe der **Umstellprobe** kann man herausfinden, was alles zu einem Satzglied gehört. Danach kann man durch Fragen bestimmen, um welches Satzglied es sich handelt.

Der Kfz-Meister	erklärt	dem Praktikanten	die Aufgaben	am ersten Arbeitstag.
Subjekt Wer oder was?	**einfaches Prädikat**	**Dativobjekt** Wem?	**Akkusativobjekt** Wen oder was?	**Adverbialbestimmung** Wo? Wohin? Woher? Wann? Seit wann? Wie lange? Wie oft? Warum? Wozu?

Der Kfz-Meister	hat	dem Praktikanten	die Aufgaben	am ersten Arbeitstag	erklärt.
Subjekt Wer oder was?	**mehrteiliges Prädikat: Teil 1**	**Dativobjekt** Wem?	**Akkusativobjekt** Wen oder was?	**Adverbialbestimmung** Wo? Wohin? Woher? Wann? Seit wann? Wie lange? Wie oft? Warum? Wozu?	**mehrteiliges Prädikat: Teil 2**

Man kann Satzglieder umstellen und auch durch andere Ausdrücke ersetzen, z. B.
- *Der Kfz-Meister hat dem Praktikanten die Aufgaben am ersten Arbeitstag erklärt.*
- *Am ersten Arbeitstag hat der Kfz-Meister dem Praktikanten die Aufgaben erklärt.*
- *Er hat sie ihm am ersten Arbeitstag erklärt.*

215

Schlaue Seiten

→ **Wiederholung aus Klasse 9**

Prädikatsnomen

Bei einigen Verben (*bezeichnen, bleiben, gelten, heißen, sein, werden*) gehören auch Substantive/Nomen, Pronomen, Adjektive, Adverbien oder Wortgruppen mit einer Präposition zum **Prädikat**, z. B. *Er ist mein Freund. Er bleibt es. Er ist klug. Er erscheint ängstlich. Sie ist hier. Sie ist bei ihrem Freund.*
Diese Bestandteile des Prädikats werden Prädikatsnomen genannt.

→ **Wiederholung aus Klasse 7**

Objekte

Sie ergänzen das Prädikat. Dabei bestimmt das Verb die Art der Objekte.
Man unterscheidet:

- **Akkusativobjekt** (*Wen oder was?*), z. B.: *Er liest die Zeitungsanzeige.*
- **Dativobjekt** (*Wem?*), z. B.: *Sie antwortet dem Personalchef.*
- **Präpositionalobjekt** – Objekt mit Präposition (*Zu wem? Wozu? Über wen? Worüber?*), z. B.: *Er bewirbt sich um einen Praktikumsplatz.*

→ **Wiederholung aus Klasse 6**

Adverbialbestimmungen

Sie erklären das Verb durch Angabe genauer Umstände näher.
Man unterscheidet u. a.

- **Adverbialbestimmung des Ortes/Lokalbestimmung** (*Wo? Woher? Wohin?*), z. B.: *Ich möchte ein Praktikum in Ihrer Firma absolvieren.*
- **Adverbialbestimmung der Zeit/Temporalbestimmung** (*Wann? Wie lange?*), z. B.: *Heute begann unser Praktikum.*
- **Adverbialbestimmung des Grundes/Kausalbestimmung** (*Warum? Wieso? Weshalb?*), z. B.: *Wegen der Krankheit des Meisters durfte ich früher nach Hause gehen.*
- **Adverbialbestimmung der Art und Weise/Modalbestimmung** (*Wie? Auf welche Art und Weise?*), z. B.: *Geduldig erklärte sie mir alle Vorgänge.*

→ **Seite 41, Wiederholung aus Klasse 6**

Adverbialbestimmungen können auch die Form von **Nebensätzen** (Adverbialsätzen) haben, z. B.: *Ich durfte früher nach Hause gehen, weil der Meister krank war.*

→ **Seite 39, Wiederholung aus Klasse 6**

Attribute

Mit **Attributen** (Beifügungen) kann man die Bedeutung eines Substantivs/Nomens genauer bestimmen: *Der kleinste Spieler hat das Tor geschossen.*
Attribute sind **Teile von Satzgliedern**. Sie ergänzen ein Substantiv/Nomen, das in jedem Satzglied stehen kann. Man erfragt sie mit der Frage *Was für ein/eine?* oder *Welcher/welche/welches?*

Attribute stehen entweder **vor** oder **nach** dem Substantiv/Nomen, auf das sie sich beziehen, z. B.: *die erfolgreichen Spieler; die Spieler der Mannschaft*

Attribute können auftreten als
- Adjektive (*die besten Spieler*)
- Substantive/Nomen im Genitiv (*die Spieler des Vereins*)
- Substantive/Nomen mit Präposition (*der Spieler im blauen Shirt*)
- Adverbien (*der Spieler dort*)
- Pronomen (*unsere Spieler*)
- Zahlwörter (*vier Spieler*)
- Attributsätze/Relativsätze (*die Spieler, die eingesetzt waren, …*)
- Infinitivgruppen (*Beim Versuch, ihn zu überholen, stürzte er und verletzte sich am Knie.*)

→ **Seite 223**

Zusammengesetzte Sätze

→ **Seite 38 ff., 41, 95**

Man unterscheidet **Satzreihen** und **Satzgefüge**:

Satzreihen
Satzreihen bestehen aus zwei oder **mehreren Hauptsätzen**. Jeder Hauptsatz könnte auch für sich allein stehen, z. B.:
- *Die Mutter konnte nicht für ihr Kind sorgen, deshalb legte sie ihr Neugeborenes in die Babyklappe.*
- *Die Mutter konnte nicht für ihr Kind sorgen. Deshalb legte sie ihr Neugeborenes in die Babyklappe.*
- *Die Mutter konnte nicht für ihr Kind sorgen und deshalb legte sie ihr Neugeborenes in die Babyklappe.*

Satzgefüge
Satzgefüge bestehen aus einem **Hauptsatz** und einem **Nebensatz** oder mehreren Nebensätzen.

Nebensätze

→ **Seite 40, 57**

Nebensätze können nicht für sich allein stehen, sie sind unselbstständig, z. B.:
Die Mutter legte ihr Neugeborenes in die Babyklappe, weil sie nicht für ihr Kind sorgen konnte.
Nebensätze beginnen meist mit einem Einleitewort. In eingeleiteten Nebensätzen steht am Ende die gebeugte (finite) Verbform. Eingeleitete Nebensätze können **Konjunktionalsätze** oder **Relativsätze** sein:

1. Konjunktionalsätze

→ **Seite 27, 40, 59, 70, 111, 216**

Sie werden durch Konjunktionen eingeleitet (*dass, weil, ob, …*).
Konjunktionalsätze sind ein Satzglied des Hauptsatzes. Man nennt sie deshalb auch Gliedsätze. Es gibt **Subjekt-**, **Objekt-** und **Adverbialsätze**, z. B.:

Schlaue Seiten

Dass die Jugendmannschaft so erfolgreich war, hat zu Beginn der Saison den sportlichen Durchbruch bedeutet.

NS , **HS** .   Subjektsatz – Wer oder was?

Der Erfolg der Jugendmannschaft hat zu Beginn der Saison bedeutet, dass die Aufstiegschancen deutlich gestiegen sind.

→ **Seite 70**

HS , **NS** .   Objektsatz – Wen oder was?

Der Erfolg der Jugendmannschaft hat, als die Saison begann, den sportlichen Durchbruch bedeutet.

HS , **NS** , **HS** .   Adverbialsatz der Zeit/Temporalsatz – Wann?

→ **Seite 59, 70**

2. Relativsätze/Attributsätze

Relativsätze werden durch Relativpronomen eingeleitet (*welche, welcher, welches, welchen, der, die, das, dem, den, …*). Vor dem Relativpronomen kann eine Präposition stehen. Relativsätze sind Teil eines Satzgliedes und bestimmen ein Substantiv/Nomen näher. Relativsätze sind Attributsätze, z.B.:

- *Die Biologin fand eine **Korallenschlange**, **welche** nicht besonders groß wird, und brachte sie ins Institut.*

- *Das **Gift** der Korallenschlange, **das** die Biologen erforschen, ist sehr gefährlich.*

- *Das Gift der **Korallenschlange**, **die** durch ihre auffällige Färbung gut zu erkennen ist, bedeutet eine tödliche Gefahr für das Opfer.*

- *Der **Biss** einer Korallenschlange, gegen **den** man sich durch festes Schuhwerk schützen kann, führt zu ernsten gesundheitlichen Problemen.*

→ **Wiederholung aus Klasse 9**

3. Indirekte Fragesätze

Nebensätze, die durch ein Fragepronomen (*wer, was, welcher, welche, welches*), ein Fragewort (*wo, wohin, wann, wie, warum*) oder durch die Konjunktion *ob* eingeleitet werden, nennt man indirekte Fragesätze. Sie werden durch ein Komma vom Hauptsatz abgetrennt, z.B.:

- *Er erkundigte sich, wie man Schäden vermeiden kann.*
- *Die Verkäuferin wollte wissen, welches T-Shirt der Kunde kaufen wolle.*
- *Der Polizist fragte die Motorradfahrerin, ob sie das Verkehrsschild nicht gesehen hätte.*
- *Die Bewerberin erkundigte sich, was sie in dem Beruf der Medizinischen Fachangestellten lernen würde und welche Voraussetzungen sie dafür mitbringen müsse.*

Sprachbetrachtung

Der Stil eines Textes
→ **Seite 106 f.**

Das Wort „Stil" ist vom lateinischen Wort *stilus* (Griffel, Schreibgerät) abgeleitet. Unter „Stil" wird eine bestimmte Schreibart oder eine bestimmte Eigenart des Sprachgebrauchs verstanden. So kann man einen Gedanken auf unterschiedliche Weise ausdrücken, ohne dass sich seine Bedeutung wesentlich ändert, z.B.:
„Um nur mit Gold und edlen Steinen hantieren zu können, wandte ich mich zur Goldschmiedsprofession." → *Weil ich gern mit Gold und Edelsteinen arbeiten wollte, lernte ich den Beruf des Goldschmieds.*
Vor allem in literarischen Texten werden die unterschiedlichen Ausdrucksmöglichkeiten kreativ eingesetzt.
Um den Stil eines Textes beschreiben zu können, kann man z.B. untersuchen, welche Sprachform/Sprachvariante (Fachsprache, Jugendsprache ...) gewählt wurde, welche sprachlichen Bilder darin vorkommen oder welche Wörter und welcher Satzbau darin verwendet wurden. So spricht man z.B. bei einer Häufung von Substantiven/Nomen im Text von Nominalstil und bei einer Häufung von Verben von Verbalstil.

Der Satzbau in einem Text
→ **Seite 108 f.**

Bei der Satzverknüpfung unterscheidet man zwei Arten: die **Parataxe** (Satzreihe) und die **Hypotaxe** (Satzgefüge).
1. Unter einer Parataxe versteht man die Nebenordnung von Satzgliedern oder Sätzen (*Er kam, er sah, er siegte.*). Parataktische Fügungen sind leicht überschaubar, eignen sich für Aneinanderreihungen und gehören nicht selten zur Umgangssprache.
2. Unter einer Hypotaxe versteht man die Unterordnung von Satzgliedern oder Sätzen (*Nachdem er sie gesehen hatte, merkte er, dass er sie noch liebte.*). Mithilfe von hypotaktischen Fügungen kann man zwischen Haupt- und Nebengedanken unterscheiden.

Ein Text kann durch einen parataktischen oder einen hypotaktischen Stil gekennzeichnet sein.
Unter einer **Ellipse** versteht man einen unvollständigen Satz, bei dem z.B. ein Satzteil fehlt (*Mein Gott, das ausgerechnet mir!*).

Fremdwörter – Lehnwörter
→ **Seite 156 ff., 183**

Unter einem **Fremdwort** versteht man ein Wort, das aus einer anderen Sprache übernommen wurde. Ein Fremdwort weist Besonderheiten in der Aussprache, in der Schreibung oder in seiner Grammatik auf und wird deshalb als fremd empfunden, z.B.: *Amüsement* (aus frz. *amusement* Unterhaltung, Belustigung).

Unter einem **Lehnwort** versteht man ein Wort, das aus einer anderen Sprache übernommen/entlehnt wurde. Das Wort wurde in der Aussprache, in der Schreibung und in seiner Grammatik angepasst. Deshalb wird es nicht mehr als Fremdwort empfunden, z.B.: *Film* (aus engl. *film* – dünne Schicht), *Fenster* (aus lat. *fenestra*).

Methodencurriculum
219

Schlaue Seiten

→ **Wiederholung aus Klasse 9**

Sprachformen/Sprachvarianten

Standardsprache/Hochsprache: überregionale Sprachform, die in Grammatiken und Wörterbüchern geregelt ist. Sie kommt meist geschrieben, aber auch gesprochen vor, z. B. in den Medien und auf dem Theater.

Dialekt/Mundart: Sprachform, die nur in einem Ort oder in einer bestimmten Gegend verwendet und verstanden wird. Der Dialekt wird meist nicht geschrieben und oft im persönlichen Bereich verwendet, z. B. Obersächsisch, Pfälzisch, Nordbayerisch, Hessisch, Schwäbisch, Vogtländisch, Fränkisch.

Umgangssprache: Sprachform des Alltags unter vertrauten Gesprächspartnern. Die Umgangssprache wird in einer bestimmten Region gesprochen, wird aber auch anderswo verstanden, z. B. „Da hab' ich keine Ahnung von. Da ham' wir den Salat!"

Fachsprache: Sprachform zur Verständigung unter Fachleuten in einem Beruf oder auf einem Fachgebiet, z. B. die Seemansprache, die Jägersprache, die Beamtensprache. Fachsprachen haben einen besonderen Fachwortschatz.

→ **Seite 146 ff.**

Jugendsprache: Sprechweisen, die Jugendliche untereinander verwenden. Es entstehen völlig neue Wörter, vorhandene Wörter werden leicht abgeändert oder der Sinn einzelner Wörter ändert sich. Jugendsprache bleibt nicht gleich, sie ändert sich von Generation zu Generation, z. B. *schrill = ungewöhnlich*.

gesprochene Sprache und **geschriebene Sprache:** Sprachformen, die sich nicht nur durch den Übertragungskanal (akustisch bzw. schriftlich) unterscheiden, sondern auch durch Aufbau und Ausdrucksweise. Die geschriebene Sprache folgt meist der Standardsprache (siehe oben).

Rechtschreibstrategien und Rechtschreibregeln

→ **Wiederholung aus Klasse 5**

Beim Schreiben mitsprechen

1. Schreibe bewusst leserlich.
2. Sprich beim Schreiben Laut für Laut und Silbe für Silbe wie ein Roboter mit.
3. Lies nach jeder Silbe und nach jedem Wort, was da steht.
4. Berichtige Verschreibungen.

→ **Wiederholung aus Klasse 5**

Ableiten

1. Am Wortende b – p?, d – t?, g – k? ➜ verlängern:
   - Bei Nomen hilft: Plural bilden (*Kind – Kinder, Berg – Berge*).
   - Bei Adjektiven hilft: verlängern (*gelb – gelbe*).
   - Bei Verben hilft: Grundform bilden (*du sagst – sagen*).
2. t-Signal beim Verb ➜ Grundform bilden, in Silben sprechen (*kippt ➜ kip-pen*)
3. ä – e?, äu – eu? ➜ im Wortstamm a/au suchen (*täglich – Tag; Bäume – Baum*)
4. h? ➜ h am Silbenanfang hörbar machen (*zieh h ➜ zie-hen; dreh h ➜ dre-hen*)

Großschreibung von Wörtern

So kann man testen, ob ein Wort großgeschrieben wird:
- Kann man es im Satzzusammenhang mit einem Artikel kombinieren?
- Endet das Wort auf *-heit, -keit, -ung, -schaft, -nis* oder *-tum*?
- Steht vor dem Wort eine Präposition (*auf* Biegen und Brechen)?
- Lässt sich direkt vor das Wort ein Adjektiv setzen, welches sich dabei verändert (*schöner* Baum, *langes* Leben)?
- Stehen vor dem Wort Wörter wie *alles, wenig, nichts, etwas, viel*?
- Ist das Wort ein Anredepronomen für eine Person, die mit „Sie" angesprochen wird (Ich danke *Ihnen.*)?

Eigennamen bezeichnen eine bestimmte Person oder eine bestimmte Sache, z. B. Straßen, Gebäude, Flüsse, Institutionen (*Braunstraße, Elbe, Ruhr-Universität*). Wenn Adjektive und Präpositionen als Teile von Eigennamen verwendet werden, schreibt man sie groß (*Breite Straße, Vor dem Alten Tor, Grünes Gewölbe*).
Straßen- und Ortsnamen, die aus mehrteiligen Eigennamen zusammengesetzt sind, schreibt man mit Bindestrichen (*Friedrich-Ebert-Straße*).

→ **Seite 26 f., 71, Wiederholung aus Klasse 5**

Im Wörterbuch nachschlagen

Erklärungen zu den verwendeten Zeichen und Abkürzungen findet man meist in den „Hinweisen für den Benutzer", z. B. dient ein senkrechter Strich zur Angabe der Silbentrennung (**Amei|sen|hau|fen**).
In vielen Wörterbüchern stehen schwierige konjugierte (gebeugte) Formen des Verbs bei der dazugehörigen Grundform (*erschrecken, er erschrickt, ich bin darüber erschrocken*).

→ **Seite 24, Wiederholung aus Klasse 6**

Besondere Schreibungen einprägen

Für das Einprägen von schwierigen Schreibungen gibt es viele Möglichkeiten:
1. Lies die Wörter mehrmals aufmerksam, schreibe sie und überprüfe die Schreibung selbst. Schlage die Wörter im Wörterbuch nach.
2. Schreibe die Wörter in Schönschrift, gestalte sie.
3. Stelle Wörter mit ähnlicher Schreibung zusammen.
4. Schreibe die Wörter auf, unterstreiche oder markiere darin schwierige Stellen.
5. Schreibe die Wörter mit dem Finger in die Luft, auf den Tisch, …
6. Lass dir die Wörter diktieren (Partnerdiktat).
7. Diktiere die Wörter selbst jemandem und korrigiere anschließend (Partnerdiktat).
8. „Robotersprache": Sprich die Wörter, wie man sie schreibt (*Ste-war-dess*).
9. Nimm die Wörter in deine Rechtschreibkartei auf. Unterstreiche die „Stolperstellen".
10. Suche möglichst viele Wörter aus der betreffenden Wortfamilie.
11. Suche möglichst viele Wörter mit derselben Rechtschreibbesonderheit, z. B. Wörter mit *dt* (*Stadt, Verwandte, Abgesandte*).
12. Präge dir „Eselsbrücken" ein (*„gar nicht" wird gar nicht zusammengeschrieben; wer „nämlich", ziemlich dämlich mit h schreibt, ist nämlich, ziemlich dämlich*).

→ **Wiederholung aus Klasse 5**

Methodencurriculum

221

Schlaue Seiten

→ Seite 24, 157 ff., Wiederholung aus Klasse 9

Das Schreiben von Fremdwörtern üben

1. Suche nach typischen Wortbausteinen und präge dir diese ein.
2. Merke dir außergewöhnliche Buchstabenfolgen. Schreibe sie in einem Selbstdiktat auf.
3. Markiere Rechtschreibbesonderheiten.
4. Bilde mit den Fremdwörtern Sätze.
5. Bilde Wortfamilien, diktiere sie einem Partner und korrigiere ihn sofort.
6. Übe mit einem Partner die Bedeutung und die Aussprache.
7. Führe ein Partnerquiz durch.

→ Seite 25, Wiederholung aus Klasse 6

Korrekturlesen

1. Lies den Text langsam und aufmerksam durch, sodass du den Sinn verstehst. Ergänze fehlende Wörter und entferne Wörter, die zu viel sind. Berichtige Fehler, die du sofort erkennst.
2. Lies silbenweise Wort für Wort (beim letzten Wort des Textes beginnen). Lies nur das, was da steht. Berichtige falsche Buchstaben. Leite ab und verlängere, damit du in Zweifelsfällen den richtigen Buchstaben herausfindest.
3. Lies den Text noch einmal durch und achte auf
   – die Großschreibung,
   – die Zeichensetzung.
4. Schlage unbekannte Wörter in einem Wörterbuch nach. Nutze auch ein Wörterbuch bei Wörtern, bei denen du dir nicht ganz sicher bist.

→ Wiederholung aus Klasse 6

Worttrennung am Zeilenende

– **Mehrsilbige Wörter** trennt man nach Sprechsilben, die sich beim langsamen Sprechen von selbst ergeben (*Re-gen-ton-ne, Ba-de-man-tel*).
– **Einzelne Buchstaben** am Wortanfang oder Wortende werden jedoch nicht abgetrennt (*Über-see, Olym-pia-dorf*).
– **Zusammengesetzte Wörter** werden nach ihren sprachlichen Bestandteilen getrennt (*Schluss-szene, Glas-auge, Trenn-übung, See-elefant, Druck-erzeugnis*).
– Getrennt werden: *pf* und *st* (*Ap-fel, Kis-te*).
– Nicht getrennt werden: *ch* (*ko-chen*), *ck* (*ba-cken*), *sch* (*Ti-sche*), *ph* (*Pro-phet*), *th* (*ka-tholisch*).

→ Wiederholung aus Klasse 9

Getrennt- und Zusammenschreibung von Verben

Verben können mit anderen Wörtern zusammengesetzt werden. Einige dieser Verben bilden trennbare, andere untrennbare Zusammensetzungen.

– Trennbar zusammengesetzte Verben werden nur im Infinitiv, im Partizip und bei Endstellung im Nebensatz zusammengeschrieben (*teilnehmen, er hat teilgenommen, …, wenn er teilnimmt*).
– Untrennbar zusammengesetzte Verben werden in allen Verbformen zusammengeschrieben.

- Verbzusammensetzungen können gelegentlich aus denselben Wörtern bestehen wie getrennt geschriebene Wortgruppen. Hier liegen meist Bedeutungsun-
terschiede vor, z. B.: *Er will ihn (den Wein) kalt stellen. Er will ihn (den Gangster)
kaltstellen.*

Komma bei Infinitivgruppen

→ Seite 57, 217

Infinitivgruppen werden vom Hauptsatz durch Komma getrennt, wenn
- sie mit *um, ohne, statt, anstatt, außer, als* eingeleitet werden
  (*Sie kamen, <u>um</u> mich zu sehen*)
- sie von einem Substantiv/Nomen abhängig sind (*Mein <u>Wunsch</u>, dich zu sehen,
  ging in Erfüllung.*)
- sie von einem Verweiswort abhängen (*Ich freue mich <u>darauf</u>, dich zu sehen.*)
- man Missverständnisse vermeiden will (*Er versprach ihr, sofort zu schreiben.
  Er versprach, ihr sofort zu schreiben.*).

Komma bei Aufzählungen, nachgestellten Zusätzen und Nachträgen

→ Seite 56 ff.

1. **Gleichrangige** (nebengeordnete) **Teilsätze**, **Wortgruppen** oder **Wörter** grenzt
   man durch Komma voneinander ab.
   Sind die gleichrangigen Teilsätze, Wortgruppen oder Wörter durch *und, oder,
   beziehungsweise, sowie, wie, entweder oder, nicht noch, sowohl als auch,
   sowohl … wie, weder noch* verbunden, so setzt man kein Komma.
   Achtung! Mit Komma: *aber, sondern, doch, jedoch*.
2. **Nachgestellte Zusätze** oder **Nachträge** grenzt man durch Komma ab. Sind sie
   eingeschoben, so schließt man sie mit paarigem Komma ein. Solche Nachträge
   werden häufig durch *und zwar, zum Beispiel* oder *insbesondere* eingeleitet.

Zeichensetzung beim Zitieren

→ Seite 118 ff.,
131, 143, 165,
177

Zitate stehen in Anführungszeichen („ … "). Sie müssen wörtlich, d. h. ohne sprachliche Veränderungen, wiedergegeben werden. Auslassungen werden durch […]
gekennzeichnet, denn man muss nicht immer ganze Sätze zitieren.
Am Ende eines Zitats gibt man in Klammern die Zeile (evtl. auch die Seite) des
Textes an, aus dem man zitiert, bei Gedichten die Strophe (römische Zahlen) und
den Vers (arabische Zahlen).
Es gibt verschiedene Möglichkeiten, ein Zitat in den eigenen Text einzubinden:
1. vorangestellt: *Der Vers „Nun, was wuchs denn auf seinem Dünger?" (Z. 6) zeigt
   mit dieser rhetorischen Frage, dass …*
2. hinten angefügt: *Die rhetorische Frage macht darauf aufmerksam, dass der nun
   älter gewordene Mensch auch nichts Besonderes geleistet hat: „Nun, was wuchs
   denn auf seinem Dünger?" (Z. 6).*
3. eingefügt: *Neugierig fragt das lyrische Ich bezüglich des älter gewordenen
   Menschen „Nun, was wuchs denn auf seinem Dünger?" (Z. 6) und macht darauf
   aufmerksam, dass …*

Methodencurriculum

223

Schlaue Seiten

Arbeitstechniken

Lernbereich: Sprechen, Zuhören, Spielen

→ **Wiederholung aus Klasse 7**

Sich auf eine Diskussion vorbereiten (mündlich argumentieren)

1. Durchdenke das Problem oder die Fragestellung genau.
2. Lege dich nicht spontan auf einen Standpunkt fest, sondern überlege, was dafürspricht (PLUS), was dagegenspricht (MINUS) und was man noch wissen müsste (INTERESSANT).
3. Unterscheide Wichtiges von Unwichtigem.
4. Beschaffe dir gegebenenfalls weitere Informationen.
5. Entscheide dich für einen Standpunkt und lege dir passende Argumente zurecht.
6. Bedenke auch, welche Gegenargumente andere vorbringen könnten.

→ **Wiederholung aus Klasse 7**

Konflikte im Gespräch lösen

1. Bemühe dich, nicht laut zu werden.
2. Zeige keine drohenden Gesten.
3. Höre dir die Meinung des anderen an, ohne ihn zu unterbrechen.
4. Vermeide Verallgemeinerungen.
5. Antworte auf Vorwürfe nicht mit Gegenvorwürfen.
6. Gehe auf den anderen ein; versuche, ihn zu verstehen.
7. Triff Vereinbarungen.

→ **Wiederholung aus Klasse 9**

Ein Interview vorbereiten

1. Lege das Thema für das Interview fest.
2. Lege fest, welche Personen befragt werden sollen.
3. Kläre ab, was im Zusammenhang mit dem Thema interessant sein könnte, und notiere, was du deinen Interviewpartner fragen willst.
4. Bereite die Fragen vor:
   - Formuliere **Entscheidungsfragen**, wenn du eindeutige Antworten benötigst, zum Beispiel, wenn du schnell auswerten und auszählen willst.
   - Formuliere **Ergänzungsfragen** oder fordere durch eine Behauptung eine Stellungnahme heraus, wenn du mehr erfahren willst.
5. Entscheide, ob du die Antworten aufnehmen und anschließend aufschreiben willst oder ob du die Antworten während des Interviews mitschreiben willst. Lege die nötigen Materialien bereit (Papier, Stift, …).

→ **Seite 146, Wiederholung aus Klasse 9**

Eine Umfrage vorbereiten

1. Kläre, welche Daten gebraucht werden, z. B. Alter, Geschlecht, Schulbildung.
2. Formuliere die Fragen so, dass nur eindeutige Antworten möglich sind (ja, nein, ich weiß nicht).
3. Stelle die Fragen so, dass man die Umfrage insgesamt gut auswerten kann.

Methodencurriculum

Ein Referat vorbereiten und halten

1. Das Referat vorbereiten:
   - Lege das genaue Thema fest.
   - Stelle einen Zeitplan für die Arbeit auf.
2. Arbeit am Referat:
   - Sammle möglichst viel Material.
   - Wähle Wichtiges aus. Verwende für Notizen z. B. Karteikarten.
3. Einen Verlaufsplan anfertigen:
   - Notiere in Stichworten, welche Informationen du weitergeben willst.
   - Formuliere den Einleitungs- und den Schlusssatz.
4. Das Referat proben:
   - Übe das Referat so lange, bis du dich sicher fühlst.
5. Das Referat halten:
   - Sprich möglichst frei, nicht zu schnell, klar und deutlich.
   - Halte Blickkontakt zu deinen Zuhörern.
   - Nutze, wenn möglich, zur Veranschaulichung ein Präsentationsprogramm.
   - Wenn du ein Präsentationsprogramm nutzt, dann schau nicht auf die Projektionsfläche, während du sprichst.
   - Informiere zu Beginn darüber, ob die Zuhörer Zwischenfragen stellen dürfen oder ob sie ihre Fragen zum Schluss stellen sollen.
   - Informiere die Zuhörer zu Beginn über die Gliederung deines Referats und fasse deine Ergebnisse zum Schluss noch einmal kurz zusammen.

→ **Seite 43, 48 ff., Wiederholung aus Klasse 9**

→ **Seite 251 f., „Eine Computerpräsentation anfertigen"**

Ein Gedicht auswendig lernen und wirkungsvoll vortragen

1. Auswendiglernen:
   - Lerne das Gedicht strophenweise.
   - Wiederhole die bereits gelernten Strophen immer wieder. Mache zwischen den Lernphasen Pausen, damit das Gelernte im Gedächtnis verankert wird.
   - Lies das Gedicht noch einmal vor dem Schlafengehen oder sage es in Gedanken auswendig auf. So behältst du es besser.
   - Wiederhole den Text in immer größer werdenden Zeitabständen an mehreren Tagen, bis du ihn nicht mehr vergisst.
2. Vortragen:
   - Warte beim Vortrag vor Zuhörern so lange, bis es ganz ruhig geworden ist.
   - Stehe entspannt und selbstbewusst. Achte auf ein angemessenes Sprechtempo, mache an den passenden Stellen Pausen. Sprich klar und deutlich.
   - Schaue während deines Vortrags die Zuhörer an.
   - Bleibe nach dem Vortrag noch einen Moment stehen, bis sich die Spannung bei den Zuhörern gelöst hat.

→ **Seite 113, 115, 121, Wiederholung aus Klasse 7**

Methodencurriculum

Schlaue Seiten

→ Seite 128, Wiederholung aus Klasse 8

Einen Rollentext auswendig lernen

1. Lies den gesamten Text durch und mache dir seinen Inhalt klar.
2. Setze dich mit deiner Rolle auseinander: Wen sollst du darstellen? Welche Eigenschaften hat diese Figur? Wie müsste sie sprechen?
3. Lerne nun Satz für Satz deiner Rolle auswendig: Lies zunächst einen Satz, merke ihn dir, decke ihn ab und sprich den Satz – möglichst ohne nachzulesen. Wiederhole diesen Vorgang, bis du den Satz auswendig kannst. Dann kommt der nächste Satz an die Reihe usw.
4. Merke dir, wann dein Einsatz kommt. Dafür musst du dir jeweils das letzte Wort deines Vorredners einprägen. Bitte dazu einen Mitschüler, den Text der anderen Darsteller vorzulesen. Du sprichst dann deinen Text an der passenden Stelle.
5. Wiederhole wie beim Lernen eines Gedichts den Text in immer größer werdenden Zeitabständen an mehreren Tagen, damit du ihn nicht mehr vergisst.

→ Seite 16, 35, 48, 51, 188, Wiederholung aus Klasse 7

Ein Feedback geben

Ein Feedback ist eine mündliche oder schriftliche Rückmeldung. Wenn du z. B. ein Referat gehört oder einen Text gelesen hast, kannst du dem Referenten bzw. dem Verfasser ein Feedback geben, wenn es gewünscht wird:

1. Betone in deinem Feedback die beobachteten Stärken. Sage, was schon gut gelungen ist. Dann kann Kritik besser aufgenommen werden.
2. Sage nun auch, was noch nicht so gut gelungen ist. Beschreibe dabei möglichst genau, was du an welcher Stelle beobachtet hast. Bleibe dabei sachlich.
3. Mache deutlich, dass es sich bei deinen Äußerungen um deine persönliche Meinung handelt. Vermeide Verallgemeinerungen (*Alle finden, dass …*). Formuliere stattdessen Ich-Botschaften (*Ich habe nicht verstanden, was du gemeint hast.*).
4. Ein Feedback kann auch Verbesserungsvorschläge enthalten. Sie sollen dem Referenten bei späteren Vorträgen oder dem Verfasser eines Textes bei der Überarbeitung helfen.

Die Personen, die ein Feedback bekommen, entscheiden jedoch selbst, ob sie die Vorschläge annehmen wollen.

→ Seite 51

Ein Feedback entgegennehmen

1. Höre dir das Feedback an. Es ist die persönliche Meinung deines Gegenübers. Deshalb musst du dich nicht verteidigen.
2. Frage nach, wenn du etwas nicht verstanden hast.
3. Wähle das für dich Bedeutsame aus und gehe nur darauf ein.

Lernbereich: Schreiben

Eine Inhaltsangabe schreiben

→ **Seite 104 f., Wiederholung aus Klasse 8**

1. Lies den Text aufmerksam, kläre den Inhalt schwieriger Textstellen sowie unbekannte Wörter.
2. Formuliere den Einleitungssatz. Er soll Aussagen zu Titel, Textart, Autor und dazu enthalten, worum es in dem Text geht.
3. Beantworte W-Fragen (*Wer? Was? Wo? Wann? Warum?*) oder notiere Stichworte zum Textinhalt.
4. Schreibe das Wichtigste in verständlichen Sätzen auf. Verbinde diese zu einem Text. Nutze dabei Wörter wie *zunächst, anschließend, dann, danach, zuerst, später, schließlich*.
5. Schreibe im Präsens. Vermeide die direkte/wörtliche Rede.
6. Im Schlussteil kannst du kurz deine persönliche Einschätzung des Textes zum Ausdruck bringen.
7. Überprüfe zuletzt deinen Einleitungssatz. Vielleicht musst du ihn jetzt noch einmal ändern.

Ein Bewerbungsschreiben verfassen

→ **Seite 9, 12 f., Wiederholung aus Klasse 8**

1. Achte auf die Form: sauberes, weißes DIN-A4-Papier, Rand, richtige Einteilung, Absätze, Computerfassung oder saubere handschriftliche Fassung.
2. Nimm alles Wichtige auf: Absender, Anschrift, Ort und Datum, Betreff/Bezug, Anrede, Berufswunsch, Begründung, Vorstellungswunsch, Grußformel, handschriftliche Unterschrift, Anlagenverweis.
3. Schreibe richtig und gut: Anredepronomen großschreiben, keine Rechtschreibfehler, keine Fehler in der Zeichensetzung, keine Trennungsfehler, keine unvollständigen oder falschen Sätze, keine unpassenden oder umgangssprachlichen Ausdrücke, angemessene Wortwahl, keine Wiederholungen.

Sich online bewerben

→ **Wiederholung aus Klasse 9**

1. Die E-Mail-Bewerbung entspricht im Großen und Ganzen der herkömmlichen Bewerbung.
2. Verwende eine Onlinebewerbung nur, wenn dies ausdrücklich gewünscht ist.
3. Nutze für deine Bewerbung angebotene Onlineformulare.
4. Wenn in der Anzeige eine Formulierung wie „Bewerbungen können online eingereicht werden" verwendet wird, schicke am besten auch eine herkömmliche Bewerbung per Post.
5. Lies die Anzeige genau:
   – Sind Anlagen gewünscht oder sollen sie per Post verschickt werden?
   – Welches Format soll die E-Mail haben (nur Text oder HTML)?
   – Mit welchem Programm sollen die Anhänge erstellt werden (Word, PDF)?
6. Speichere die Onlinebewerbung auf jeden Fall ab.
7. Kontrolliere regelmäßig dein E-Mail-Postfach, damit du die Antwort auf deine Bewerbung rechtzeitig siehst.

Methodencurriculum

Schlaue Seiten

→ **Seite 14 f.,**
Wiederholung
aus Klasse 8

Einen tabellarischen Lebenslauf schreiben

1. Nimm alle wichtigen Daten als einzelne Punkte in den Lebenslauf in dieser Reihenfolge auf: Name, Anschrift, Geburtsdatum, Geburtsort, Schulbildung, Sprachkenntnisse, besondere andere Kenntnisse und Fähigkeiten, Hobbys.
2. Am Ende des Lebenslaufes nicht vergessen: Ort, Datum, Unterschrift.
3. Verwende sauberes, weißes DIN-A4-Papier.
4. Achte auf die Form: richtige Randbreite und Einteilung des Blattes, Absätze.
5. Vermeide Rechtschreibfehler (nutze das Rechtschreibprogramm des PC).
6. Verwende keine unpassenden Ausdrücke oder Umgangssprache, achte auf angemessene Wortwahl. Vermeide Wiederholungen.

→ **Seite 74 ff., 79,**
Wiederholung
aus Klasse 8

Ein Protokoll schreiben

1. Gib im Protokollkopf das Fach/den Anlass, die Klasse/die Teilnehmer, das Thema, das Datum und die Zeit, in der die Veranstaltung stattfand, sowie den Namen des Protokollierenden an.
2. Gliedere den Hauptteil. Trenne Wichtiges von Unwichtigem, beachte die Reihenfolge der Unterpunkte, halte wichtige Ergebnisse fest, formuliere knapp, aber genau. Schreibe im Präsens.
3. Gib die direkte/wörtliche Rede als indirekte Rede wieder.
4. Beende das Protokoll mit Datum und Unterschrift.

→ **Seite 76 f.,**
Wiederholung
aus Klasse 7

Etwas mitschreiben

Wörtliche Mitschriften sind meist nicht möglich – wähle aus und fasse die Hauptgedanken zusammen.

- Lass auf deinem Blatt einen breiten Rand für spätere Ergänzungen.
- Schreibe bei Gesprächen erst dann etwas auf, wenn ein Gesprächsabschnitt beendet ist. Schreibe in Stichworten oder in verkürzten Sätzen.
- Unterstreiche in deinen Notizen das Wichtigste.
- Verwende Abkürzungen, Pfeile und andere Zeichen.
- Notiere besondere Begriffe, Namen, Termine, Titel usw. möglichst genau.
- Ordne nach Sachzusammenhängen.
- Wenn du etwas wörtlich wiedergeben willst, kennzeichne es durch Anführungszeichen (als Zitat).

→ **Wiederholung**
aus Klasse 7

Einen Bericht schreiben

1. Schreibe den Bericht kurz, genau, sachlich.
2. Gib in dem Bericht Antworten auf folgende Fragen:

Was?	– das Geschehen in der richtigen Reihenfolge
Wo?	– Ort des Geschehens
Wer?	– beteiligte Personen
Wann?	– der genaue Zeitpunkt des Geschehens
Warum?	– Grund und Folge des Geschehens

3. Schreibe im Präteritum.

Einen Vorgang beschreiben

→ **Wiederholung aus Klasse 7**

1. Nenne die Gegenstände oder Zutaten, die gebraucht werden, und bezeichne sie genau.
2. Beschreibe, welche Tätigkeiten ausgeführt werden müssen. Beachte dabei die Reihenfolge der einzelnen Arbeitsschritte. Beginne die Sätze mit Formulierungen, die die Reihenfolge deutlich machen, z. B.: *Zuerst …; Als Erstes …; Anschließend …; Als Nächstes …; Dann …; Danach …; Jetzt …; Nun …; Schließlich …; Zum Schluss …; Als Letztes …*
3. Schreibe im Präsens.

Eine Erörterung schreiben

→ **Seite 28 ff., 35, Wiederholung aus Klasse 9**

1. Überlege, welches Problem, welche Fragestellung das Thema enthält.
2. Informiere dich über das Thema. Sammle dazu Materialien (Texte, Übersichten, Bilder).
3. Entscheide dich für einen Standpunkt. Überlege, was dafürspricht (pro) und was dagegen (kontra).
4. Formuliere deinen Standpunkt als These (eine These ist eine zu beweisende Aussage; das kann z. B. eine Behauptung, eine strittige Frage oder eine Forderung sein).
6. Beweise deine These. Sammle dafür Argumente (ein Argument ist eine Aussage zur Begründung einer These; diese Aussage kann auf Tatsachen, Daten, Meinungen oder Erfahrungen beruhen).
   Werte dafür z. B. die Materialien aus, die du gesammelt hast.
7. Bedenke auch, welche Argumente andere gegen deine These vorbringen könnten. Suche Argumente, mit denen du diese Argumente entkräften kannst.
8. Ordne deine Argumente.
9. Entscheide dich für eine Form der Erörterung:
   - eine Behauptung entweder durch Pro-Argumente oder durch Kontra-Argumente begründen (lineare Erörterung)
   - wenn die These eine strittige Frage ist, stelle Pro- und Kontra-Argumente gegenüber und wäge am Ende ab, welche Argumente überwiegen; komme dann zu einer begründeten Schlussfolgerung (kontroverse Erörterung).
10. Schreibe die Erörterung:
    - Führe in der Einleitung zum Thema hin. Schreibe z. B. auf, welchen Standpunkt/ welche These du vertrittst.
    - Führe im Hauptteil deine Argumente aus. Achte darauf, dass du sie gut miteinander verknüpfst (Argumentationskette). Stütze deine Argumente durch Belege und Beispiele.
    - Schließe die Erörterung ab, indem du entweder deine Schlussfolgerung aus der Argumentation formulierst oder deine persönliche Meinung zum Thema äußerst. Du kannst auch deine Frage aus der Einleitung wieder aufgreifen und diese beantworten.

Methodencurriculum

229

Schlaue Seiten

→ Wiederholung aus Klasse 8

Eine Einladung schreiben

1. Nenne das Ereignis, zu dem eingeladen wird. Gib an, wer der Veranstalter ist bzw. wer einlädt. Informiere über das Datum, die Uhrzeit und den Veranstaltungsort. Gib an, ob man sich anmelden und ob man Eintritt bezahlen muss.
2. Entscheide, welche Form die Einladung haben soll (*Einladungskarte, Einladungsbrief, Plakat, Flyer, E-Mail, Anzeige in einer Zeitung*).
3. Ordne die Inhalte klar und übersichtlich an (*Tabelle; gut gegliederter, fortlaufender Text, …*). Hebe wichtige Inhalte hervor (*Überschrift als Blickfang, Unterstreichungen, große Schrift, Farben*). Entscheide, ob Zeichnungen oder Fotos verwendet werden sollen.

→ Wiederholung aus Klasse 7

Eine Schreibkonferenz durchführen

1. Eine Gruppe bildet eine Redaktion.
2. Einer aus der Gruppe liest seinen Text vor. Im Anschluss können alle Mitglieder der Gruppe Fragen stellen, falls ihnen etwas in dem Text unklar sein sollte.
3. Besprecht: Was hat euch besonders gut gefallen? Warum? Was hat euch nicht gefallen? Warum? Konntet ihr dem Gedankengang bis zum Schluss folgen oder gab es „Informationslöcher"? (Siehe auch „Feedback", Seite 226.)
4. Überarbeitet anschließend eure Texte.

→ Wiederholung aus Klasse 9

Eine Person beschreiben

1. Schreibe zuerst stichwortartig alle Merkmale der Person auf:
   - das Äußere (*Gesicht, Frisur, Figur, Typ, Gang, …*)
   - Eigenschaften (*neugierig, mutig, frech, fröhlich, aufmerksam, hilfsbereit*)
   - besondere Interessen, Hobbys, Freizeitbeschäftigungen
   - Meinungen, Einstellungen, Verhaltensweisen
   - Beziehungen zu anderen Menschen (*Wie geht die Person mit anderen um?*)
2. Entscheide, welche Merkmale am wichtigsten sind (*Woran würde man die Person sofort erkennen, weil es typisch für sie ist?*).
3. Verfasse nun einen Text. Beschreibe darin die Person so, dass man eine gute Vorstellung von ihr bekommt.

→ Seite 139

Einen inneren Monolog schreiben

Der innere Monolog ist ein Selbstgespräch, das jemand mit sich führt, wenn etwas Wichtiges geschehen ist, z. B. in einem Drama.

So kannst du einen inneren Monolog schreiben:

1. Versetze dich in die Lage der Figur und schreibe in der Ich-Form.
2. Formuliere die Gedanken so, wie sie dir gerade einfallen.
3. Der Satzbau entspricht dem Nachdenken, er ist kurz, reihend und kann unvollständig sein.
4. Deine Gedanken können dabei hin- und herspringen, denn dies ist ein wesentliches Merkmal des inneren Monologs.

Lernbereich: Lesen und Literatur –
Umgang mit Texten und Medien

Ein Gedicht erschließen

1. Stelle fest, um welches Thema es geht. Notiere deine ersten Gedanken beim Lesen der Überschrift und der einzelnen Strophen.
2. Lies das Gedicht mehrmals, auch laut. Verwende unterschiedliche Betonungen.
3. Kläre unbekannte oder ungewöhnlich gebrauchte Wörter aus dem Textzusammenhang.
4. Fasse den Inhalt (Strophe für Strophe) zusammen.
5. Beschreibe die Form des Gedichts (Verse, Strophen, Reime und Rhythmus).
6. Untersuche die rhetorischen Mittel (Personifizierungen, Vergleiche, Wiederholungen, Metaphern, Ironiesignale …). Erschließe dabei jeweils den Bezug zum Inhalt, zur Aussage des Gedichts sowie die Wirkung auf den Leser.
7. Notiere, wie das Gedicht insgesamt wirkt und was damit beabsichtigt sein könnte.
8. Bewerte das Gedicht abschließend. Begründe dein Urteil.
9. Fasse deine Untersuchungsergebnisse schriftlich zusammen.
   Entwirf dafür zunächst eine Gliederung.

→ **Seite 112 ff.,
148 f., 186 f.,
Wiederholung
aus Klasse 9**

→ **Seite 168 f.**

Einen erzählenden Text erschließen

1. Stelle Fragen an den Text:
   - Was finde ich besonders auffällig, beeindruckend, witzig, … ?
   - Was erscheint mir besonders wichtig?
   - Worum geht es, was ist das Thema?
2. Ermittle die Textart (z. B. Kurzgeschichte, Erzählung, Novelle).
3. Erschließe die Handlung:
   - Ermittle die äußere (Handlungsverlauf) und innere Handlung (Denken und Fühlen der literarischen Personen).
   - Formuliere Überschriften zu den Abschnitten.
   - Halte die Handlungsschritte in zeitlicher Reihenfolge fest.
   - Notiere Orte und beteiligte Personen.
4. Untersuche die Personen und ihre Beweggründe (innere Handlung)
   - Wie stehen die Personen zueinander? Wer ist die Haupt-, wer die Nebenfigur?
   - Wie entwickeln sich die Personen?
   - Welche direkten Informationen liefert der Text (z. B. durch den Erzähler), welche lassen sich aus Handlungen und Verhaltensweisen der Figuren erschließen?
5. Analysiere den Aufbau des Textes (z. B. Einleitung, Höhe- oder Wendepunkte, Zeitsprünge, Rückblenden, Rahmenhandlung, Schluss).

→ **Seite 86 ff.,
96 ff., 174 ff.,
188, 202 ff.,
Wiederholung
aus Klasse 7**

Schlaue Seiten

→ **Seite 89, 91, 104 f.**

6. Ermittle die **Erzählperspektive**: (Ich-Erzähler, Er-Erzähler) und das **Erzähl-verhalten** (personales Erzählen – aus der Perspektive einer Person; auktoriales Erzählen – Erzähler weiß alles über das Geschehen und über die Gefühle und Gedanken aller Figuren).
7. Untersuche die sprachlichen Mittel und ihre Wirkung (z. B. Wortwahl und Satzbau).
8. Erschließe die Absicht des Autors und die Wirkung des Textes:
   - In welcher Zeit spielt das Geschehen?
   - Welche biografischen Bezüge zum Autor werden deutlich?
   - Welche Bezüge zu aktuellen Ereignissen lassen sich herstellen?
9. Ordne deine Notizen beim Aufschreiben und fasse sie mit eigenen Worten zusammen.

→ **Seite 29 ff., 151 ff., Wiederholung aus Klasse 7**

Einen Sachtext lesen und verstehen

1. **Vor dem Lesen:** Orientiere dich anhand der Überschrift und evtl. vorhandener Diagramme und Bilder über das Thema.
2. **Überblickslesen:** Verschaffe dir einen Überblick über den Textinhalt:
   - Erfasse den Aufbau des Textes (Ist er in Abschnitte gegliedert, enthält er Zwischenüberschriften, Hervorhebungen, …?).
   - Lies die einzelnen Abschnitte kurz an und überlege, was du vermutlich aus dem Text erfahren wirst.
3. **Genaues abschnittsweises Lesen:** Lies nun Abschnitt für Abschnitt genau; schlage Unbekanntes nach. Beantworte nach jedem Abschnitt für dich die Frage, was in dem Abschnitt steht. Notiere das Wichtigste.
4. **Nach dem Lesen:** Denke über den gesamten Text nach: Was hast du erfahren? Was weißt du jetzt mehr? Was siehst du jetzt anders?

→ **Seite 6, 32, Wiederholung aus Klasse 7**

Ein Diagramm verstehen und auswerten

1. Lies die Überschrift und alle zusätzlichen Angaben.
2. Überlege, was du schon selbst zu dem Thema weißt.
3. Untersuche, welche Angaben das Diagramm enthält:
   Welche Größen/Zahlen sind dargestellt, wie verhalten sie sich zueinander und was sagen sie aus?
4. Stelle fest, welche Form für die Darstellung der Zahlen gewählt wurde.
5. Schlage unbekannte Begriffe nach, wenn es nötig ist.
6. Prüfe die Aktualität, die Quelle und eventuell die Art der Erhebung.
7. Fasse die Ergebnisse gedanklich zusammen:
   Was hast du durch das Diagramm erfahren, welche Absicht wird deutlich, was ist sehr wichtig, was eher unwichtig, welche Ergänzungen sind denkbar/wünschenswert?

Wörter (Begriffe) aus dem Zusammenhang erschließen

1. Lies den Satz.
2. Zerlege lange Wörter in Wortbausteine, z. B.: *Herz - still - stand*.
3. Prüfe, was in dem Satz noch gesagt wird.
4. Lies den vorhergehenden und den folgenden Satz. Auf diese Weise kann man oft die Bedeutung eines Wortes in dem besonderen Zusammenhang finden.
5. Ersetze das Wort durch eine eigene Formulierung und prüfe, ob sich ein Sinn ergibt.

→ **Seite 151 f., Wiederholung aus Klasse 7**

Sich schnell über den Inhalt eines Buches informieren

1. Sieh dir den Titel und die äußere Gestaltung des Buches an. Überlege, was du daraus über den Inhalt erfährst.
2. Lies den Klappentext des Buches. Er enthält meist eine kurze Inhaltsangabe.
3. Überfliege das Inhaltsverzeichnis des Buches. Daraus erfährst du zum Beispiel, ob es um eine zusammenhängende Geschichte geht oder ob das Buch mehrere Geschichten enthält.
4. Prüfe, ob das Buch am Anfang oder Ende kurze Informationen zum Autor/zur Autorin enthält. Auch diese Informationen verraten oft etwas über den Inhalt.

→ **Wiederholung aus Klasse 7**

Ein Buch vorstellen

1. Suche ein Buch aus, das dir gefällt.
2. Suche eine geeignete Textstelle aus, die du vorlesen willst. Prüfe beim ersten lauten Lesen, wie viel Zeit du dafür benötigst.
3. Übe nun das Lesen. Lies mehrmals, auch einzelne schwierige Textstellen. Achte auf deutliche Aussprache, angemessenes Lesetempo und passende Betonung.
4. Überlege, mit welchen Worten du deine Buchvorstellung beginnen kannst und wie du zu dem ausgewählten Textausschnitt hinleiten willst.
Übe diese Einleitung in Form eines Kurzvortrags.

→ **Wiederholung aus Klasse 7**

Regeln für Projektarbeit

1. Arbeite selbstständig und frage nur, wenn es nötig ist.
2. Störe die anderen nicht bei der Arbeit.
3. Beende erst eine Aufgabe, bevor du mit einer neuen beginnst.
4. Speichere alle Aufgaben unter einem vorher festgelegten Namen ab, damit du sie wiederfindest.
5. Drucke die fertigen Blätter aus und lege sie in den Kontroll-Ablage-Kasten. Du kannst die fertigen Seiten auch in einer Projektmappe abheften.

→ **Seite 190 ff., Wiederholung aus Klasse 7**

Methodencurriculum

Schlaue Seiten

Unregelmäßige Verben

Grundform	Präsens	Präteritum	Perfekt
befehlen	du befiehlst	ich befahl	ich habe befohlen
beißen	du beißt	ich biss	ich habe gebissen
biegen	du biegst	ich bog	ich habe gebogen
binden	du bindest	ich band	ich habe gebunden
bitten	du bittest	ich bat	ich habe gebeten
blasen	du bläst	ich blies	ich habe geblasen
bleiben	du bleibst	ich blieb	ich bin geblieben
brechen	du brichst	ich brach	ich habe gebrochen
bringen	du bringst	ich brachte	ich habe gebracht
denken	du denkst	ich dachte	ich habe gedacht
dürfen	du darfst	ich durfte	ich habe gedurft
empfehlen	du empfiehlst	ich empfehle	ich habe empfohlen
essen	du isst	ich aß	ich habe gegessen
fahren	du fährst	ich fuhr	ich bin gefahren
fallen	du fällst	ich fiel	ich bin gefallen
fangen	du fängst	ich fing	ich habe gefangen
finden	du findest	ich fand	ich habe gefunden
fliegen	du fliegst	ich flog	ich bin geflogen
fliehen	du fliehst	ich floh	ich bin geflohen
fließen	es fließt	es floss	es ist geflossen
fressen	es frisst	es fraß	es hat gefressen
frieren	du frierst	ich fror	ich habe gefroren
geben	du gibst	ich gab	ich habe gegeben
gehen	du gehst	ich ging	ich bin gegangen
geschehen	es geschieht	es geschah	es ist geschehen
gewinnen	du gewinnst	ich gewann	ich habe gewonnen
gießen	du gießt	ich goss	ich habe gegossen
graben	du gräbst	ich grub	ich habe gegraben
greifen	du greifst	ich griff	ich habe gegriffen
haben	du hast	ich hatte	ich habe gehabt
halten	du hältst	ich hielt	ich habe gehalten
hauen	du haust	ich haute	ich habe gehauen
heißen	du heißt	ich hieß	ich habe geheißen
helfen	du hilfst	ich half	ich habe geholfen
kennen	du kennst	ich kannte	ich habe gekannt
klingen	es klingt	es klang	es hat geklungen
kommen	du kommst	ich kam	ich bin gekommen
können	du kannst	ich konnte	ich habe gekonnt
kriechen	du kriechst	ich kroch	ich bin gekrochen
lassen	du lässt	ich ließ	ich habe gelassen
laufen	du läufst	ich lief	ich bin gelaufen
lesen	du liest	ich las	ich habe gelesen
liegen	du liegst	ich lag	ich habe gelegen
lügen	du lügst	ich log	ich habe gelogen
messen	du misst	ich maß	ich habe gemessen
mögen	du magst	ich mochte	ich habe gemocht
müssen	du musst	ich musste	ich habe gemusst

234

Grundform	Präsens	Präteritum	Perfekt
nehmen	du nimmst	ich nahm	ich habe genommen
pfeifen	du pfeifst	ich pfiff	ich habe gepfiffen
raten	du rätst	ich riet	ich habe geraten
reißen	du reißt	ich riss	ich habe gerissen
reiten	du reitest	ich ritt	ich bin geritten
rennen	du rennst	ich rannte	ich bin gerannt
riechen	du riechst	ich roch	ich habe gerochen
rufen	du rufst	ich rief	ich habe gerufen
schieben	du schiebst	ich schob	ich habe geschoben
schießen	du schießt	ich schoss	ich habe geschossen
schlafen	du schläfst	ich schlief	ich habe geschlafen
schlagen	du schlägst	ich schlug	ich habe geschlagen
schleichen	du schleichst	ich schlich	ich bin geschlichen
schließen	du schließt	ich schloss	ich habe geschlossen
schneiden	du schneidest	ich schnitt	ich habe geschnitten
schreiben	du schreibst	ich schrieb	ich habe geschrieben
schreien	du schreist	ich schrie	ich habe geschrien
schweigen	du schweigst	ich schwieg	ich habe geschwiegen
schwimmen	du schwimmst	ich schwamm	ich bin geschwommen
sehen	du siehst	ich sah	ich habe gesehen
sein	du bist	ich war	ich bin gewesen
singen	du singst	ich sang	ich habe gesungen
sinken	du sinkst	ich sank	ich bin gesunken
sitzen	du sitzt	ich saß	ich habe gesessen
sprechen	du sprichst	ich sprach	ich habe gesprochen
springen	du springst	ich sprang	ich bin gesprungen
stechen	du stichst	ich stach	ich habe gestochen
stehen	du stehst	ich stand	ich habe gestanden
stehlen	du stiehlst	ich stahl	ich habe gestohlen
steigen	du steigst	ich stieg	ich bin gestiegen
sterben	er stirbt	er starb	er ist gestorben
stinken	es stinkt	es stank	es hat gestunken
stoßen	du stößt	ich stieß	ich habe gestoßen
streichen	du streichst	ich strich	ich habe gestrichen
streiten	du streitest	ich stritt	ich habe gestritten
tragen	du trägst	ich trug	ich habe getragen
treffen	du triffst	ich traf	ich habe getroffen
trinken	du trinkst	ich trank	ich habe getrunken
tun	du tust	ich tat	ich habe getan
vergessen	du vergisst	ich vergaß	ich habe vergessen
verlieren	du verlierst	ich verlor	ich habe verloren
verzeihen	du verzeihst	ich verzieh	ich habe verziehen
wachsen	du wächst	ich wuchs	ich bin gewachsen
waschen	du wäschst	ich wusch	ich habe gewaschen
werden	du wirst	ich wurde	ich bin geworden
werfen	du wirfst	ich warf	ich habe geworfen
wissen	du weißt	ich wusste	ich habe gewusst
ziehen	du ziehst	ich zog	ich habe gezogen
zwingen	du zwingst	ich zwang	ich habe gezwungen

Schlaue Seiten

Konjunktivformen der Verben

Grundform/ Infinitiv	3. Person Präsens Indikativ	3. Person Konjunktiv I	3. Person Präteritum Indikativ	3. Person Konjunktiv II	Umschreibung mit *würde*
befehlen	er befiehlt	er befehle	er befahl	er befähle	er würde befehlen
beißen	er beißt	er beiße	er biss	er bisse	er würde beißen
biegen	er biegt	er biege	er bog	er böge	er würde biegen
binden	er bindet	er binde	er band	er bände	er würde binden
bitten	er bittet	er bitte	er bat	er bäte	er würde bitten
blasen	er bläst	er blase	er blies	er bliese	er würde blasen
bleiben	er bleibt	er bleibe	er blieb	er bliebe	er würde bleiben
brechen	er bricht	er breche	er brach	er bräche	er würde brechen
bringen	er bringt	er bringe	er brachte	er brächte	er würde bringen
denken	er denkt	er denke	er dachte	er dächte	er würde denken
dürfen	er darf	er dürfe	er durfte	er dürfte	er würde dürfen
empfehlen	er empfiehlt	er empfehle	er empfahl	er empföhle	er würde empfehlen
essen	er isst	er esse	er aß	er äße	er würde essen
fahren	er fährt	er fahre	er fuhr	er führe	er würde fahren
fallen	er fällt	er falle	er fiel	er fiele	er würde fallen
fangen	er fängt	er fange	er fing	er finge	er würde fangen
finden	er findet	er finde	er fand	er fände	er würde finden
fliegen	er fliegt	er fliege	er flog	er flöge	er würde fliegen
fliehen	er flieht	er fliehe	er floh	er flöhe	er würde fliehen
fließen	er fließt	er fließe	er floss	er flösse	er würde fließen
fressen	er frisst	er fresse	er fraß	er fräße	er würde fressen
frieren	er friert	er friere	er fror	er fröre	er würde frieren
geben	er gibt	er gebe	er gab	er gäbe	er würde geben
gehen	er geht	er gehe	er ging	er ginge	er würde gehen
geschehen	es geschieht	es geschehe	es geschah	es geschähe	es würde geschehen
gewinnen	er gewinnt	er gewinne	er gewann	er gewänne	er würde gewinnen
gießen	er gießt	er gieße	er goss	er gösse	er würde gießen
graben	er gräbt	er grabe	er grub	er grübe	er würde graben
greifen	er greift	er greife	er griff	er griffe	er würde greifen
haben	er hat	er habe	er hatte	er hätte	er würde haben
halten	er hält	er halte	er hielt	er hielte	er würde halten
hauen	er haut	er haue	er haute	er haute	es würde hauen
heißen	er heißt	er heiße	er hieß	er hieße	er würde heißen
helfen	er hilft	er helfe	er half	er hälfe/hülfe	er würde helfen
kennen	er kennt	er kenne	er kannte	er kennte	er würde kennen
klingen	es klingt	es klinge	es klang	es klänge	es würde klingen
kommen	er kommt	er komme	er kam	er käme	er würde kommen
können	er kann	er könne	er konnte	er könnte	er würde können
kriechen	er kriecht	er krieche	er kroch	er kröche	er würde kriechen
lassen	er lässt	er lasse	er ließ	er ließe	er würde lassen
laufen	er läuft	er laufe	er lief	er liefe	er würde laufen
lesen	er liest	er lese	er las	er läse	er würde lesen
liegen	er liegt	er liege	er lag	er läge	er würde liegen
lügen	er lügt	er lüge	er log	er löge	er würde lügen
messen	er misst	er messe	er maß	er mäße	er würde messen
mögen	er mag	er möge	er mochte	er möchte	er würde mögen
müssen	er muss	er müsse	er musste	er müsste	er würde müssen

Grundform/ Infinitiv	3. Person Präsens Indikativ	3. Person Konjunktiv I	3. Person Präteritum Indikativ	3. Person Konjunktiv II	Umschreibung mit *würde*
nehmen	er nimmt	er nehme	er nahm	er nähme	er würde nehmen
pfeifen	er pfeift	er pfeife	er pfiff	er pfiffe	er würde pfeifen
raten	er rät	er rate	er riet	er riete	er würde raten
reißen	er reißt	er reiße	er riss	er risse	er würde reißen
reiten	er reitet	er reite	er ritt	er ritte	er würde reiten
rennen	er rennt	er renne	er rannte	er renne	er würde rennen
riechen	er riecht	er rieche	er roch	er röche	er würde riechen
rufen	er ruft	er rufe	er rief	er riefe	er würde rufen
schieben	er schiebt	er schiebe	er schob	er schübe	er würde schieben
schießen	er schießt	er schieße	er schoss	er schösse	er würde schießen
schlafen	er schläft	er schlafe	er schlief	er schliefe	er würde schlafen
schlagen	er schlägt	er schlage	er schlug	er schlüge	er würde schlagen
schleichen	er schleicht	er schleiche	er schlich	er schliche	er würde schleichen
schneiden	er schneidet	er schneide	er schnitt	er schnitte	er würde schneiden
schließen	er schließt	er schließe	er schloss	er schlösse	er würde schließen
schreiben	er schreibt	er schreibe	er schrieb	er schriebe	er würde schreiben
schreien	er schreit	er schreie	er schrie	er schreie	er würde schreien
schweigen	er schweigt	er schweige	er schwieg	er schwiege	er würde schweigen
schwimmen	er schwimmt	er schwimme	er schwamm	er schwämme/schwömme	er würde schwimmen
sehen	er sieht	er sehe	er sah	er sähe	er würde sehen
sein	er ist	er sei	er war	er wäre	er würde sein
singen	er singt	er singe	er sang	er sänge	er würde singen
sinken	er sinkt	er sinke	er sank	er sänke	er würde sinken
sitzen	er sitzt	er sitze	er saß	er säße	er würde sitzen
sprechen	er spricht	er spreche	er sprach	er spräche	er würde sprechen
springen	er springt	er springe	er sprang	er spränge	er würde springen
stechen	er sticht	er steche	er stach	er stäche	er würde stechen
stehen	er steht	er stehe	er stand	er stünde	er würde stehen
stehlen	er stiehlt	er stehle	er stahl	er stähle	er würde stehlen
steigen	er steigt	er steige	er stieg	er stiege	er würde steigen
sterben	er stirbt	er sterbe	er starb	er stürbe	er würde sterben
stinken	es stinkt	es stinke	es stank	es stänke	es würde stinken
stoßen	er stößt	er stoße	er stieß	er stöße	er würde stoßen
streichen	er streicht	er streiche	er strich	er striche	er würde streichen
streiten	er streitet	er streite	er stritt	er stritte	er würde streichen
tragen	er trägt	er trage	er trug	er trüge	er würde tragen
treffen	er trifft	er treffe	er traf	er träfe	er würde treffen
trinken	er trinkt	er trinke	er trank	er tränke	er würde trinken
tun	er tut	er tue	er tat	er täte	er würde tun
vergessen	er vergisst	er vergesse	er vergaß	er vergäße	er würde vergessen
verlieren	er verliert	er verliere	er verlor	er verlöre	er würde verlieren
verzeihen	er verzeiht	er verzeihe	er verzieh	er verzeihe	er würde verzeihen
wachsen	er wächst	er wachse	er wuchs	er wüchse	er würde wachsen
waschen	er wäscht	er wasche	er wusch	er wüsche	er würde waschen
werden	er wird	er werde	er ward	er werde	er würde werden
werfen	er wirft	er werfe	er warf	er würfe	er würde werfen
wissen	er weiß	er wisse	er wusste	er wüsste	er würde wissen
ziehen	er zieht	er ziehe	er zog	er zöge	er würde ziehen
zwingen	er zwingt	er zwinge	er zwang	er zwänge	er würde zwingen

Schlaue Seiten

Verben mit festen Präpositionen

Verb	Präposition	Beispiel
abhängen	von + Dativ	„Gehst du mit zum Baden?" – „Das hängt von der Witterung ab."
achten	auf + Akkusativ	Wir achten auf eine lesbare Handschrift.
anfangen	mit + Dativ	Sie wollen mit der Diskussion anfangen.
ankommen	auf + Akkusativ	Es kommt auf jeden Schüler an.
antworten	auf + Akkusativ	Antwortet auf jede Frage.
sich ärgern	über + Akkusativ	Ich habe mich sehr über ihn geärgert.
aufhören	mit + Dativ	Hört endlich mit dem Streiten auf!
aufpassen	auf + Akkusativ	Pass auf deine Sachen auf!
sich aufregen	über + Akkusativ	Warum regst du dich über ihn auf?
ausgeben	für + Akkusativ	Er gibt sein ganzes Geld für seine Klamotten aus.
sich bedanken	bei + Dativ für + Akkusativ	Sie bedankte sich bei ihren Eltern für die Hilfe.
sich bemühen	um + Akkusativ	Bemüht euch um eine deutliche Aussprache!
berichten	über + Akkusativ	Die Zeitung berichtete über den Vorgang.
sich beschweren	bei + Dativ über + Akkusativ	Sie hat sich bei meiner Mutter über mich beschwert.
bestehen	aus + Dativ	Die Prüfung besteht aus einem Aufsatz und einem Referat.
sich beteiligen	an + Dativ	Alle beteiligen sich an dem Wettkampf.
sich bewerben	um + Akkusativ	Sie bewerben sich um einen Praktikumsplatz.
bitten	um + Akkusativ	Er bat alle um einen Beitrag.
denken	an + Akkusativ	Hast du an mich gedacht?
diskutieren	über + Akkusativ	Wir diskutieren oft über die Schule.
einladen	zu + Dativ	Ich möchte dich zur Geburtstagsfeier einladen.
sich entscheiden	für + Akkusativ	Für welches Thema entscheidet ihr euch?
sich entschließen	zu + Dativ	Sie entschlossen sich zu einer Winterwanderung.
sich entschuldigen	bei + Dativ für + Akkusativ	Er muss sich bei ihm für sein Verhalten entschuldigen.
erfahren	von + Dativ	Warum erfahre ich erst heute von dieser Sache?
sich erholen	von + Dativ	Hier kann man sich von den Anstrengungen erholen.
sich erinnern	an + Akkusativ	Erinnerst du dich an mich?
erkennen	an + Dativ	Die Fans erkennt man an den roten Mützen.
sich erkundigen	nach + Dativ	Sie hat sich nach dir erkundigt.
erschrecken	über + Akkusativ	Erschrick nicht über meine Haarfarbe!
erzählen	über + Akkusativ von + Dativ	Sie erzählen viel über ihren Urlaub. Sie erzählen viel von ihrem Urlaub.
fragen	nach + Dativ	Er fragt nie nach den Hausaufgaben.
sich freuen	auf + Akkusativ über + Akkusativ	Wir freuen uns auf die Ferien. Ich habe mich sehr über deine Karte gefreut.
gehören	zu + Dativ	Welche Länder gehören zur Europäischen Union?
gewöhnen	an + Akkusativ	Sie muss sich erst an die Familie gewöhnen.
gratulieren	zu + Dativ	Wir gratulieren dir zu deinem Erfolg.
sich handeln	um + Akkusativ	Es handelt sich um eine vertrauliche Sache.
handeln	von + Dativ	Das Buch handelt von einem kleinen Mädchen.
helfen	bei + Dativ	Wer hat dir bei den Hausaufgaben geholfen?
hindern	an + Dativ	Die Musik hindert mich an der Arbeit.
hoffen	auf + Akkusativ	Ich hoffe auf einen Zufall.

238

Verb	Präposition	Beispiel
hören	von + Dativ	*Hast du etwas von ihr gehört?*
sich informieren	über + Akkusativ	*Informiere dich im Internet über das Buch!*
sich interessieren	für + Akkusativ	*Wir interessieren uns für die politischen Fragen.*
klagen	über + Akkusativ	*Sie klagen über das schlechte Essen.*
kämpfen	für + Akkusativ	*Diese Gruppe kämpft für gleiche Rechte.*
sich kümmern	um + Akkusativ	*Habt ihr euch auch um die Einladung gekümmert?*
lachen	über + Akkusativ	*Warum lachst du immer über mich?*
leiden	an + Dativ unter + Dativ	*Er leidet an einer seltenen Krankheit.* *Er leidet unter dem Erfolgsdruck.*
nachdenken	über + Akkusativ	*Denkt nicht erst über die Vorteile nach!*
protestieren	gegen + Akkusativ	*Sie protestieren gegen ihre Entlassung.*
rechnen	mit + Dativ	*Ich rechne mit einer Zwei in der Arbeit.*
reden	über + Akkusativ von + Dativ	*Sie redet nicht gerne über diese Sache.* *Er redet die ganze Zeit von seiner Freundin.*
sagen	über + Akkusativ zu + Dativ	*Hat sie etwas über mich gesagt?* *Zu diesem Thema kann ich leider nichts sagen.*
schimpfen	über + Akkusativ	*Schimpf nicht immer über die anderen!*
schreiben	an + Akkusativ über + Akkusativ	*Sie schreibt eine Mail an ihren Freund.* *Hat sie dir über unser Treffen geschrieben?*
sein	für + Akkusativ gegen + Akkusativ	*Ich bin für ein Handyverbot in der Schule.* *Ich bin gegen einheitliche Schulkleidung.*
sorgen	für + Akkusativ	*Wer sorgt jetzt für die Kinder?*
sprechen	mit + Dativ über + Akkusativ	*Wir sprachen mit dem Autor über sein Buch.*
streiten	mit + Dativ über + Akkusativ	*Warum musst du immer mit mir streiten?* *Über diese Sache lässt sich streiten.*
teilnehmen	an + Dativ	*Wirst du an der Versammlung teilnehmen?*
telefonieren	mit + Dativ	*Mit wem telefonierst du?*
sich treffen	mit + Dativ zu + Dativ	*Sie hat sich mit mir getroffen.* *Wir treffen uns dort zu einer kleinen Beratung.*
sich überzeugen	von + Dativ	*Überzeuge dich selbst von ihrem Können!*
sich unterhalten	mit + Dativ über + Akkusativ	*Ich unterhalte mich gerne mit ihm über neue Filme.*
sich verabreden	mit + Dativ	*Er ist mit seiner Freundin verabredet.*
sich verabschieden	von + Dativ	*Ich muss mich jetzt von euch/Ihnen verabschieden.*
vergleichen	mit + Dativ	*Vergleiche den Hauptsatz mit dem Nebensatz.*
sich verlassen	auf + Akkusativ	*Ich habe mich fest auf deine Hilfe verlassen.*
sich verlieben	in + Akkusativ	*Er verliebte sich sofort in sie.*
sich verstehen	mit + Dativ	*Wie versteht ihr euch mit ihm?*
verstehen	von + Dativ unter + Dativ	*Sie versteht viel von der modernen Kunst.* *Was verstehst du unter diesem Begriff?*
sich vorbereiten	auf + Akkusativ	*Wir haben uns gut auf die Arbeit vorbereitet.*
warnen	vor + Dativ	*Alle haben mich vor den Hunden gewarnt.*
warten	auf + Akkusativ	*Auf wen wartest du?*
wissen	von + Dativ	*Ich habe nichts von dieser Aufgabe gewusst.*
sich wundern	über + Akkusativ	*Ich wundere mich über diesen Termin.*
zuschauen	bei + Dativ	*Darf ich Ihnen bei der Arbeit zuschauen?*
zusehen	bei + Dativ	*Alle sehen ihr beim Fußballspielen zu.*
zweifeln	an + Dativ	*Ich zweifle an deiner Zuverlässigkeit.*

Schlaue Seiten

Autorenverzeichnis

Bauersima, Igor wurde 1964 in Prag geboren, seit 1968 lebt er in der Schweiz. Er ist Architekt, arbeitet aber heute als Autor und Regisseur für Film und Theater. Zunächst mit den Stücken „Forever Godard" (1998) später vor allem mit „norway.today" (2001), das in viele Sprachen übersetzt wurde und weltweit aufgeführt wurde, machte er sich einen Namen als international anerkannter Bühnenautor.

norway.today (Auszüge), Seite 124–133

Bierwisch, Manfred wurde 1930 in Halle/Saale geboren. Er studierte Germanistik und promovierte 1961 an der Leipziger Universität. In der Akademie der Wissenschaften in (Ost)-Berlin wurde er 1985 Professor der Linguistik (Sprachwissenschaft). Gemeinsam mit dem Dichter Uwe Johnson schuf er eine hochdeutsche Fassung des Nibelungenliedes.

Nibelungenlied, Seite 178–180

Brecht, Bertolt wurde 1898 in Augsburg geboren und starb 1956 in Berlin. Er studierte Medizin und Literatur, emigrierte 1933 zunächst nach Dänemark und 1941 schließlich in die USA. In (Ost)-Berlin gründete er nach dem Zweiten Weltkrieg zusammen mit seiner Frau, der Schauspielerin Helene Weigel, das „Berliner Ensemble".
Er verfasste zahlreiche Theaterstücke wie z. B. „Mutter Courage und ihre Kinder", „Leben des Galilei" und „Dreigroschenoper".
Brecht gilt er als einer der bedeutendsten deutschen Dramatiker. Von seinen Erzählungen sind vor allem die „Kalendergeschichten" und die „Geschichten vom Herrn Keuner" bekannt geworden. Zahlreiche Gedichte und Arbeiten für Kinder belegen seine künstlerische Vielfalt.

Wenn die Haifische Menschen wären, Seite 92/93

Dickopf, Daniel (Dän) wurde 1970 in Brühl bei Köln geboren. Er studierte Anglistik und Germanistik, brach das Studium jedoch ab, weil die Arbeiten für die deutsche Musikgruppe WISE GUYS (engl. für *Besserwisser, Schlaumeier*) immer mehr Zeit in Anspruch nahmen. Dickopf ist Sänger und Songschreiber – die meisten der Texte und Melodien von WISE GUYS schreibt er selbst. Zugleich ist er für die Moderationen bei den Live-Auftritten der Gruppe zuständig.

Denglisch, Seite 148

Frisch, Max wurde 1911 in Zürich/Schweiz geboren wo er 1991 auch starb. Er besuchte das Züricher Realgymnasium und begann 1930 ein Studium der Germanistik, das er nach dem Tod seines Vaters aus finanziellen Gründen abbrechen musste. Er arbeitete als freier Mitarbeiter für die „Neue Züricher Zeitung" studierte von 1936 bis 1941 Architektur und arbeitete zunächst als Architekt. Später arbeitete er als freier Schriftsteller und mit der Uraufführung des Dramas „Herr Biedermann und die Brandstifter" errang er seinen ersten Bühnenerfolg. Frisch gehört zu den wichtigsten Vertretern der deutschsprachigen Nachkriegsliteratur und erhielt neben zahlreichen Auszeichnungen 1976 den Friedenspreis des Börsenvereins des deutschen Buchhandels.

Homo faber (Auszug), Seite 109

Gotthelf, Jeremias wurde 1797 in Murten/Kanton Freiburg geboren und starb 1854 in Lützelflüh/Kanton Bern. Sein richtiger Name war Albert Bitzius; er absolvierte ein Theologiestudium, unternahm verschiedene Studienreisen und wurde schließlich wie sein Vater evangelischer Pfarrer. Erst mit über 40 Jahren begann er mit dem Schreiben. Er verfasste pädagogische, sozialkritische und christlich orientierte Romane, die vorrangig in der Berner Bauernwelt spielten. Daher gilt er als einer der Begründer des sogenannten Bauernromans. In seinen realistischen Geschichten wird vor allem seine Abneigung gegen das Stadtleben, das er als unnatürlich ansah, deutlich.

Die schwarze Spinne (Auszug), Seite 96–101

Gryphius, Andreas wurde 1616 in Glogau/Schlesien geboren, wo er 1664 auch starb. Nach dem Gymnasium studierte er in Danzig/Polen und war anschließend eine Zeitlang Hauslehrer. Er gilt als der berühmteste Verfasser von Sonetten (eine Gedichtform) der Barockzeit. Im Mittelpunkt seiner Tragödien und Gedichte steht häufig die Auseinandersetzung mit dem Leid und dem moralischen Verfall der Menschen sowie deren Einsamkeit und Zerrissenheit, vor allem im Dreißigjährigen Krieg 1618 bis 1648. Auch findet sich in seinen Werken der wiederholte Hinweis auf die Vergänglichkeit allen menschlichen Schaffens, ein typisches Merkmal der Barockzeit.

Es ist alles eitel, Seite 114

Hebel, Johann Peter wurde 1760 in Basel/Schweiz geboren und starb 1826 in Schwetzingen. Er war Pfarrer und Schulleiter und führte die alemannische Mundart in die Dichtung ein. Seine einfachen und humorvollen Kalendergeschichten und Anekdoten machten ihn bekannt und beliebt.

Unverhofftes Wiedersehen, Seite 102–104

Hesse, Hermann wurde 1877 in Calw geboren und starb 1962 in Montagnola/Schweiz. Er absolvierte eine Buchhändlerlehre und lebte ab 1904 als freier Schriftsteller. Später zog er in die Schweiz. Besonders in seiner Jugend litt er unter einer tiefen Melancholie. Er erlebte beide Weltkriege, sein Leben war von familiären Schicksalsschlägen und Enttäuschungen geprägt. Die persönlichen Krisen thematisierte er in einigen seiner bedeutsamen Romane wie „Der Steppenwolf" und „Das Glasperlenspiel". Besonders in den 1960er und 1970er Jahren übten seine Werke auf viele junge Menschen einen großen Einfluss aus. Für sein schriftstellerisches Werk wurde ihm 1946 der Nobelpreis für Literatur verliehen.

Im Nebel, Seite 117

Hoffmann, E.T.A. wurde 1776 in Königsberg geboren und starb 1822 in Berlin. Sein Vorname lautet eigentlich Ernst Theodor Wilhelm; aus Verehrung für den Komponisten Wolfgang Amadeus Mozart ersetzte er später den dritten Namensteil durch Amadeus. Er studierte Jura und arbeitete zunächst als Referendar. Seine Leidenschaft galt jedoch der Musik, dem Zeichnen und der Literatur. Bekannte Werke sind vor allem „Die Elixiere des Teufels", „Klein Zaches genannt Zinnober" und „Lebensansichten des Katers Murr".

Das Fräulein von Scuderi, Seite 106/107

Hölderlin, Johann Christian Friedrich wurde 1770 in Lauffen am Neckar geboren und starb 1843 in Tübingen. Nach seinem Studium der Theologie arbeitete er als Hauslehrer. Seine ersten poetischen Werke entstanden bereits in frühen Jahren. Er litt darunter, dass die Idee von der Harmonie des Menschen mit der Natur dem Bruch des Menschen mit der Natur gegenübersteht. Von privaten Schicksalsschlägen gebrochen, lebte er ab 1807 („die Hälfte des Lebens") in geistiger Umnachtung in einer Turmstube in Tübingen, dem heutigen Hölderlinturm. Zu Lebzeiten eher unbekannt und vergessen, zählt er heute zu den bedeutendsten Lyrikern der deutschen Literatur, sein Werk nimmt eine Sonderstellung zwischen der Klassik und der Romantik ein.

Hälfte des Lebens, Seite 115

Hübner, Lutz wurde 1964 in Heilbronn geboren. Er absolvierte eine Schauspielausbildung und trat auf verschiedenen Bühnen des Landes auf; ab 1990 arbeitete er zusätzlich auch als Theaterregisseur. Seit 1996 ist er freiberuflich tätig und macht sich seitdem als Dramatiker vor allem einen Namen mit seinen Theaterstücken für Jugendliche. Sein bisher erfolgreichstes Stück „Das Herz eines Boxers", für das er 1998 den Deutschen Jugendtheaterpreis erhielt, wurde 1996 am Grips Theater in Berlin uraufgeführt und erlebt bis heute etliche Neuinszenierungen. Auch sein Stück „Creeps" wurde ein Jahr später ein großer Erfolg.

Creeps (Auszüge), Seite 136–145

Schlaue Seiten

Johnson, Uwe wurde 1934 in Cammin/Pommern geboren und starb 1984 in England. Er gilt als einer der wichtigsten deutschen Schriftsteller, der sich besonders mit den gesellschaftlichen Verhältnissen in der DDR und der BRD auseinandersetzte. Herausragende literarische Bedeutung erlangte vor allem sein 4-bändiges Romanwerk „Jahrestage". Gemeinsam mit dem Linguistik-Professor Manfred Bierwisch schuf er eine hochdeutsche Fassung des Nibelungenliedes. Sie orientiert sich eng an der Originalvorlage. Wegen der sehr guten Lesbarkeit hat sie Anerkennung und eine große Leserschaft gefunden.

Nibelungenlied, Seite 178–180

Kammer, Heike wurde 1960 in Bensberg geboren und wuchs in Berlin (West) auf. 1977 bis 1979 absolvierte sie in der Nähe von Bremerhaven eine Berufsausbildung in der Landwirtschaft, die sie 1979 als landwirtschaftliche Gehilfin beendete. Anschließend besuchte sie eine Fachoberschule in Osnabrück. Seit 1983 arbeitet sie in Friedensinitiativen mit und setzt sie sich für die Wahrung der Menschenrechte, z. B. in Lateinamerika, ein.

Lehrjahre (Auszüge), Seite 68, 72

Kasack, Hermann wurde 1896 in Potsdam geboren und starb 1966 in Stuttgart. Er studierte Literatur, Kunstgeschichte und Volkswirtschaft und arbeitete als Lektor und Verlagsdirektor. Zugleich war er auch für den Rundfunk tätig, schrieb mehrere Hörspiele und veröffentlichte als freier Schriftsteller lyrische, dramatische und belletristische Werke. Sein bekanntestes ist der Roman „Die Stadt hinter dem Strom", der 1947 erschien. Zehn Jahre lang wirkte er bis zu seiner fast völligen Erblindung als Präsident der Deutschen Akademie für Sprache und Literatur.

Mechanischer Doppelgänger, Seite 86–88

Kirsch, Sarah (eigentlich Ingrid Bernstein) wurde 1935 Limlingerode/Harz geboren und lebt heute in Schleswig-Holstein. Nach einer abgebroche-

nen Forstarbeiterlehre studierte sie Biologie und Literatur. 1966 veröffentlichte sie ihre ersten poetischen Werke. Für ihre Gedichte, in denen sie häufig menschliche Befindlichkeiten und Natureindrücke miteinander in Beziehung setzt, erhielt sie unter anderem den Georg-Büchner-Preis. 1976 gehörte sie zu den Erstunterzeichnern des Protestschreibens gegen die Ausbürgerung des Liedermachers Wolf Biermann aus der DDR; ein Jahr später siedelte sie nach (West)-Berlin über.
Neben ihren Lyrikbänden und Prosawerken ist sie auch mit ihrem bildnerischen Schaffen hervorgetreten.

Im Sommer, Seite 116

Lebert, Benjamin wurde 1982 in Freiburg im Breisgau geboren und lebt in Hamburg. Nachdem er ohne Abschluss die Schule verlassen hatte (später holte er seinen Hauptschulabschluss nach) und einige Beiträge in einer Beilage einer Tageszeitung veröffentlichen konnte, schrieb er 1999 den Roman „Crazy". Dieser Roman sorgte für großes Aufsehen und machte den jungen Autor schlagartig bekannt. Das Buch wurde später erfolgreich verfilmt. Die Hauptfigur ist wie Benjamin Lebert halbseitig gelähmt und erzählt von ihren Erlebnissen im Internat und vom Erwachsenwerden.
Inzwischen hat der Autor mehrere Romane veröffentlicht.

Crazy (Auszug), Seite 150

Loose, Günter wurde 1927 in Berlin geboren und ist ein bekannter deutscher Liedtexter (Songschreiber). Bereits 1955 schrieb er seine ersten Texte. In Zusammenarbeit mit bekannten Komponisten in Ost- und Westdeutschland entstanden viele erfolgreiche Schlager. 1999 wurde Günter Loose mit dem Willy-Dehmel-Preis des Komponisten-Verbandes ausgezeichnet. Er lebt heute in der Schweiz

Marmor, Stein und Eisen bricht, Seite 196

Lühe-Tower, Jutta von der ist Lehrerin für Deutsch und Englisch in Würzburg. Sie verfasst verschiedene Unterrichtsmaterialien und schreibt unter anderem auch Gedichte.

Unfall, Seite 120

Luther, Martin wurde 1483 in Eisleben geboren, wo er 1546 auch starb. Als Augustinermönch und später als Theologieprofessor prägte er die deutsche Sprache vor allem durch die Übersetzung des Alten und Neuen Testaments ins Deutsche. Er legte damit die Grundlage für die neuhochdeutsche Schriftsprache. Seine Kritik an der Entwicklung der katholischen Kirche führte zu seiner Verbannung. Sie machte ihn auch zum Urheber der Reformation, wodurch es letztlich entgegen seiner Absicht zur Kirchenspaltung und damit zur Entstehung des Protestantismus kam. Luther verfasste neben anderen Texten auch viele Fabeln.

Vom wolff und lemlin, Seite 188

Mann, Thomas wurde 1875 in Lübeck geboren und starb 1955 in Kilchberg bei Zürich. Aufgewachsen in einer großbürgerlichen Kaufmannsfamilie arbeitete er nach dem Abschluss der mittleren Reife zunächst als Redakteur und dann als freier Schriftsteller. Nach der Machtergreifung der Nationalsozialisten 1933 blieb er zunächst in der Schweiz, 1936 wurde er aus Deutschland ausgebürgert, später emigrierte er in die USA. Romane wie „Bekenntnisse des Hochstaplers Felix Krull", „Der Zauberberg" oder „Doktor Faustus", aber auch Novellen und Erzählungen wie „Tonio Kröger" oder „Mario und der Zauberer" machten ihn zum bedeutendsten Erzähler des 20. Jahrhunderts. 1929 erhielt er den Nobelpreis für Literatur, vor allem für seinen 1901 erschienenen Debütroman „Buddenbrooks".

Buddenbrooks (Auszug), Seite 108

Mühringer, Doris wurde 1920 in Graz geboren und starb 2009 in Wien. Bevor sie sich für das Schreiben entschied, arbeitete sie zunächst als Übersetzerin und Verlagslektorin. Sie gilt als bedeutende österreichische Lyrikerin der 1950er und 1960er Jahre, aber auch ihre Prosawerke und Kinderbücher fanden Anerkennung. 2001 erhielt sie den Österreichischen Staatspreis für Kinder- und Jugendliteratur.

Der Wolf und die sieben Geißlein, Seite 206

Novak, Helga M. wurde 1935 in Berlin-Köpenick geboren. Sie wuchs bei Adoptiveltern auf und besuchte eine staatliche Internatsschule. Nach dem Abitur studierte sie Journalistik und Philosophie. 1961 heiratete sie einen Isländer. Sie arbeitete in zahlreichen Berufen und kehrte nach ihrer Scheidung 1965 in die DDR zurück. Ein Jahr später wurde ihr die Staatsbürgerschaft entzogen; sie lebte erneut in Island und dann in (West)-Berlin. Heute wohnt sie in einem polnischen Dorf und ist isländische Staatsbürgerin. Bekannt wurde sie durch ihre Gedichte, in denen sie zunächst ihre DDR-Vergangenheit aufarbeitete, sowie durch zahlreiche Hörspiele, einige sozialkritische Erzählungen und zwei autobiografische Romane, „Die Eisheiligen" (1970) und „Vogel federlos" (1982).

Eis, Seite 90/91

Roth, Eugen wurde 1895 in München geboren, wo er 1976 auch starb. Nachdem er im Ersten Weltkrieg 1914 schwer verwundet worden war, studierte er an der Universität in München Geschichte, Kunstgeschichte, Germanistik und Philosophie. Er arbeitete zunächst als Lokalredakteur, bevor er 1935 mit seinem Buch „Ein Mensch" seinen ersten großen schriftstellerischen Erfolg erzielte. Wie kaum einem anderen zuvor gelang es ihm, den Leser zu erheitern, aber zugleich auch nachdenklich zu stimmen. Nach wie vor begeistert sein Wortwitz viele Leser.

Der eingebildete Kranke, Seite 94
Weltlauf, Seite 118

Schlaue Seiten

Schiller, Friedrich wurde 1759 in Marbach am Neckar geboren und starb 1805 in Weimar. Nach seiner Ausbildung arbeitete er als Regimentsarzt in Stuttgart, floh später nach Mannheim, wo er seine ersten berühmten Dramen „Die Räuber" und „Kabale und Liebe" verfasste. Ab 1799 lebte er in Weimar; hier entstanden vor allem mehrere herausragende historische Dramen, unter anderem „Wallenstein", „Wilhelm Tell" und „Maria Stuart". Außerdem schrieb er in Weimar im sogenannten „Balladenjahr" zahlreiche Balladen, z.B. „Der Handschuh", „Die Bürgschaft" und „Das Lied von der Glocke". Er gilt neben Goethe, mit dem ihn seit 1794 eine enge Freundschaft verband, als einer der führenden Repräsentanten der Literaturepoche des „Sturm und Drang" und begründete mit ihm auch die „Weimarer Klassik".

Die Worte des Glaubens, Seite 112

Schnurre, Wolfdietrich wurde 1920 in Frankfurt am Main geboren und starb 1989 in Kiel. Nach dem Schulabschluss war er von 1939 bis 1945 Soldat im Zweiten Weltkrieg, ab 1946 lebte er in West-Berlin und arbeitete seit 1950 als freier Schriftsteller. Er war Theaterkritiker, verfasste Hörspiele und schrieb Kurzgeschichten, Erzählungen und Romane, aber auch Kinderbücher und Gedichte. Einige seiner Werke illustrierte er auch selbst, das bekannteste ist die Geschichte „Jenö war mein Freund" aus dem Jahre 1958.
Schnurre zählt zu den namhaftesten Autoren der deutschen Nachkriegsliteratur und gilt als Humorist und Moralist.

Beste Geschichte meines Lebens, Seite 202

Tucholsky, Kurt wurde 1890 in Berlin geboren. Er starb bei Göteborg, in seiner Wahlheimat Schweden, an einer Überdosis Tabletten, die er wegen ständiger Magenbeschwerden einnahm und ohne die er nicht einschlafen konnte. Lange Zeit wurde davon ausgegangen, dass er aus Verzweiflung über die politischen Verhältnisse in Deutschland Selbstmord begangen hat. Ganz geklärt sind die Umstände seines Todes wohl nicht. Tucholsky war zugleich Romanautor, Lyriker, Satiriker, Kabarettautor, Liedtexter, Kritiker und Journalist. In seinen Veröffentlichungen wird seine demokratische und pazifistische Haltung deutlich. Schon frühzeitig warnte er vor dem Nationalsozialismus.
Vor allem seine satirischen Texte, aber auch die Erzählung „Schloss Gripsholm. Eine Sommergeschichte" und die geistreiche Liebesgeschichte „Rheinsberg – Ein Bilderbuch für Verliebte", sind heute noch bekannt.
„Schloss Gripsholm" und „Rheinsberg – Ein Bilderbuch für Verliebte" wurden auch verfilmt.

Ratschläge für einen schlechten Redner, Seite 52/53

Walther von der Vogelweide wurde um 1170 geboren und starb um 1230 vermutlich in Würzburg. Sein Geburtsort und seine soziale Herkunft sind ungeklärt. Man nimmt an, dass er aus dem niederen österreichischen Adel stammte. Er selbst berichtete, dass er am Babenberger Hof in Wien Dichten und höfisches Singen (den Minnesang) lernte. Walther von der Vogelweide war jahrelang auf Wanderschaft und stellte seine Kunst in den Dienst verschiedener Fürsten. Neben Minneliedern und Naturlyrik verfasste er auch politische Lieder, in denen er zu Ereignissen seiner Zeit Stellung nahm. Als Dichter mittelhochdeutscher Sangsprüche und Minnelieder führte er die höfische Minnelyrik zu höchster Vollendung und gilt so als der hervorragendste deutschsprachige Lyriker des Mittelalters.
In einem der wohl kostbarsten Bücher der Welt, der „Manessischen Handschrift" („Codex Manesse" oder auch „Manessische Liederhandschrift") sind die Werke deutscher Dichter aus dem Mittelalter veröffentlicht.

Ich saz ûf eime steine, Seite 186/187

Textarten

Bericht: In den meisten Berichten (z. B. in Unfall- und Arbeitsberichten) wird in sachlicher Sprache ein Ereignis oder ein Geschehen im Präteritum dargestellt. Der Berichtende verzichtet dabei auf eine Wertung des Geschehens und überlässt es dem Hörer oder Leser, sich eine eigene Meinung zu bilden. Eine besondere Form des Berichts ist die Reportage, bei der auch persönliche Eindrücke wiedergegeben werden (z. B. Sportreportage) und die im Präsens verfasst wird. Manchmal sind Berichte auch mit einer persönlichen Stellungnahme verbunden (z. B. in Abschlussberichten von Praktika oder Tagungen).

Finnische Hunde für „JJ1"? (Zeitungsbericht), Seite 166
Lehrjahre, Heike Kammer, Seite 68/69
Wetterbericht, Seite 194

Brief: Schon vor Jahrtausenden haben Menschen schriftliche Mitteilungen verfasst. In der heutigen Zeit versteht man Briefe vor allem als schriftliche Mitteilungen, die per Post oder Kurier von einem Absender an einen Adressaten gesendet werden. Die wichtigsten Briefformen sind Privat- und Geschäftsbriefe. Oft müssen bestimmte Normen in der Form eingehalten werden (z. B. bei einem Bewerbungsschreiben). Viele Menschen nutzen heute die neuen Kommunikationsmittel und verschicken Informationen durch E-Mails oder SMS.

Beschwerdebriefe, Seite 63–65
Bewerbung (falsche/richtige Muster), Seite 25/26
Bewerbungsschreiben (Inhalt/Aufbau), Seite 9
Brieftext (Übung), Seite 72, 73
Leserbriefe (Muster), Seite 165, 167

Diagramm/Grafik/Tabellarische Übersicht:
Ein Diagramm ist die grafische Darstellung (Schaubild) von Zusammenhängen, die in Zahlen ausgedrückt werden. Das Diagramm zählt zu den Sachtexten und kann unterschiedlich gestaltet sein (z. B. als Säulen-, Kreis- oder Kurvendiagramm). Es kann allein oder in Verbindung mit anderen Texten auftreten. Dies betrifft auch Statistiken und ähnliche grafische Darstellungen, die meist Informationsmaterial in Tabellenform bieten.

Berufsausbildung: Die Top Ten der Ausbildungsberufe, Seite 6
Handlungsverlauf (Grafik), Seite 132
Sprachenbaum (Grafik), Seite 182
Tot bzw. ausgesetzt-lebend aufgefundene Neugeborene im Vergleich 2001–2009 (Statistik), Seite 32

Drama: Theaterstücke werden häufig mit dem übergeordneten Begriff „Drama" bezeichnet. Dramen werden in der Regel auf einer Bühne von Schauspielern vor Publikum aufgeführt. Im Zentrum des Geschehens steht meist ein Konflikt – die Auseinandersetzung zwischen verschiedenen Figuren mit ihren unterschiedlichen Wünschen, Interessen, Handlungen und/oder Verhaltensweisen. Die Stücke können sowohl in Versform als auch in freier Sprache verfasst sein. Monologe und Dialoge sind dabei wichtige Gestaltungsmittel. Aber auch andere Elemente (Tanz, Pantomime, Musik) werden gelegentlich einbezogen. Theaterstücke für Jugendliche orientieren sich in der Themenauswahl und oft auch in der sprachlichen und optischen Gestaltung an den Erfahrungen, Lebensentwürfen und (Seh-)Gewohnheiten der Zielgruppe.

Creeps (Auszüge), Lutz Hübner, Seite 134–145
norway.today (Auszug), Igor Bauersima,
Seite 122–131

Epos: Diese Großform der erzählenden Dichtung zählt zu den literarischen Frühformen und gehört (wie auch der Roman) zur Literaturgattung der Epik. Der Erzähler kann dabei als Außenstehender, der das Geschehen beobachtet und alles über die Handlung und die Figuren weiß, den Leser darüber informieren, was geschieht und was die Figuren denken und fühlen. Der Erzähler kann aber auch aus der Perspektive einer Figur, die am Gesschehen beteiligt ist, mitteilen, was passiert. Vom Standpunkt eines Erzählers aus wird eine abgeschlossene und

Schlaue Seiten

vergangene Handlung dargestellt. Dies geschieht oft in metrisch/rhythmisch gebundener Sprache (Verserzählung).

Das babylonische Epos „Gilgamesch" aus dem 2. Jahrtausend v.Chr. ist das wohl älteste überlieferte dieser Art. Neben anderen sind vor allem die beiden Epen „Ilias" und „Odyssee" von Homer (Ende des 8.Jh. v.Chr.) von herausragender Bedeutung. Aus der Zeit des Mittelalters stammen die so genannten Helden-Epen wie das „Nibelungenlied" oder die „Artussage".

14. Abenteuer: Wie die Königinnen miteinander stritten (Auszug), Uwe Johnson/Manfred Bierwisch, Seite 178–180
Nibelungenlied (Inhalt/Auszüge), Seite 172–177, 181

Erzählung/Geschichte: In der Literatur versteht man unter der Erzählung entweder einen Oberbegriff für bestimmte literarische Texte, zu denen neben anderen Märchen, Kurzgeschichten und Novellen zählen, oder die eigenständige Prosaform („Erzählung im engeren Sinne"). Diese ist kürzer und weniger komplex als ein Roman und weist einen chronologischen Handlungsablauf auf, der aus einer bestimmten Perspektive erzählt wird. Inhaltlich gibt es dabei keine Einschränkungen. Eine genaue Zuordnung ist aber oft schwer, häufig spricht man deshalb bei kürzeren Texten auch von einer Geschichte, die erzählt wird.

Eine ganz alltägliche Geschichte, Seite 147
Kain und Abel, Seite 204
Unverhofftes Wiedersehen, Johann Peter Hebel, Seite 102–104

Fabel: Das Wort „Fabel" wurde von dem lateinischen Wort *„fabula"* abgeleitet, was so viel wie „Geschichte, Erzählung, Sage" bedeutet.

Mit Fabeln werden kurze Erzählungen bezeichnet, die in Versform oder in Prosa verfasst wurden. In Fabeln sprechen und handeln fast immer zwei oder mehrere Tiere. Sie verkörpern menschliche Eigenschaften, die der Leser erkennen soll (z.B. Neid, Geiz oder Dummheit). Fabeln vermitteln eine

Lehre (man spricht dann von einer Moral), die der Leser beherzigen soll. In einigen Fabeln ergibt sich die Lehre aus dem Textzusammenhang, in anderen steht sie als eine Art Zusammenfassung am Ende des Textes.

Vom wolff und lemlin, Martin Luther, Seite 188

Gedicht: In der Antike begleiteten fahrende Sänger ihren Vortrag auf der „Lyra", einem Saiteninstrument. Als Oberbegriff für alle Gedichtformen wird deshalb „Lyrik" verwendet. Gedichte sind literarische Texte mit einer besonderen Gestaltung (z.B. bestimmter Sprechrhythmus, Einteilung in Strophen/Verse, Wiederholungen, Reime).

Der eingebildete Kranke, Eugen Roth, Seite 94
Die Worte des Glaubens, Friedrich Schiller, Seite 112
Es ist alles eitel, Andreas Gryphius, Seite 114
Hälfte des Lebens, Johann Christian Friedrich Hölderlin, Seite 115
Ich saz ûf eime steine, Walther von der Vogelweide, Seite 186/187
Im Nebel, Hermann Hesse, Seite 117
Im Sommer, Sarah Kirsch, Seite 116
Unfall, Jutta von der Lühe-Tower, Seite 120
Weltlauf, Eugen Roth, Seite 118

Gesetzestext: Gesetzestexte müssen sprachlich eindeutig sein und umfassend alle rechtlichen Gesichtspunkte beachten. Dazu gehören z.B. auch die Zuständigkeit der gesetzgebenden Institution (Behörde) und die Einhaltung des Gesetzgebungsverfahrens. Gesetzestexte zählen zu den Sachtexten. Der Aufbau und die Form sind klar geregelt (z.B. Gliederung nach Paragraphen).

Gesetz zum Schutze der arbeitenden Jugend (Jugendarbeitsschutzgesetz), Seite 61/62

Gespräch: Zwei oder mehrere Personen, die sich in ständigem Wechsel (Rede und Gegenrede) miteinander unterhalten, führen ein Gespräch. Man bezeichnet dies auch oft als Dialog. In diesem Sinne zählen alle Formen von Alltagsgesprächen dazu. In der Literatur ist der Dialog das Hauptgestaltungsmittel des Dramas. Aber auch in Balladen und in der erzählenden Literatur spielen Dialoge eine Rolle.

Dialoge (Creeps), Seite 136–145
Dialoge (norway.today), Seite 124–133
Diskussion (Ausschnitt) zum Rauchverbot,
Seite 80/81
Diskussion (Mieterversammlung), Seite 83
Vorstellungsgespräch (Personalsach-
bearbeiterin/Bewerberin), Seite 22/23

Glosse: Eine Glosse ist eine spezielle Form des Kommentars und gehört zu den meinungsäußern-den Texten. In kurzer, häufig ironisch-satirisch zugespitzter Form wird ein Kommentar/eine Meinung zu einem aktuellen Geschehen abgege-ben. Manche Leserzuschrift, die in einer Zeitung veröffentlicht wird, aber auch Karikaturen können im weiteren Sinne als Glosse verstanden werden. Aufgrund der Art und Weise der Darstellung soll man erkennen, welchen Standpunkt der Verfas-ser tatsächlich einnimmt, auch wenn er ihn nicht eindeutig benennt.

„Ja!! Nummer drei war's! Erschießen Sie ihn!
(Karikatur), Seite 167
Ratschläge für einen schlechten Redner,
Kurt Tucholsky, Seite 52/53
Standpunkt (Leserbrief), Seite 167

Inhaltsangabe: In einer Inhaltsangabe wird wer-tungsfrei über den wesentlichen Inhalt eines künstlerischen Werkes informiert. Dabei darf sie keine schildernden Elemente und keine direkte Rede enthalten. Sie muss im Präsens oder Perfekt abgefasst werden. Eine Inhaltsangabe ist z. B. auch Teil einer Textanalyse. Manchmal dienen Inhalts-angaben auch nur zur Orientierung und sind daher sehr kurz, z. B. bei Büchern auf Klappentexten.

Die schwarze Spinne (Textzusammenfassung),
Jeremias Gotthelf, Seite 96, 100–101
Nibelungenlied, Seite 174–177
norway.today (Theaterankündigung), Seite 122/123
Unverhofftes Wiedersehen (Übungstext mit Recht-
schreibfehlern), Seite 105

Interview: Ein Interview ist eine meist öffentliche Befragung einer Person. Dies geschieht entwe-der spontan oder wird vorab vereinbart. Um die bestmöglichen Voraussetzungen für ein interes-santes und aussagekräftiges Gespräch zu schaffen, sollte sich der Interviewer über die Person, die er befragen will, gut informieren. Der Erfolg eines Interviews hängt aber auch wesentlich ab von der Gesprächsführung (vor allem vom Einsatz verschie-dener Fragetechniken und Fragetypen) und der Fähigkeit des Interviewers, das Gespräch zu leiten.

Interview eines Schülers mit dem Personal-Chef der
Firma „S-IT-Systeme" zum Thema „Bewerbungs-
schreiben", Seite 7
Interview mit einem Zeitungsredakteur, Seite 160

Karikatur/Bildgeschichte/Cartoon: Mithilfe einer Karikatur oder eines Cartoons werden in satirisch zugespitzter Form menschliche Verhaltensweisen, Eigenschaften oder (tagespolitische) Ereignisse dargestellt. Bei einer Karikatur überwiegt meist der kritische Aspekt, während bei einem Cartoon häufig die komische Aussage in den Mittelpunkt gestellt wird. Es gibt jedoch keine klaren Abgren-zungen.
Eine Bildgeschichte weist dagegen eine Hand-lungsabfolge auf. Manche Künstler greifen dabei immer wieder auf eine charakteristische Grund-figur zurück. Karikaturen und Bildgeschichten kommen teilweise ohne sprachliche Erklärungen oder Redeteile aus. Sie sind daher im eigentlichen Sinne auch nicht einer Textart zuzuordnen.

„Ja!! Nummer drei war's! Erschießen Sie ihn!"
(Karikatur), Seite 167
Sagen und meinen (Cartoons), Seite 169
Telefonanfrage (Cartoons), Seite 11

Kommentar: Schriftliche Stellungnahmen zu Zeitereignissen finden sich meist in Zeitungen. Sie werden mit der Absicht verfasst, Sachverhalte zu bewerten und die Meinung der Adressaten zu beeinflussen. Der Leser muss daher die Mei-nungsäußerung des Verfassers kritisch beurteilen

Schlaue Seiten

und prüfen, wie die (bekannten) Informationen verarbeitet werden und welche sprachlichen Mittel der Autor verwendet. Eine besondere Form des Kommentars ist die Glosse.

Jäger und Beute (Leserbrief), Seite 165
Nicht nur einfach so (Leserbrief), Seite 165
Problembär „JJ1" (Zeitungskommentar), Seite 164
Standpunkt (Leserbrief), Seite 167

Kurzgeschichte: Nach dem Zweiten Weltkrieg entwickelte sich in Deutschland eine besondere Form des Erzählens, die Kurzgeschichte, die vor allem in den 1950er und 1960er Jahren Bedeutung erlangte. Zurückzuführen ist sie auf die amerikanische *Short Story*, die sich durch ihre Kürze und die realitätsnahe Sprache und Handlung auszeichnet (bekanntester Autor von Short Stories ist Ernest Hemingway). Auch in der Kurzgeschichte wird in einfacher Sprache ein entscheidender Einschnitt im Leben der handelnden Figur (oft ein Benachteiligter der Gesellschaft) aus deren Sicht dargestellt. Weitere charakteristische Merkmale sind der geringe Umfang, die Verwendung der Alltagssprache und der überraschende Einstieg in die Handlung (keine oder sehr kurze Einleitung). Der Höhepunkt/Wendepunkt der Handlung ereignet sich am Ende der Geschichte (offener Schluss oder Pointe). Bedeutende Vertreter dieser Erzählform sind z.B. Wolfgang Borchert, Heinrich Böll und Wolfdietrich Schnurre.

Beste Geschichte meines Lebens, Wolfdietrich Schnurre, Seite 202
Eis, Helga M. Novak, Seite 90/91
Mechanischer Doppelgänger, Hermann Kasack, Seite 86–88

Liedtext/Songtext: Zu einer Melodie wird ein Text verfasst, der sich entweder reimt oder in freien Versen erzählt. Besondere Beachtung wird dabei auch dem Rhythmus geschenkt. Es ist aber auch möglich, dass zu einem fertigen Text oder einem bereits vorhandenen Gedicht eine passende Melodie komponiert wird.

Denglisch, Daniel Dickopf, Seite 148
Marmor, Stein und Eisen bricht, Günter Loose, Seite 196

Märchen: „Es war einmal" – wenn eine Geschichte mit diesen Worten beginnt, weiß der Leser sofort, dass es sich nur um ein Märchen handeln kann. Die Handlung ist fantastisch, Tiere können sprechen, Hexen und Zauberer erfüllen Wünsche oder bestrafen böse Menschen und das Gute siegt am Ende. Gelegentlich nutzen Künstler der Gegenwart diese literarische Form, um dem Leser ihr Anliegen zu verdeutlichen. Dabei reicht das Repertoire von ernsthaften Themen über Parodien bis hin zu Sprachvarianten.

Der Wolf und die sieben Geißlein (Parodie), Doris Mühringer, Seite 206

Meldung/Zeitungsmeldung: Ereignisse, die kurz, sachlich und ohne persönliche Wertung wiedergegeben werden, finden sich in geschriebener Form als Nachrichten oder Informationen vor allem in Zeitungen. Zeitungsmeldungen sind eine Form des Berichts, wobei neben dem Präteritum auch das Präsens verwendet wird.

„JJ1" alias „Bruno" gestellt und entkommen, Seite 164
Blumen und Kreuze für „Bruno", Seite 165
JJ1 war ein Braunbär …, Seite 160
WWF bestätigt: Tiroler Bär ist JJ1, Seite 162

Nachricht: Eine Nachricht ist „das Herz" einer Zeitung. Sie kann in Form einer kurzen Meldung oder als längerer Bericht abgedruckt werden.

„JJ1" alias „Bruno" gestellt und entkommen, Seite 164
Blumen und Kreuze für „Bruno", Seite 165
Finnische Hunde für „JJ1"?, Seite 166
JJ1 war ein Braunbär, Manfred Sprenger, Seite 160
Nachrichten aus der Region, Seite 194
WWF bestätigt: Tiroler Bär ist JJ1, Seite 162

Novelle: Im Mittelpunkt der Novelle (deutsch: „kleine Neuigkeit") steht ein Ereignis (oder eine Ereignisfolge), das, ähnlich wie im Drama, durch einen zentralen Konflikt ausgelöst wird. In der Regel verfügt die Novelle über eine straffe Handlung, die häufig in eine Rahmenhandlung eingebettet ist, und einen klaren Aufbau: Exposition – Höhepunkt – Schluss. Sie gehört zur erzählenden Prosa, ist umfangreicher als eine Kurzgeschichte, aber kürzer als ein Roman. Oft enthält eine Novelle auch ein so genanntes „Dingsymbol", wie z. B. die „schwarze Spinne" in Gotthelfs Geschichte.

Das Fräulein von Scuderi (Auszug), E.T.A. Hoffmann, Seite 106/107
Die schwarze Spinne (Auszug), Jeremias Gotthelf, Seite 96–101

Parabel: Ein zu einer eigenständigen Erzählung erweitertes Gleichnis nennt man Parabel. Jeder Handlungsteil findet hier seine Entsprechung in der Wirklichkeit, kann aber nur im Gesamtverständnis der Parabel nachvollzogen werden. Ein Gleichnis ist eine besondere literarische Stilform. Viele solcher Gleichnisse stehen z. B. in der Bibel. Um einen Sachverhalt oder eine Aussage zu veranschaulichen, wird ein „Vergleich" oder ein „Bild" hinzugezogen.

Wenn die Haifische Menschen wären, Bertolt Brecht, Seite 92/93

Protokoll: Ein Protokoll ist die strukturierte wertungsfreie schriftliche Aufzeichnung eines Geschehens. Die einzelnen Protokollformen richten sich dabei nach dem Anlass bzw. dem Zweck. So kann über den Verlauf und/oder die Ergebnisse einer Veranstaltung (z. B. Tagung, Sitzung, Gerichtsverhandlung), aber auch zu einem bestimmten Ereignis (z. B. Unfall, wissenschaftlicher Versuch) ein Protokoll angefertigt werden. Die Teilnehmer müssen in der Regel ihre Zustimmung geben, dann gilt das Protokoll als verbindlich. Auch Fahrtenschreiber und Unterrichtsmitschriften zählen im weiteren Sinne zum Protokoll.

Mieterversammlung (Protokollausschnitt), Seite 82
Mitschrift (Beispiel), Seite 77
Mitschrift für Verlaufsprotokoll (Beispiel), Seite 78

Sitzungsprotokolle Schulsprecherwahl (Beispiele), Seite 75
Stundenverlauf (wörtliche Mitschrift), Seite 76

Roman: Neben dem Epos ist der Roman die zweite (jüngere) epische Großform. Basierend auf einem französischen Begriff aus dem 12. Jahrhundert entwickelte sich der Roman als Kunstform endgültig ab dem 18. Jahrhundert. Besondere Merkmale sind nicht nur der große Umfang, sondern vor allem die Prosa-Erzählform. Im Roman kann das Geschehen aus verschiedenen Erzählperspektiven und in verschiedenen Zeitformen dargestellt werden, wobei es kaum Einschränkungen in der Wahl der Themen sowie der Gestaltungsmittel gibt. So gilt der Roman heute als die produktivste literarische Gattung und tritt in zahlreichen Arten auf (z. B. als Abenteuer-, Brief-, Fantasy-, Kriminal-, Liebes-, Science-Fiction- oder historischer Roman).

Buddenbrooks (Auszug), Thomas Mann, Seite 108
Crazy (Auszug), Benjamin Lebert, Seite 150
Homo faber (Auszug), Max Frisch, Seite 109

Sachtext: Sachtexte bezeichnet man oft auch als Gebrauchstexte. Sie befassen sich meist mit einem speziellen Thema (z. B. Geschichte, Geografie, Sport) und sind in erster Linie Informationsquellen für den Leser. Es gibt viele Arten von Sachtexten, z. B. Reportage, Protokoll, Zeitungsmeldung, Bericht, Fachbuch, Gesetzestexte, Beschreibung, Anleitung, Diagramm. Sachtexte können Fotos, Illustrationen oder grafische Übersichten enthalten.

„Glücksdroge" Endorphin, Seite 201
Abschlussprüfung (Information), Seite 43
Ausbildung zum Mechatroniker (Stellenanzeige), Seite 8
Ausbildungssituationen, Seite 60, 66
Australien – Kontinent voller Gegensätze, Seite 46
Babyklappen verhinderten … Todesfall, Seite 31
Base-Jumping, Seite 201
Bewerbungsschreiben (Inhalt/Aufbau), Seite 12
Bungeejumping, Seite 200

Schlaue Seiten

Canyoning, Seite 200

Comedy (Begriffserklärung), Seite 191

Computerspiele (Stellungnahme), Seite 36/37

„Das Auge hört mit" – Erfolgreich referieren …
(Übungstext), Seite 50

Das Great Barrier Reef, Seite 54–57

Das Leben der australischen Ureinwohner, Seite 47

Das Ritual, Seite 200

Die Babyklappe, Seite 34

Die „geschützte Geburt", Seite 34

Die Entwicklung der deutschen Sprache, Seite 183–189

Die Sehnsucht nach dem Risiko, Seite 200

Die Tierwelt Australiens (Übungstexte), Seite 58/59

Entspannungsübungen, Seite 21

Europäischer Lebenslauf (Inhalt), Seite 15

Frauen zum Dienst an der Waffe?, Seite 41

Hitliste der beliebtesten Ausbildungsberufe, Seite 6

Kabarett (Begriffserklärung), Seite 191

Kontaktanzeigen, Seite 193

Lebenslauf (Inhalt/Aufbau), Seite 14

Lieber in den Babykorb als in die Mülltonne,
Seite 29/30

Mechatroniker (Übungstext ohne Kommas), Seite 27

Pantomime (Begriffserklärung), Seite 191

Parodie (Begriffserklärung), Seite 191

Pubertät (Begriffserklärung), Seite 153

Satire (Begriffserklärung), Seite 191

Schlagzeilen, Seite 163, 168

Schulordnung (Auszug), Seite 195

Sketch (Begriffserklärung), Seite 191

Song (Begriffserklärung), Seite 191

Theaterkritik zu „norway.today", Seite 123/124

Theaterkritik zu „Creeps", Seite 134/135

Tipps und Übungen zum Aufwärmen …, Seite 197

Vom Ereignis zur Meldung, Seite 161

Vorstellungsgespräch (Tipps), Seite 17

Warum Teenager so hirnrissig sind (wissenschaftlicher Artikel), Seite 151/152, 154/155

Wildwasser-Rafting, Freeclimbing …, Seite 201

Willkommen in der Medienwelt (Stellenanzeige),
Seite 8

Zuversichtlich sein, Seite 21

Sprichwort: Ein Sprichwort ist eine kurze Redewendung, die häufig im Volksmund entstanden
ist und (manchmal auch in Reimform) eine dem
Alltag entnommene Lebenserfahrung wiedergibt.
Es gibt Sammlungen, die einer Personengruppe
zugeordnet werden (z. B. Bauernsprichwörter).
Manche Sprichwörter weisen auch inhaltliche
Übereinstimmungen auf, obwohl sie aus unterschiedlichen Sprachregionen stammen.

Lehrjahre sind keine Herrenjahre!, Seite 60

Zauberspruch: Bei einem Zauberspruch handelt es
sich allgemein um eine feste sprachliche Wendung, die etwas Gutes oder Böses bewirken soll.
Er ist bei den Naturvölkern am meisten verbreitet.
Aus dem germanischen Sprachraum sind ebenfalls Zaubersprüche überliefert. Sie werden in
der Literaturwissenschaft als älteste Zeugnisse
germanischer Gebrauchsdichtung angesehen.
Sie bestehen entweder aus einer Zauberformel
oder mehrgliedrigen Sprüchen. 1841 stieß ein
Forscher in Merseburg auf zwei Zauberformeln in
althochdeutscher Sprache. Sie stammen aus vor-
christlicher Zeit. Bis heute sind dies die einzigen
althochdeutschen Zaubersprüche heidnischen In-
halts, die schriftlich überliefert wurden. Aufgrund
ihres Fundortes nennt man sie die „Merseburger
Zaubersprüche".

Die Merseburger Zaubersprüche, Seite 185

Zitat/Ausspruch: Zitate können als Belege oder
Beispiele bei einer Argumentation verwendet
werden. Auch bei einer Textanalyse kann man
eigene Aussagen zum Text durch Zitate belegen.
Wenn man mündlich aus Texten zitiert, kündigt
man das mit verschiedenen Redewendungen an,
z. B.: *Bertolt Brecht lässt Herrn K. die Frage des
kleinen Mädchens so beantworten, ich zitiere: „…".
Auf Seite XY, Zeile XX, sagt Herr K.: „…"*
Wenn man Textstellen aus einem fremden Text
in eigenen Texten verwendet, muss man diese
Textstellen als Zitate kenntlich machen (siehe
„Zeichensetzung beim Zitieren", Seite 223).

Eine Computerpräsentation anfertigen

1. Schritt: Vorbereitungen treffen
Die ersten Arbeitsschritte erfolgen wie bei einem Referat. Beschaffe dir passendes Material und grenze das Thema ein.
Das ausgewählte Material musst du nun einscannen, abfotografieren oder direkt auf deinem Computer speichern.
Jetzt legst du die Anzahl und die Reihenfolge der geplanten Folien für deine Präsentation fest.

2. Schritt: Folien aufbauen und gestalten
Wähle im Präsentationsprogramm, z. B. PowerPoint, eine geeignete Entwurfsvorlage aus und füge deine Texte und deine Materialien ein. Die erste Folie kann z. B. das Thema enthalten.

Bei manchen Präsentationen kann es sinnvoll sein, die Zuhörer mit der Gliederung des Referats vertraut zu machen. Auf der zweiten Folie kannst du dann die Gliederung deiner Präsentation abbilden.

Jede Folie erhält eine treffende Überschrift. Formuliere den Textinhalt in klaren Stichworten. Beschränke dich auf wesentliche Informationen, denn eine Flut von unwichtigen Mitteilungen lenkt beim Zuhören ab.
Wähle einen ansprechenden Hintergrund der Folien. Achte dabei auf den Kontrast zwischen Text und Hintergrundfarbe. Gut eignet sich z. B. schwarze, blaue oder rote Schrift auf einem hellen Hintergrund (siehe dritte Folie).

Wähle Schrifttyp und Schriftgröße so, dass sie aus der Entfernung leicht lesbar sind (z. B. für Überschriften: 24 pt, Fließtext: mindestens 20 pt). Wähle nicht mehr als zwei oder drei Schrifttypen. Durch Hervorhebung (z. B. Markierung oder Farbe) wird jede wichtige Information gekennzeichnet. Aber: Eine zu bunte Präsentation verwirrt eher.

1. Folie

Der Mythos des Uluru

1 Der Ayers Rock, der mächtige Monolith im Herzen Australiens – Geografisches und Geologisches

2 Ayers Rock oder Uluru
2.1 Die „Traumgeschichte" von der Entstehung des Uluru
2.2 Der Uluru – eine heilige Stätte der Aborigines
2.3 Die Touristenattraktion Ayers Rock – Vermarktung eines Mythos

3 Weitere Mythen der Aborigines

2. Folie

 Der Mythos des Uluru

1 Der Ayers Rock, der mächtige Monolith im Herzen Australiens – Geografisches und Geologisches

2 Ayers Rock oder Uluru
   2.1 Die „Traumgeschichte" von der Entstehung des Uluru
   2.2 Der Uluru – eine heilige Stätte der Aborigines
   2.3 Die Touristenattraktion Ayers Rock – Vermarktung eines Mythos

3 Weitere Mythen der Aborigines

3. Folie

Schlaue Seiten

Füge passende Bilder, Diagramme oder Medienclips in deine Präsentation ein, denn Anschaulichkeit unterstützt das Verstehen und Behalten von Informationen.

Außerdem kannst du Animationseffekte und Sounds festlegen. Dafür kannst du die Hilfefunktion des Präsentationsprogramms nutzen.
Geh sparsam mit Animationseffekten um. Animationen sind dann sinnvoll, wenn ein schrittweiser Aufbau dem Zuschauer beim Erfassen und Verarbeiten von Informationen hilft.

Entscheide, wie du den Übergang von einer Folie zur nächsten gestalten willst: Soll er automatisch oder nach Bedarf durch Mausklick erfolgen?
Fasse auf der letzten Folie deine Ergebnisse noch einmal kurz zusammen.

1 Der Ayers Rock, der mächtige Monolith im Herzen Australiens – Geografisches und Geologisches

4. Folie

Ergebnisse

Für mich war besonders interessant, dass …

5. Folie

3. Schritt: Generalprobe durchführen (vgl. S. 49, „Das Referat halten")
Übe den kompletten Vortrag mehrmals. Eine „Generalprobe", z. B. vor Freunden, gibt dir Sicherheit im Umgang mit den Medien und im Vortragen.

4. Schritt: Computerpräsentation vortragen
Prüfe vor der Präsentation in der Klasse, ob die benötigte Technik (Computer, Laptop, CD-ROM, Beamer) funktioniert. Erläutere die Folien, denn viele Informationen sind für deine Zuhörer neu. Sprich langsam, deutlich und möglichst frei. Nutze die Folien als „Spickzettel", um den roten Faden nicht zu verlieren.
Siehe auch Seite 225, Arbeitstechnik „Ein Referat vorbereiten und halten".

5. Schritt: Reflexion (nachdenken/überlegen)
Was hat gut geklappt? Was kannst du das nächste Mal besser machen?

Register

Adverbialsätze *39, 41*
althochdeutsch *83*
analogisierendes Argument *37*
Anführungszeichen *120*
Argument *29, 37*
Argumentieren *28–37*
Assessment-Center (Übungen) *18, 19*
Attribut *39*
Attributsätze *59*
Aufzählung *56, 58*
auktoriales Erzählen *88*
Autoritätsargument *37*

Belege *29, 35*
Beschwerden angemessen formulieren *63–69*
Bewerbungsschreiben (Inhalt/Aufbau) *12*
Berufsorientierung *6–23, 42–53, 60–69, 74–81*
Bewerbung *6–13*

Comedy *191*
Computerpräsentation (anfertigen) *251, 252*

dass-Sätze/das-Sätze *70*
Denglisch (Sprachformen/Sprachvarianten) *148–149*
Drama (dramatische Texte erschließen) *122–145*

Ellipse *109*
Epos *177*
Erörtern/Erörterung *28–37*
Erörterung (Gliederungshinweise) *33*
Erörterung verfassen *35*
Erörterungsformen *33*
erzählender Text (erschließen) *86–93, 96–111*
Erzählperspektive *88*
Erzählverhalten *88*
Europasslebenslauf *15*
Exposition *127, 132*

Faktenargument *37*
Feedback *35, 51*
Fehlerfallen (Rechtschreibung) *70–73*
Fremdwort *157*
Fremdwortgebrauch *158–159*

Ganzsätze (Zeichensetzung) *55*
Gedichte (erschließen) *112–121*
germanische Sprachen *182, 183, 185*
Glosse *164*
Großschreibung *69*

Handlungsverlauf (Ablaufschema Theaterstück) *132*
Hypotaxe *109*

Indikativ *83*
indirekter Fragesatz *40*
indirekte Rede *82–85*
indoeuropäische Sprachen *182, 183*
Infinitivgruppen *57, 223*
Informationsquellen (Übersicht) *44*
innerer Monolog (Arbeitstechnik) *139, 230*
Internetquellen beurteilen (Checkliste) *45*
Ironie *169*

journalistische Texte erschließen *160–167*
Jugendsprache *146, 220*
juristische Texte erschließen *60–62*

Kabarett *191*
Kabarettprogramm vorbereiten *191*
Kleinschreibung *71*
Komma(ta) *56–59*
Konjunktionalsätze *40, 59*
Konjunktivformen *92–95, 236–237*
korrigieren (Texte) *24, 25*
Kurzgeschichte analysieren *86–93*

Schlaue Seiten

Lampenfieber (bei Vorstellungsgesprächen) *20*
Lautverschiebungen *183*
Lebenslauf (Inhalt/Aufbau) *14, 15*
Lehnwort *157, 183*
lineare Erörterung *33*
Lyrik → Gedicht

meinungsäußernde Texte (Begriffserklärung) *164*
Meldung *168*
Metapher *168*
Mitschreiben (Arbeitstechnik) *77*
mittelhochdeutsch *183*
Motiv *125, 172*

Nachricht *163*
nachgestellte Zusätze und Nachträge (Zeichensetzung) *56*
Nebensätze *39, 57*
neuhochdeutsch *183*
normatives Argument *37*

Objektsätze *70*

Pantomime *191*
Parataxe (Satzreihe) *109*
Parodie *191*
personales Erzählen *89*
Präsentation (Referat halten) *42–53, 200, 221*
Prosatexte erschließen *96–109*
Protokolle schreiben *74–85*
Protokollformen *74, 75*
Pro-und-Kontra-Erörterung *33*

Rechtschreibtraining *24–27*
Redeeinleitung *82, 84*
Redewiedergabe *83*
Referat vorbereiten und halten *42–47, 50–53,
200, 201*
Relativsätze (Attributsätze) *40, 59*
Reißverschlussprinzip *33*

sachlich kritisieren *50, 51*
Sachtexte (erschließen) *150, 151*
Sanduhrenprinzip *33*
Satire *191*
Satzbau *38–41*
Satzgefüge (Hypotaxe) *109*
Satzglieder *39*
Satzreihe (Parataxe) *109*
Satzverknüpfung *109*
Schachtelsatz *110*
Selbstbewusstsein aufbauen *20, 21*
Selbstgespräch (innerer Monolog) *139, 230*
Sinn- und Gedankenlyrik erschließen *112–119*
Sketch *191*
Sonett *114*
Song (Lied) *148, 149, 191*
Sprachen im Kontakt *156, 157*
Sprachenbaum *182*
Sprachentwicklung (deutsche) *172–189*
Stichwort *77, 153*
Stil *107*
Stoff (erzählender Text) *173*

Telefonanfrage *10, 11*
Textanalyse verfassen *88–91*
Textdeutungen *115–119*
These *29, 33–36*

Verbalstil *219*
Verfremdung (Texte) *183*
Verlaufsprotokoll *75, 79, 81*
Vorstellungsgespräch *16, 17, 22, 23*
Vortrag (Referat) *42–51*

W-Fragen *163*
Wörterbuch (Stichwort) *77, 153*

Zeichensetzungsregeln *54–59*
Zeichensetzung beim Zitieren *223*
Zeitung *161, 163*
zitieren *118*
zusammengesetzte Sätze *39*

Textquellenverzeichnis

S.6 Diagramm nach Daten des Statistischen Bundesamtes; Hitliste der beliebtesten Ausbildungsberufe. Nach: http://www.handwerk-magazin.de/ausbildung-hitliste-der-beliebtesten-berufe/150/13/31761/ (kontrolliert 15.02.2011) © 2011 Holzmann Medien GmbH & Co. KG, Autor: sel (Autorenkürzel); **S.7** Autorentext; **S.8** Willkommen in der Medienwelt. Nach: „Berliner Morgenpost" v. 21.09.10, S.28; Ausbildung zum Mechatroniker: Autorentext; **S.9–19/21–23/25–27** Autorentexte; **S.29/30** Marion Gottlob: Lieber in den Babykorb als in die Mülltonne. In: Rhein-Neckar-Zeitung, Nr. 293, 18.12.2002; **S.31** Ira Schaible: „Babyklappen verhinderten keinen einzigen Todesfall. In: Rhein-Neckar-Zeitung, Nr. 55, 6./7.3.2004; **S.32** Grafik beruht auf Daten aus: http://www.tdh.de/content/themen/weitere/babyklappe/studie_toetung.htm (Kontrolliert 15.02.2011) © terre des hommes Deutschland e. V., Autoren: Bolt/Swientek/Wacker; **S.33–36** Autorentexte; **S.37** Autorentexte; Tilo Hartmann: Machen Computerspiele gewalttätig? Zum kommunikationswissenschaftlichen und medienpsychologischen Forschungsstand. Aus: http://www.bpb.de/themen/CUVT39,0,0,Einstieg%3A_Machen_Computerspiele_gewalt%E4tig.html (Kontrolliert 15.02.2011) © by-nc-nd/2.0/de; **S.38** Autorentext; **S.40** Frauen zum Dienst an der Waffe? Aus: Susanne Amann: Klares Ziel. In: Frankfurter Rundschau vom 08.03.2006; **S.40–45** Autorentexte; **S.46** Australien – Kontinent voller Gegensätze. Nach: http://www.weddix.de/hochzeit-flitterwochen/australien-landesinfo.html (Kontrolliert: 20.04.2011); Weites Land, dünn besiedelt. Nach: http://www.australien-info.de/daten-bevoelkerung.html (Kontrolliert 15.02.2011) © australien-info.de; **S.47** Nach: Bernhard Schmidt: Das Leben der australischen Ureinwohner. In: ADAC Special „Das Reisemagazin" 35 (1996) ADAC Verlag, München 1996, S.176 (bearbeitet und ergänzt); **S.48–51** Autorentexte; **S.52/53** Kurt Tucholsky: Ratschläge für einen guten Redner. Zitiert nach: Lerne lachen ohne zu weinen. Auswahl 1928 bis 1929. Verlag Volk und Welt, Berlin 1972, S.276 ff.; **S.54/55** Das Great Barrier Reef. Nach: Uschi Wetzels: Im Reich der Sinne. Great Barrier Reef. In: ADAC Spezial „Das Reisemagazin" 35 (1996) ADAC Verlag, München 1996, S.88–100, direktes Zitat, S.96; **S.56/57** Autorentexte; **S.58** Die Tierwelt Australiens … Nach: http://de.wikipedia.org/wiki/Fauna_Australiens (Kontrolliert 15.02.2011); Liebe Lena …: Autorentext; **S.59** Sätze Aufgaben 3 und 4 nach: http://de.wikipedia.org/wiki/Fauna_Australiens (Kontrolliert 15.02.2011); **S.60** Autorentext; **S.61/62** Jugendarbeitsschutzgesetz. In: http://www.gesetze-im-internet.de/jarbschg/BJNR009650976.html#BJNR009650976BJNG000401308 (Kontrolliert 16.02.2011); **S.63/64** Autorentexte; **S.65** Transkription des Originalbriefes aus dem Stadtarchiv Babenhausen; **S.66/67** Autorentexte; **S.68/69** Heike Kammer: Lehrjahre. Nach: Dies.: Aber wann beginnt das Leben? Lehrjahre auf dem Land. Verlag Jugend und Politik, Reinheim 1983, S.3–7 und 10 f.; **S.72** Sehr geehrte Frau Hornbach: Autorentext; Die Arbeit geht weiter. Nach: Heike Kammer: Aber wann beginnt das Leben? Lehrjahre auf dem Land. Verlag Jugend und Politik, Reinheim 1983, S.10 und passim; **S.73–79** Autorentexte; **S.80** Das Rauchen und der Konsum … Nach: Runderlass des niedersächsischen Kultusministeriums vom 3.6.2005 — 23–82 114/5: http://www.nds-voris.de/jportal/portal/t/5hh2/page/bsvorisprod.psml?doc.hl=1&doc.id=VVND-VVND000000229%3Ajurisv00&documentnumber=1&numberofresults=2&showdoccase=1&doc.part=F&paramfromHL=true#focuspoint; **S.80/81** Diskussionsausschnitt: Autorentext; **S.82–85** Autorentexte; **S.86–88** Hermann Kasack: Mechanischer Doppelgänger. Aus: Deutsche Erzähler der Gegenwart, Reclam, Stuttgart 1959, S.151–155; **S.90/91** Helga M. Novak: Eis. Aus: Dies.: Geselliges Beisammensein. Luchterhand, Neuwied/Berlin 1968, S.130–132; **S.92/93** Bertolt Brecht: Wenn die Haifische Menschen wären. Aus: Bertolt Brecht: Geschichten vom Herrn Keuner. In: Ders.: Werke. Große kommentierte Berliner und Frankfurter Ausgabe. Band 18. Prosa 3. Sammlungen und Dialoge, Berlin/Frankfurt/M. 1995, S.446–448; **S.94** Eugen Roth: Der eingebildete Kranke. Aus: Ders.: Der Wunderdoktor. In: Ders. Sämtliche Werke. Zweiter Band. Heitere Verse. 2. Teil. Hanser Verlag, München 1977, S.86; **S.96–100** Jeremias Gotthelf: Die schwarze Spinne. In: Ders.: Gesammelte Werke in neun Bänden. Bd. 7. Kleinere Erzählungen, Eugen Rentsch Verlag, Zürich 1982, S.55–58, 60 f.; **S.100/101** Zusammenfassung: Autorentext; **S.102–103** Johann Peter Hebel: Unverhofftes Wiedersehen. In: Johann Peter Hebel: Werke. Hg. von Eberhard Meckel. Bd. 1. Insel Verlag, Frankfurt/M. 1968, S.271 ff.; **S.105** Autorentext; **S.106/107** Das Fräulein von Scuderi. Zitiert nach: E. T. A. Hoffmann: Das Fräulein von Scuderi. Erzählung aus dem Zeitalter Ludwig des Vierzehnten. Reclam, Stuttgart 1969, S. 56; **S.108** Thomas Mann: Buddenbrooks. Verfall einer Familie. Zitiert nach: Fischer Taschenbuch Verlag, Frankfurt/M. 1989, S.196 f. © S. Fischer Verlag; **S.109** Max Frisch: Homo faber. Ein Bericht. Zitiert nach: Suhrkamp Verlag, Frankfurt/M. 1977, S.64; **S.110** Sätze aus

Schüleraufsätzen: Autorentext; **S.112** Friedrich Schiller: Die Worte des Glaubens. Zitiert nach: Ders.: Werke in drei Bänden. Unter Mitwirkung von Gerhard Fricke hg. von Herbert G. Göpfert. Bd. 3. Carl Hanser Verlag, München 1966, S.706 f.; **S.114** Andreas Gryphius: Es ist alles eitel (1643). Zitiert nach: Die deutsche Literatur. Texte und Zeugnisse, Bd. 3. Das Zeitalter des Barock. Hg. von Albrecht Schöne. C. H. Beck'sche Verlagsbuchhandlung, München 1963, S.268/269 (Rechtschreibung normalisiert); **S.115** Johann Christian Friedrich Hölderlin: Hälfte des Lebens. Zitiert nach: Ders.: Werke in einem Band. Auf der Grundlage der Ausgabe von Günter Mieth hg. von Hans Jürgen Balmes. Carl Hanser Verlag, München 1990, S.163; **S.116** Sarah Kirsch: Im Sommer. In: Dies.: Rückenwind. Langewiesche-Brandt, Ebenhausen 1977, S.51; **S.117** Hermann Hesse: Im Nebel. Zitiert nach: Ders.: Gesammelte Dichtungen. Bd. 5. Suhrkamp Verlag, Frankfurt/M. 1952, S.517; **S.118** Eugen Roth: Weltlauf. Zitiert nach: Ders.: Ernst und heiter. Carl Hanser Verlag, München 1961, S.38; **S.119** Aufsatzfragmente: Autorentext; **S.120** Jutta von der Lühe-Tower: Unfall. Zitiert nach: Dies.: Training Deutsch. 10. Schuljahr. Ernst Klett Verlag, Stuttgart/Leipzig 2005, S.191; **S.120/121** Gedichtinterpretationen: Autorentext; **S.122/123** Theaterankündigung: norway.today. Nach: Kristina Weidelhofer, Cellesche Zeitung vom 29.10.2001; **S.124** Aus der Theaterankündigung. Nach: norway.today, Kristina Weidelhofer, Cellesche Zeitung vom 29.10.2001; **S.124/125** Text in Aufgabe 1: Igor Bauersima: norway.today. 3 Theaterstücke. Fischer Taschenbuch Verlag, Frankfurt/M. 2003, S.11–14; **S.126** Aus der Theaterankündigung. Nach: norway.today, Kristina Weidelhofer, Cellesche Zeitung vom 29.10.2001; Szenenwechsel. Aus: Igor Bauersima: norway.today. 3 Theaterstücke. Fischer Taschenbuch Verlag, Frankfurt/M. 2003, S.20; **S.126/127** Textausschnitte. Aus: Igor Bauersima: norway.today. 3 Theaterstücke. Fischer Taschenbuch Verlag, Frankfurt/M. 2003, S. 22, S.26–28; **S.128** Szenenwechsel. Aus: Igor Bauersima: norway.today. 3 Theaterstücke. Fischer Taschenbuch Verlag, Frankfurt/M. 2003, S.49 f. (leicht bearbeitet); **S.129** Aus der Theaterankündigung. Nach: norway.today, Kristina Weidelhofer, Cellesche Zeitung vom 29.10.2001; Abschiedsvideo Julie. Aus: Igor Bauersima: norway.today. 3 Theaterstücke. Fischer Taschenbuch Verlag, Frankfurt/M. 2003, S.5–52; **S.130** Abschiedsvideo August. Aus: Igor Bauersima: norway.today. 3 Theaterstücke. Fischer Taschenbuch Verlag, Frankfurt/M. 2003, S.56 f.; **S.131** Gemeinsames Abschiedsvideo. Aus: Igor Bauersima: norway.today. 3 Theaterstücke. Fischer Taschenbuch Verlag, Frankfurt/M. 2003, S.58 f.; **S.133** August: Ich bin mir … Aus: Igor Bauersima: norway.today. 3 Theaterstücke. Fischer Taschenbuch Verlag, Frankfurt/M. 2003, S. 61 f.; Aus der Theaterankündigung. Nach: norway.today, Kristina Weidelhofer, Cellesche Zeitung vom 29.10.2001; **S.134/135** Theaterkritik. Aus: Herbert Fuchs: Traumfabrik Fernsehen. Das Jugendstück „Creeps" im Tasch des Hessischen Landestheaters. In: Marburger Forum. Beiträge zur geistigen Situation der Gegenwart 3 (2002), Heft 5. Zitiert nach: http://www.philosophia-online.de/mafo/heft2002-05/Creeps.htm (Kontrolliert 17.02.2011); **S.136–139** Lutz Hübner: Creeps. Jugendtheaterstück. Zitiert nach: Ders.: Creeps. Ein Jugendtheaterstück. Mit Materialien zsgest. von Henning Fangauf. Ernst Klett Verlag, Stuttgart/Leipzig 2006, S.7–11. © Hartmann & Stauffacher Verlag für Bühne, Film, Funk und Fernsehen, Köln, 2000; **S.140–143** Lutz Hübner: Creeps. Jugendtheaterstück. Zitiert nach: Ders.: Creeps. Ein Jugendtheaterstück. Mit Materialien zsgest. von Henning Fangauf. Ernst Klett Verlag, Stuttgart/Leipzig 2006, S.26–29. © Hartmann & Stauffacher Verlag für Bühne, Film, Funk und Fernsehen, Köln, 2000; **S.144/145** Lutz Hübner: Creeps. Jugendtheaterstück. Zitiert nach: Ders.: Creeps. Ein Jugendtheaterstück. Mit Materialien zsgest. von Henning Fangauf. Ernst Klett Verlag, Stuttgart/Leipzig 2006, S. 11 f, S. 42, S.47. © Hartmann & Stauffacher Verlag für Bühne, Film, Funk und Fernsehen, Köln, 2000; **S.146** Merksatz: Jugendsprache. Nach: Dietrich Homberger: Lexikon Deutschunterricht. Sprache – Literatur – Didaktik und Methodik. Ernst Klett Verlag, Stuttgart/Leipzig 2002, S.256; **S.147** Eine ganz alltägliche Geschichte. Nach: Ines Dittrich: Eine ganz alltägliche, http://www.zum.de/Faecher/Materialien/dittrich/Literatur/eine_ganz_alltaegliche_geschichte.htm (Kontrolliert 17.02.2011); **S.148/149** Daniel Dickopf: „Denglisch". Aus: 75 Songtexte der Wise Guys, 1. Aufl. 2010, S.105. © Edition WISE GUYS, Köln; **S.150** Benjamin Lebert: Crazy. Zitiert nach: Kiepenheuer&Witsch, Köln 1999, S.64–66; **S.151/152** Warum Teenager so hirnrissig sind. Aus: Ute Eberle: Warum Teenager so hirnrissig sind. In: bild der wissenschaft 2 (2006) S.30 ff., © Konradin Medien GmbH, Leinfelden-Echterdingen; **S.153** Pubertät. Aus: Der Jugend-Brockhaus. 3. Aufl., Bd. 3. F. A. Brockhaus, Mannheim/Leipzig 1996, S.38 f.; **S.154/155** Warum Teenager so hirnrissig sind (Fortsetzung). Aus: Ute Eberle: Warum Teenager so hirnrissig sind. In: bild der wissenschaft 2 (2006) S.30 ff., © Konradin

Schlaue Seiten

Medien GmbH, Leinfelden-Echterdingen; **S.156/157/160** Autorentexte; **S.161** Vom Ereignis zur Meldung. Nach: http://de.wikipedia.org/wiki/Nachrichten-_und_Presseagentur (Kontrolliert 18.02.2011); **S.162** WWF bestätigt ... Nach: http://www.raonline.ch/pages/edu/st/wild01b8c.html (Kontrolliert 18.02.2011) Originalmeldung: WWF Österreich, Juni 2006; „JJ1" alias „Bruno" gestellt und entkommen: WELT.de/rtr, 16. Juni 2006, http://www.welt.de/vermischtes/article223659/JJ1_alias_Bruno_gestellt_und_entkommen.html (Kontrolliert 18.02.2011); **S.163** Herr Bruno Is Having ... Aus: New York Times, 16.06.2006, http://www.nytimes.com/2006/06/16/world/europe/16bear.html (Kontrolliert 18.02.2011); Blumen und Kreuze für Bruno. Nach: http://www.n-tv.de/panorama/Gedenkstaette-fuer-Bruno-article189533.html (Kontrolliert 02.03.2011); **S.164** Mario Zenhäusern: Problembär „JJ1". In: Tiroler Tageszeitung, 12.06.2006, http://www.ots.at/presseaussendung/OTS_20060602_OTS0005/tiroler-tageszeitung-kommentar-problembaer-jj1-von-mario-zenhaeusern (Kontrolliert 18.02.2011); **S.165** Leserbrief/Kommentar von Michael Schmidt vom 18.06.2006. In: http://www.wissenschaft-online.de/artikel/843481 (Kontrolliert 18.02.2011); Leserbrief/Kommentar von Tasso J. Martens vom 27.06.2006. In: http://www.wissenschaft-online.de/artikel/844310 (Kontrolliert 18.02.2011); **S.166** Finnische Hunde für „JJ1"? Frankfurter Allgemeine Zeitung, 06.06.2006, http://www.faz.net/s/Rub9FAE69CECEA948EAAFE2806B54BF78AA/Doc~EB76C9184D4D34B7FB3F15E0085E4FB78~ATpl~Ecommon~Scontent.html (Kontrolliert 18.02.2011); **S.167** Standpunkt. Nach: Dietrich Schwang. In: Saarbrücker Zeitung, 7. Juli 2006, Seite A4; **S.168/169/171** Autorentexte; **S.173** Uns ist in alten mæren ... (mit Übersetzung). Aus: Das Nibelungenlied. Nach der Handschrift C der Badischen Landesbibliothek Karlsruhe. Mittelhochdeutsch und neuhochdeutsch. Hg. und übers. von Ursula Schulze. Artemis&Winkler, Düsseldorf 2005, S.8/9; **S.174** Ez wuohs in Buregonden ... (mit Übersetzung) und der valche, den du ziuhest. Aus: Das Nibelungenlied. Nach der Handschrift C der Badischen Landesbibliothek Karlsruhe. Mittelhochdeutsch und neuhochdeutsch. Hg. und übers. von Ursula Schulze. Artemis&Winkler, Düsseldorf 2005, S.10/11; **S.174–177** Ein Alptraum wird wahr: Autorentext; **S.178–180** 14. Abenteuer. In: Das Nibelungenlied. In Prosa übertragen von Manfred Bierwisch und Uwe Johnson. Insel Verlag, Frankfurt/M. 2005, S.84–87; **S.181** Nibelungenlied-Strophen aus: Das Nibelungenlied. Nach der Handschrift C der Badischen Landesbibliothek Karlsruhe. Mittelhochdeutsch und neuhochdeutsch. Hg. und übers. von Ursula Schulze. Artemis&Winkler, Düsseldorf 2005, S.269/270, 271/272; **S.182–184** Autorentext; **S.185** Zweiter Merseburger Zauberspruch. In: Frühe deutsche Literatur und lateinische Literatur in Deutschland 800–1150. Hg. von Walter Haug und Benedikt Konrad Vollmann. Deutscher Klassiker Verlag, Frankfurt/M. 1991, S.152/153 (= Bibliothek des Mittelalters, Bd. 1); **S.186** Walther von der Vogelweide: Ich saz ûf eime steine. In: Die Gedichte von Walther von der Vogelweide. Hg. von Carl von Kraus. Walter de Gruyter, Berlin 1959, S.9/10; **S.187** Übersetzung: Redaktion; **S.188** Martin Luther: Vom wolff und lemlin. In: Hutten, Müntzer, Luther. Werke in zwei Bänden, Bd. 2. Aufbau-Verlag, Berlin/Weimar 41982; **S.191** Stichwörter Comedy/Kabarett/Parodie/Satire/Song nach: Gero von Wilpert: Sachwörterbuch der Literatur. Kröner Verlag, Stuttgart 1969, S. 373, 553, 126; Stichwörter Pantomine/Sketch nach: Joachim Reiss/Bernd Susenberger/Günter Wagner: Handreichungen zum darstellenden Spiel. Hessisches Institut für Bildungsmedien, Wiesbaden 1994, S. 25 f; **S.194** Nachrichten aus der Region: Bär „Bruno" an eine Skihütte gesichtet. Quelle: AP, In: Frankfurter Rundschau, 9.6.2006; Wetterbericht: Autorentext; **S.195** Schulordnung: Autorentext; **S.196** Rudolf Günter Loose: Marmor, Stein und Eisen bricht. © Nero Musikverlag G. Hämmerling OHG, Berlin; **S.197** Autorentext; **S.200/201** Bungeejumping. Nach: http://de.wikipedia.org/wiki/Bungeespringen#Geschichte (Kontrolliert 01.03.2011); Das Ritual. Nach: http://de.wikipedia.org/wiki/Lianenspringer_von_Pentec%C3%B4te (Kontrolliert 01.03.2011); Canyoning/Die Sehnsucht nach dem Risiko/„Glücksdroge" Endorphin/Wildwasser-Rafting, Freeclimbing/Base-Jumping/: Nach: Landeswohlfahrtsverband Hessen. Beate Philipp, auf http://www.lwv-hessen.de/webcom/show_article.php/_c-359/_nr-9/_cmt-ee2efec3d8ac262f2db0bb6428bb2a38/i.html (Kontrolliert 20.04.2011); **S.202** Wolfdietrich Schnurre: Beste Geschichte meines Lebens. In: Ders.: Der Schattenfotograf. Aufzeichnungen. List Verlag, München 1978, S.158, © Wolfdietrich Schnurre, Berlin; **S.204** Emanuel bin Gorion: Kain und Abel. In: Die hundert schönsten Geschichten von der Liebe und vom Mut, vom Glauben und von der Heiterkeit. Gesammelt u. hrsg. von Emanuel Bin Gorion. Walter Verlag, Olten/Freiburg, Br. 1967, S.221 f.; **S.206** Doris Mühringer: Der Wolf und die sieben Geißlein. Aus: Neues vom Rumpelstilzchen und andere Märchen. Hg. v. Hans-Joachim Gelberg. Beltz&Gelberg, Weinheim/Basel 1976, S.197 f.

Bildquellennachweis

Cover Mauritius Images (AGE), Mittenwald; **6** Picture-Alliance (dpa-infografik), Frankfurt; **7** shutterstock (Jessica Borgenstierna), New York, NY; **14** Klett-Archiv, Stuttgart; **15** Nationale Agentur Bildung für Europa beim Bundesinstitut für Berufsbildung (NA beim BIBB), Bonn; **20.1** wdv Bildservice (Szekely), Bad Homburg; **20.2** wdv Bildservice (Szekely), Bad Homburg; **20.3** wdv Bildservice (Szekely), Bad Homburg; **20.4** wdv Bildservice (Szekely), Bad Homburg; **22** Mauritius Images, Mittenwald; **27** Picture-Alliance (dpa/Wolfgang Thieme), Frankfurt; **28** Picture-Alliance (ZB/Jens Wolf), Frankfurt; **39** Imago, Berlin; **42.oben links** shutterstock (Dmitriy Shironosov), New York, NY; **42.oben rechts** Corbis, Düsseldorf; **42.unten links** Corbis (PhotoAlto/Eric Audras), Düsseldorf; **42.unten rechts** Corbis (Image Source), Düsseldorf; **43** Getty Images RF, München; **54** Corbis (Brandon D. Cole), Düsseldorf; **59** BigStockPhoto.com (RF), Davis, CA; **60.Mitte** Corbis (Randy Faris), Düsseldorf; **60.oben** Fotolia LLC (Klaus-Peter Adler), New York; **60.unten** Picture-Alliance (dpa/Ingo Wagner), Frankfurt; **65** Stadtarchiv, Babenhausen; **74.Mitte** Fotolia LLC (.shock), New York; **74.oben links** iStockphoto (Lisa F. Young), Calgary, Alberta; **74.oben rechts** Getty Images (Purestock), München; **76** Wikimedia Foundation Inc. (CC-Lizenz BY 2.5 /Chittka L, Brockmann), St. Petersburg FL; **85** Getty Images (Collection: Fuse), München; **87** Fotolia LLC (Schepi), New York; **88** iStockphoto (Eric Hood), Calgary, Alberta; **112** AKG, Berlin; **114** Ullstein Bild GmbH, Berlin; **115** AKG, Berlin; **116** Picture-Alliance (dpa/Ini/Ino), Frankfurt; **117** Interfoto (Friedrich), München; **118** Ullstein Bild GmbH (Friedrich), Berlin; **122** Theaterplakat norway.today, eine Inszenierung der Uckermärkischen Bühnen Schwedt, Grafik Udo Krause; **123** Weckert, Sarah, Berlin; **128** Weckert, Sarah, Berlin; **134** Klett-Archiv, Stuttgart; **136** Giger, Claude, Basel; **140** Giger, Claude, Basel; **143** Giger, Claude, Basel; **144** Giger, Claude, Basel; **150** Ullstein Bild GmbH (Andree), Berlin; **160** Picture-Alliance (dpa/Manfred Sprenger), Frankfurt; **162** ddp images GmbH (ddp/Stefan Kiefer), Hamburg; **167** CCC, www.c5.net (Wiedenroth), Pfaffenhofen a.d. Ilm; **172** Interfoto, München; **173** Picture-Alliance (dpa/Uli Deck), Frankfurt; **175** BPK (Ruth Schacht), Berlin; **176** Ullstein Bild GmbH (AKG Pressebild), Berlin; **178** Stadtarchiv, Worms; **180** Wikimedia Foundation Inc. (PD/Immanuel Giel), St. Petersburg FL; **185** Bildarchiv der Vereinigten Domstifter zu Merseburg und Naumburg und des Kollegiatstifts Zeitz, Bildarchiv Merseburg; **186.oben** AKG, Berlin; **186.unten** BPK (Lutz Braun), Berlin; **187.oben** Ullstein Bild GmbH (Archiv Gerstenberg), Berlin; **187.unten** Alamy Images (INTERFOTO Pressebildagentur), Abingdon, Oxon; **190.links** Thinkstock (Jupiterimages), München; **190.Mitte** ddp images GmbH (David Hecker), Hamburg; **190.rechts** Ullstein Bild GmbH (Heerde), Berlin; **251** Getty Images RF, München; **252** Avenue Images GmbH (Index Stock), Hamburg

Sollte es in einem Einzelfall nicht gelungen sein, den korrekten Rechteinhaber ausfindig zu machen, so werden berechtigte Ansprüche selbstverständlich im Rahmen der üblichen Regelungen abgegolten.